1682

SAMMLUNG
METZLER

W0063922

REALIEN ZUR LITERATUR
ABT. E:
POETIK

RENATE BÖSCHENSTEIN-SCHÄFER

Idylle

2., durchgesehene und ergänzte Auflage

MCMLXXVII
J. B. METZLERSCHE VERLAGSBUCHHANDLUNG
STUTTGART

1. Auflage 1967 (1.–5. Tsd.)
2. Auflage 1977 (6.–10. Tsd.)

CIP-Kurztitelaufnahme der Deutschen Bibliothek

Böschenstein-Schäfer, Renate
Idylle. – 2., durchges. u. erg. Aufl., (6.–10. Tsd.). –
Stuttgart: Metzler, 1977.
  (Sammlung Metzler; M 63: Abt. E, Poetik)
  ISBN 3-476-12063-5

ISBN 3 476 12063 5

M 63

© J. B. Metzlersche Verlagsbuchhandlung und Carl Ernst Poeschel Verlag GmbH
in Stuttgart 1967/1977. Satz und Druck: Gulde-Druck, Tübingen
Printed in Germany

INHALT

Die zweite Auflage dieses Buches trägt ein nicht ganz einheitliches Gesicht. Wie es die Entfaltung der Idyllenforschung erforderte, wurden die Kapitel »Die Lage der Forschung« und »Aufgaben der Forschung« fast gänzlich neu geschrieben. Die Darstellung der Probleme und der Geschichte der Gattung blieb dagegen im wesentlichen unverändert. Abgesehen vom Schluß des Abschnitts »Die Idylle im 20. Jahrhundert« – wo deren Möglichkeiten positiver gesehen werden als in der ersten Auflage –, wurde sie nur um zusätzliche Informationen und um Korrekturen ergänzt. Das hat seinen Grund eben darin, daß ich heute teilweise mit anderen Gesichtspunkten und anderen Kategorien an diese Darstellung herangehen würde; deren Anwendung würde aber ein anderes Buch ergeben. Im Kapitel »Aufgaben der Forschung« hoffe ich, soweit es in diesem Rahmen möglich war, die Richtung der mir jetzt als wichtig erscheinenden Reflexion über die Idylle angedeutet zu haben.

Genf, im Juni 1977   R. B.

BLVS	Bibliothek des Litterarischen Vereins in Stuttgart
DLD	Deutsche Litteraturdenkmale des 18. u. 19. Jhs
DLE	Deutsche Literatur in Entwicklungsreihen
e	entstanden
E	Erscheinungsjahr
EG	Etudes Germaniques
Euph.	Euphorion
Goedeke	Karl Goedeke »Grundriß zur Geschichte der deutschen Dichtung«
GR	Germanic Review
GRM	Germanisch-Romanische Monatsschrift
Jb.	Jahrbuch (Jahrbücher)
JEGPh.	Journal of English and German Philology
KDNL	Kürschners Deutsche National-Literatur
ma., MA	mittelalterlich, Mittelalter
MDU	Monatshefte für deutschen Unterricht, deutsche Sprache und Literatur (Madison/Wisc.)
MGH	Monumenta Germaniae Historica
MLQ	Modern Language Quarterly
Neudr.	Neudrucke deutscher Literaturwerke des 16. u. 17. Jhs (Braune)
Neudr. N.F.	dasselbe. Neue Folge (1961 ff.)
NR	Die Neue Rundschau
NZZ	Neue Zürcher Zeitung
PEGS	Publications of the English Goethe Society
RL	Reallexikon der deutschen Literaturgeschichte
Stud. Gen.	Studium Generale
ZfdA	Zeitschrift für deutsches Altertum
ZfdB	Zeitschrift für deutsche Bildung
ZfdPh	Zeitschrift für deutsche Philologie
ZfdU	Zeitschrift für deutschen Unterricht
ZVL	Zeitschrift für vergleichende Litteraturgeschichte

ALLGEMEINE LITERATUR
ZUR GATTUNG UND FORSCHUNG

Zur Gattungsbestimmung:

G. Fr. W. Hegel: Sämtl. Werke. Jubiläumsausgabe, hg. v. H. Glockner. Bd. 14: Aesthetik. Abschnitte: »Das Zusammenstimmen des konkreten Ideals mit seiner äußerlichen Realität« u. »Besondere Bestimmungen des eigentlichen Epos«.

Fr. Th. Vischer: Aesthetik ... Bd. 6 [2]hg. v. R. Vischer 1923.

G. Lukács: Die Theorie des Romans. [2]1963 ([3]1976), S. 47 ff.

G. Müller: Bemerkungen zur Gattungspoetik. In: Phil.Anz. 3, 1929.

K. Viëtor: Die Geschichte literarischer Gattungen. In: K. V.: Geist und Form, 1952, S. 292–309.

A. Doren: Wunschräume und Wunschzeiten. Vorträge der Bibliothek Warburg, 1927.

A. O. Lovejoy and *G. Boas:* A Documentary History of Primitivism and Related Ideas. Vol. I: ... in Antiquity. Baltimore 1935.

A. Hauser: Sozialgeschichte der Kunst und Literatur. München 1969. Kap. VI/1.

H. Petriconi: Die verlorenen Paradiese. In: Metamorphosen der Träume. Frankfurt a. M. 1971. S. 13–52.

E. Bloch: Das Prinzip Hoffnung. Frankfurt a. M. 1959.

E. Bloch: Arkadien und Utopien. In: Gesellschaft, Recht und Politik. Festschrift f. W. Abendroth. Neuwied 1968. S. 39–44.

E. Schmidt: Arkadien: Abendland und Antike. In: Antike und Abendland 21, 1975, S. 36–57.

W. Schmid: Art. ›Bukolik‹. In: Reallexikon für Antike und Christentum. Bd. II, S. 786–800.

E. Merker: Art. ›Idylle‹, in RL Bd. I, [2]1958, S. 742–749.

U. Dierse: Art. ›Idylle‹, in: Historisches Wörterbuch der Philosophie. Basel 1976.

J. H. Scholte und *W. Kohlschmidt:* Art. ›Schäferdichtung‹, in RL Bd. III, [2]1975, S. 621–625.

Europäische Bukolik und Georgik. Hg. v. *K. Garber.* Darmstadt 1977. (Enthält einen Querschnitt durch die Forschung mit Beiträgen von E. Bloch, R. Böschenstein-Schäfer, B. Snell, W. Schmid, E. Köhler, W. Krauss, K. Vossler, H. Petriconi, W. Iser, E. Panofsky, A. Hirsch, B. Dedner, E. Th. Voss, F. Sengle, W. Empson.)

Zur Geschichte und zur Struktur der Gattung

I. Feuerlicht: Analyse des Idyllischen. In: Psychoanalyt. Bewegung 5.1933, S. 167–186; *ders.:* Vom Wesen der dt. Idylle. In: GR 22, 1947, S. 202–217; *ders.:* Die dt. Idylle seit Gessner. In: MLQ 11, 1950, S. 58–72.

R. Geißler: Versuch über die Idylle. In: Wirkendes Wort 11, 1961, S. 271–278.

Fr. Sengle: Wunschbild Land und Schreckbild Stadt. In: Studium·
generale 16, 1963, S. 619–631; *ders.:* Formen des idyllischen
Menschenbildes. In: Formenwandel, Festschrift für P. Böckmann,
1964, S. 156–171, auch in: F. S.: Arbeiten zur dt. Literatur 1750–
1850. 1965, S. 212–231; ders.: Biedermeierzeit. Dt. Literatur im
Spannungsfeld zwischen Restauration und Revolution 1815–1848.
Bd. II: Die Formenwelt, Stuttgart 1972.

H. Jäger: Naivität. Eine kritisch-utopische Kategorie in der bürgerlichen Literatur und Aesthetik des 18. Jh. Kronberg/Taunus 1975.

G. Kaiser: Wandrer und Idylle. Goethe und die Phänomenologie der
Natur in der dt. Dichtung von Gessner bis Gottfried Keller.
Göttingen 1977.

K. Garber: Arkadien und Gesellschaft (angekündigt).

H. Schneider: Gattungsgeschichte der Idylle (angekündigt).

A. Langen: Anschauungsformen in der dt. Dichtung des 18. Jhs.,
1934; Nachdruck 1965; *ders.:* Verbale Dynamik in der dichter.
Landschaftsschilderung des 18. Jhs., in: ZfdPh. 70 1948/49,
S. 249–318; auch in: Landschaft und Raum in der Erzählkunst.
Darmstadt 1975. S. 112–191; *ders.:* Dialogisches Spiel. Formen und
Wandlungen des Wechselgesangs in der dt. Dichtung, 1966.

A. Anger: Landschaftsstil des Rokoko. In: Euph. 51, 1957, S. 151–
191.

B. Dedner: Topos, Ideal und Realitätsgehalt. Studien zur Darstellung des Landlebens im Roman des 18. Jh., Tübingen 1969.

U. Eisenbeiß: Das Idyllische in der Novelle der Biedermeierzeit.
Stuttgart 1973.

J. Tismar: Gestörte Idyllen. Eine Studie zur Problematik der idyllischen Wunschvorstellungen, am Beispiel von Jean Paul, Adalbert
Stifter, Robert Walser und Thomas Bernhard. München 1973.

H. Glaser: Spiesser-Ideologie. Von der Zerstörung des dt. Geistes im
19. und 20. Jh. Freiburg i. Br. [3]1974.

L. Nagel: Zum Problem der Idyllendichtung. In: Weimarer Beiträge
16, 1970, S. 87–111.

Zu einzelnen Motiven

W. Veit: Studien zur Geschichte des Topos der Goldenen Zeit von
der Antike bis zum 18. Jh. Diss.Köln 1961.

B. Gatz: Weltalter, goldene Zeit und sinnverwandte Vorstellungen.
Hildesheim 1967.

H.-J. Mähl: Die Idee des goldenen Zeitalters im Werk des Novalis.
Heidelberg 1965.

H.-J. Heiner: Das »Goldene Zeitalter« in der deutschen Romantik.
Zur sozialpsychologischen Funktion eines Topos. In: ZfdPH 91,
1972, S. 216–234.

K. Garber: Der locus amoenus und der locus terribilis. Bild und
Funktion der Natur in der dt. Schäfer- und Landlebendichtung
des 17. Jh. Köln/Wien 1974.

H. *Meyer:* Hütte und Palast in der Dichtung des 18. Jh. In: Formenwandel, Festschrift f. P. Böckmann, 1964, S. 138–165.

Ders.: ›Friede den Hütten, Krieg den Palästen.‹ In: Jb. d. Dt. Ak. f. Sprache u. Dichtung. Darmstadt 1974, S. 20–31.

B. *Blume:* Die Insel als Symbol in der dt. Literatur. In: Monatshefte (Madison) 1949, S. 239–247; *ders.:* Die Kahnfahrt. In: Euph. 51, 1957, S. 356–384.

H. *Brunner:* Die poetische Insel. Insel und Inselvorstellungen in der dt. Literatur. Stuttgart 1967.

K. M. *Michel:* Die Mulde. Etüde mit Zitaten: In: Zeugnisse. Th. W. Adorno zum 60. Geburtstag. Frankfurt a. M. 1963, S. 183–212.

E. *Höllinger:* Das Motiv des Gartenraumes in Goethes Dichtung. In: DVj 35, 1961, S. 184–215; E. *Börsch-Supan:* Das Motiv des Gartenraumes in Dichtungen des 19. und frühen 20. Jh. In: DVj 39, 1965, S. 87–124.

Zu angrenzenden Gebieten

E. *Seybold:* Das Genrebild in der dt. Literatur. Vom Sturm und Drang bis zum Realismus. Stuttgart/Berlin/Köln/Mainz 1967.

H. Chr. *Buch:* Ut Pictura Poesis. Die Beschreibungsliteratur und ihre Kritiker von Lessing bis Lukács. München 1972.

W. *Biesterfeld:* Die literarische Utopie. Stuttgart 1974 (Sammlung Metzler 127).

J. *Hein:* Dorfgeschichte. Stuttgart 1976 (Sammlung Metzler 145).

P. *Zimmermann:* Der Bauernroman. Stuttgart 1975.

Die angelsächsische Forschung

H. M. *Hall:* Idylls of Fishermen. New York 1912.

W. M. *Greg:* Pastoral Poetry and Pastoral Drama. New York 1959.

J. E. *Congleton:* Theories of Pastoral Poetry in England 1684–1798. Gainesville, Florida, 1952. Reprint 1968.

W. *Empson:* Some Versions of Pastoral. London ³1950; als ‚New Directions Paperbook, no. 92‘ 1960.

N. *Frye:* Anatomy of Criticism. Princeton 1957. Dt.: Analyse der Literaturkritik. Stuttgart 1964.

R. *Poggioli:* The Oaten Flute. Essays on Pastoral Poetry and the Pastoral Ideal. Cambridge/Mass. 1975.

H. *Levin:* The Myth of the Golden Age in the Renaissance. London 1970.

P. V. *Marinelli:* Pastoral. London 1971 (mit kommentierter Bibliographie).

H. E. *Toliver:* Pastoral Forms and Attitudes. University of California Press 1971.

J. *Chalker:* The English Georgic. London 1969.

L. *Marx:* The Machine in the Garden: Technology and the Pastoral Ideal in America. New York 1967.

R. *Williams:* The Country and the City. London 1973. Dt. Auszüge in: R. W. Innovationen. Über den Prozeßcharakter von Literatur und Kultur. Frankfurt 1977, S. 115–162.

Andere Literaturen:

E. Carrara: La poesia pastorale, Mailand ²1930.
M. I. Gerhardt: Essai d'analyse littéraire de la pastorale dans les littératures italienne, espagnole et française. Diss. Leiden 1950.
J. B. Avalle-Arce: La novela pastoril española. Madrid 1959.
A. Rahn-Gassert: Et in Arcadia ego. Studien zum spanischen Schäferroman. Diss. Heidelberg 1967.
M. Werner-Fädler: Das Arkadienbild u. der Mythos der goldenen Zeit i. d. frz. Lit. des 17. u. 18. Jh. Salzburg 1972.
R. Stephan: Goldenes Zeitalter und Arakdien. Studien zur französischen Lyrik des ausgehenden 18. und des 19. Jh. Heidelberg 1971.
M. M. Prinsen: De idylle en de 18. eeuw in het licht der aesthetische theorieën. Diss. Amsterdam 1934.

Anthologien

P. Merker: Dt. Idyllendichtung 1700–1840. 1934.
H. Schneider: Idyllen der Deutschen. Frankfurt a. M. 1977 (im Druck).
H. Schneider: Idyllentheorien der Aufklärung. Tübingen 1977 (angekündigt).
English Pastoral Poetry. From the Beginnings to Marvell. Ed. by F. Kermode. London 1952.
The Penguin Book of English Pastoral Verse. Ed. by J. Barrell and J. Bull. London 1974.

Ältere Arbeiten

C. v. Langsdorff: Die Idyllendichtung der Deutschen im goldenen Zeitalter der dt. Literatur. 1861.
Th. Ziegler: Das Idyll und seine Hauptvertreter im 18. Jh. In: Studien u. Studienköpfe aus der neueren und neuesten Literaturgeschichte. 1877.
W. Nagel: Die dt. Idylle im 18. Jh. Diss. Zürich 1888.
G. Eskuche: Zur Geschichte der dt. Idyllendichtung. 1894.
W. Knögel: Vossens »Luise« u. die Entwicklung der dt. Idylle bis auf Heinrich Seidel. 1904.
L. Laesser: Die dt. Dorfdichtung von ihren Anfängen bis zur Gegenwart. 1907.
R. Knippel: Schillers Verhältnis zur Idylle. Diss. Zürich 1909.
E. Weber: Geschichte der epischen und idyllischen Dichtung von der Reformation bis zur Gegenwart. 1924.
G. Possanner: Die dt. Idyllendichtung des 18. Jh. Diss. Wien 1938 (masch.).

Nützlich sind immer noch:

R. Gosche: Idyll und Dorfgeschichte im Alterthum und Mittelalter. In: Archiv für Literaturgeschichte I, 1870, S. 169–227.

G. Schneider: Über das Wesen und den Entwicklungsgang der Idylle. 1893.

G. A. Andreen: Studies in the Idyl in German Literature. Rock Island 1902.

O. Netoliczka: Schäferdichtung und Poetik im 18. Jh. In: Vierteljahrschrift f. Literaturgesch. 2, 1889, S. 1–89 (Diss. Jena 1889).

N. Müller: Die dt. Theorien der Idylle von Gottsched bis Gessner u. ihre Quellen. Diss. Straßburg 1911.

I. PROBLEME DER GATTUNG IDYLLE

1. Die Idylle als Idee und Gattung

A. Einführung in das Problem

> »... Und mütterlich im stillen Schattenkreise
> Quillt laue Milch bereit für Kind und Lamm;
> Obst ist nicht weit, der Ebnen reife Speise,
> Und Honig trieft vom ausgehöhlten Stamm.«

Im dritten Akt von »Faust II« möchte Faust Helena in ein »in ewiger Jugendkraft« dauerndes Arkadien führen. Dürfen wir seine Schilderung als Idylle bezeichnen? Eine Fülle von Motiven spricht dafür: die Hügellandschaft mit Quell und Bächen, die schirmende Felswand mit ihren Höhlen, die Hirten und Herden, die »niedere Mythologie« in Gestalt von Pan und Nymphen, die von der Natur willig gespendete Nahrung, die ruhige Erneuerung der Geschlechter – das sind lauter Züge, die wir als tragende Elemente von Idyllendichtungen kennen. Aber zweierlei steht dem entgegen: einmal die lyrisch-strophische Form, die fragen läßt, ob nicht der hier fehlende epische Grundcharakter zum Wesen der Idylle gehöre; zum anderen die Gebundenheit dieser Verse an ihren Kontext. Einleitende Strophen haben sie mit der Huldigung der Heerführer verknüpft; andererseits bereiten sie die Geburt des Euphorion vor. So fehlt die Selbständigkeit, die es erlaubte, diese Dichtung als Beispiel einer eigenen Gattung anzusehen. Doch weist wiederum wenige Verse später die Bemerkung der Phorkyas, die Grotten und Lauben der von Faust evozierten Felslandschaft hätten den beiden »wie idyllischem Liebespaare« Schutz gewährt, ausdrücklich auf die Gattung hin.

Diese Frage führt mitten in die Problematik der Gattung ›Idylle‹. An welchen Kriterien läßt sie sich erkennen? Die Argumente, die hier für die Zuordnung sprechen, sind thematischer Art, gründen sich aber darüber hinaus auf den Geist, die Stimmung der Verse – die Gegenargumente halten sich an die Form. Aber ist diese wirklich festgelegt? Ein Blick auf die Geschichte der Idyllendichtung zeigt uns zwar vornehmlich epische Kleinformen, doch gerade bedeutende Idyllendichter wie Gessner und Mahler Müller halten sich nicht an das gebundene Maß des Epos; die vom Autor ausdrücklich als Idyllen bezeichneten und gedeuteten Werke Jean Pauls nehmen die Gestalt kleiner Romane an; manche Autoren des 18. Jhs. mischen liedförmige Gedichte in ihre »Idyllen« überschriebenen Sammlungen. Umgekehrt reicht die Thematik der Dichtungen, die sich als Idyllen erklären, von der archaischen Hirtenwelt bis in das Bürgerhaus, das Kloster, die Schulstube, die Bildhauerwerkstatt, ja in die Stadt und hinaus aufs Meer. Aus dem hermeneutischen Zirkel der Gattungsbestimmung läßt sich bei der Idylle besonders schwer ein Ausweg gewinnen. *K. Viëtor* hat sich, angeregt von seinen Erfahrungen bei der Darstellung der deutschen Ode, mit dem Problem auseinandergesetzt, wie zu verfahren sei, wenn einerseits Werke »unter dem Namen der Gattung die Gattung verlassen«, andererseits aber Dichtungen, die der Autor nicht der Gattung zugewiesen hat, ihrer Struktur nach sich der Gattung einfügen. Mit Recht fordert er, daß beide betrachtet werden, weil immer eine, wenn auch vielleicht komplizierte, Beziehung zur Gattung zugrunde liegt. Bei der Idylle ist der zweite Fall häufiger; die Entscheidung wird aber dadurch erschwert, daß die Gattung keine klar gefügte »Struktur« besitzt, sondern eher durch eine Reihe von Motiven und Gestaltungszügen gekennzeichnet ist, die aber kaum je alle in einem Werk versammelt sind.

B. Etymologie

Ein Auskunftsmittel bietet sich an: die Frage nach der ursprünglichen Bedeutung des Wortes ›Idylle‹. Hier stößt man jedoch auf einen höchst interessanten, durch die Jahrhunderte hin tradierten Irrtum. 1767 schreibt der Freiherr *von Penkler* in seiner »Abhandlung vom Schäfergedichte«: »*Idyll* heißt eigentlich ein *kleines Bild*; denn εἰδύλλιον ist ein Verringerungswort von τὸ εἶδος, Gestalt, Bild, Schilderung: daher ist εἰδύλλιον ein kleines Bild, eine kleine Schilderung des Schäferlebens«. (Sein Text zeigt im übrigen, wie im 18. Jh. die richtige Form *das Idyll* und das vom Plural her falsch abgeleitete Femininum *die Idylle* promiscue gebraucht werden.) Ein Jh. später charakterisiert F. Th. Vischer die theokritische Idylle: »... die Ausführung besteht in kleinen Bildchen ohne Fabel oder nur mit unentwickeltem Keim einer solchen; daher εἰδύλλιον: (Sitten-)Bildchen«. Und im »Sprachlichen Kunstwerk« von W. *Kayser* ([6]1963) wird die Gattung elegant deduziert: »Wir stellen wieder die Frage, ob es nicht Kurzformen gibt, die nur als Ausformung dieser Substanz bestehen, so daß an ihnen das Wesen des ›Raums‹ studiert werden kann. Figuren und Geschehen brauchen nicht zu fehlen; unter ›Raum‹ ist nicht etwa bloße Landschaft zu verstehen. Aber sie sind völlig vom Raum her bestimmt, sie haben ihre Bedeutung als Ausdruck des Raumes. In einer Kurzform würde er als eigener, geschlossener Ausschnitt erfaßt. Es entstände ein Bild. Bild oder vielmehr Bildchen heißt auf griechisch eidyllion, und die *Idylle* ist die dichterisch realisierte Form, die wir erwarten durften«. Diese so überzeugend klingende Etymologie, die sich in zahlreichen Sachwörterbüchern noch heute findet, ist indes völlig unhaltbar. Die klassische Philologie hat diesen alten und verbreiteten Irrtum schon vor hundert Jahren aufgedeckt, doch die germanistischen Handbücher und Spezialstudien haben nur zu geringem Teil davon Kenntnis genommen: 1868 hielt W. *Christ* einen Vortrag, in dem er den Sprachgebrauch, der unter einer Idylle »ein nettes, sauber ausgeführtes Bildchen aus der einfachen Naturwelt« versteht, überprüfte. Auf seinen Forschungen fußen alle jüngeren Ausführungen zu diesem Thema.

Die Wurzel der Bildchen-Deutung findet *Christ* bei den byzantinischen Scholiasten, die zu erklären versuchen, warum Theokrits Gedichte jeweils εἰδύλλιον α, εἰδύλλιον β überschrieben waren. Problematisch wird diese Deutung aber nicht nur dadurch, daß ein großer Teil der Gedichte keinen besonders bildhaften Charakter aufweist, sondern auch durch das offenbare Analogieverhältnis zwischen der Bezeichnung der theokritischen Gedichte als εἰδύλλια und der pindarischen als εἴδη. Pindars carmina »Bilder« zu nennen, hätte gar keinen Sinn; zudem heißt das Stammwort εἶδος im griechischen Sprachgebrauch gar nicht »Bild« im Sinne von »Abbild«, sondern zunächst »äußeres Aussehen«, vertieft dann »innere Form, Wesen, Idee« in der philosophischen, »Art, Gattung« in der literarischen Fachterminologie. Den Schlüssel zum Gebrauch des Wortes εἰδύλλιον in der Spätantike liefert eine Stelle in einem Brief des jüngeren Plinius (I. Jh.; IV, 14, 8), der von seinen Gedichten sagt: »sive ›epigrammata‹ sive ›idyllia‹ sive ›eclogas‹ sive, ut multi, ›poematia‹ seu quod aliud vocare malueris, licebit voces, ego tantum hendecasyllabos praesto«. »Idyllium« bedeutet ihm also ganz allgemein »kleines, selbständiges Gedicht«, das nach Inhalt und Form nicht näher bestimmt ist. Wie konnte aber das Wort zu diesem Sinn gelangen? Wie soll gerade das zugrunde liegende Wort εἶδος, das doch sonst in der literarischen Fachsprache gerade das Allgemeine, die Gattung (etwa das Drama) meint, das Einzelgedicht treffen? Christ, dem sich später *Bickel* in seiner Spezialstudie anschloß, versuchte diese Frage von der metrischen und musikalischen Terminologie der Zeit her zu lösen, in der die Kommentatoren rhythmische und metrische εἴδη unterscheiden. Demnach hätten die Pindar-Erklärer, die von εἴδοσ α, εἶδος β sprechen, an die individuelle Melodie der einzelnen carmina gedacht. So hätte εἶδος den allgemeineren Sinn »kleines Gedicht« angenommen, ähnlich wie das deutsche Wort »Weise« sowohl die Melodie als auch ein ganzes Lied bezeichnen kann. Schließlich hätte dann die alexandrinische Zierlichkeit der theokritischen Gedichte dazu angeregt, bei ihrer parallelen Bezeichnung die diminutive Form εἰδύλλιον anzuwenden. Daß man die für Pindar gültige Formel auf Theokrit übertrug, obgleich die meisten seiner Gedichte nicht individuell verschiedenen »Weisen«, sondern dem Rhythmus des Hexameters unterstehen, erklärt *Wilamowitz* aus der Verlegenheit, wie man Gedichte, die keiner der traditionellen Gattungen mehr entsprechen, literarisch einordnen sollte. *Gow*, der Herausgeber der jetzt maßgeblichen Theokrit-Edition, meint, die einzelnen Gedichte einer Sammlung seien εἴδη im Sinne von »poems in different styles« genannt worden, und als Glied einer solchen Sammlung habe dann auch das einzelne Gedicht εἴδος α oder εἰδύλλιον α geheißen – ein Argument mehr dafür, daß die Bezeichnung von späteren Sammlern und Editoren stammt (Theocritus I LXXI). Zweifel an der Gültigkeit des von Christ angeführten Hauptzeugnisses für den musikologischen Gebrauch von εἴδος bringen Gow dazu, das etymologische Problem als ungelöst zu betrachten, wie auch Lesky in seiner Literaturgeschichte den Ursprung der Bezeichnung als »dunkel« ansieht. Fest steht nur, daß der ganz allgemeine Terminus über die Eigenart der so bezeichneten Gedichte nichts aussagt als ihre Kürze und Selbständigkeit.

Literatur:

W. *Christ:* Über das Idyll. In: Verhandlungen der 26. Versammlung dt. Schulmänner . . ., 1869, S. 49–58.

E. *Bickel:* Genus, εἴδος und εἰδύλλιον in der Bedeutung ›Einzellied‹ u. ›Gedicht‹. In: Glotta 29, 1942, S. 29–41.

C. *Schwierigkeiten der Abgrenzung*

Der Mangel einer Stütze am ursprünglichen Wortsinn wiegt um so schwerer, als sich die Idylle sehr eng mit einigen anderen literarischen Phänomenen berührt. Am schwierigsten ist es, die Grenze zwischen der Idylle und der *bukolischen* oder *Schäferpoesie* zu ziehen. Ein großer Teil der Idyllen *Theokrits*, darunter die berühmtesten und eindrücklichsten Gedichte, schildert eine Hirtenwelt. Gow (»The Greek Bucolic Poets« XVIII) nimmt an, daß die bukolischen Gedichte an der Spitze der antiken Theokrit-Ausgaben standen und daß daher der Name ›Bukolika‹ auf alle Gedichte ausgedehnt wurde. Jedenfalls bewirkte es die Bedeutung dieser Gedichte, daß man später ›Idyll‹ und ›Hirtengedicht‹ synonym gebrauchte. An sie schloß sich *Vergil* an, als er jene zehn »Eklogen« (d. h. »ausgewählte Stücke«) oder »bucolica carmina« schuf, mit denen er eine zentrale Sphäre der europäischen Dichtung begründete. Aber eine Reihe von theokritischen Gedichten kennt ganz andere Schauplätze. Die bukolische Dichtung wiederum löst sich von der Gestalt des kleinen hexametrischen Gedichts, das ihr Theokrit und Vergil gegeben haben; die Renaissancedichter entwickeln aus ihr die größeren Formen des Schäferdramas und des Schäferromans; das Barock und das 18. Jh. kennen Schäfergedichte in mannigfachen lyrischen Formen. Auch thematisch kann sich die Bukolik verwandeln: einerseits wird sie zur allegorischen Darstellung höfischer

oder privater Verhältnisse, andererseits wird die Hirtenszenerie
ins Geistliche übertragen. Nur die Einheit der bukolischen Motive hält alle diese Dichtungen zusammen; den Gattungscharak-
ter läßt diese große Divergenz als zweifelhaft erscheinen. Die
Verschlungenheit von Idylle und Hirtengedicht spiegelt sich
darin, daß in den Poetiken des 17. und 18. Jhs. die Begriffe fast
unterschiedslos gebraucht werden. Das betreffende Kapitel in
Gottscheds »Critischer Dichtkunst« nennt sich »Von Idyllen,
Eklogen oder Schäfergedichten«. *Sulzer* überschreibt seinen Artikel in der »Allgemeinen Theorie der Schönen Künste« noch
mit »Hirtengedichte«, obgleich seit Gessner der Name ›Idylle‹
an Beliebtheit gewonnen hatte. Es könnte scheinen, als sei die
Idylle ein formaler Spezialfall der bukolischen Dichtung; da
aber ihre Thematik andererseits weit über die Hirtenwelt hin-
ausreicht, läßt sich das Verhältnis eher im Bild zweier sich
überschneidender Sphären erblicken.

Eine zweite Grenze, deren Erörterung die poetologische Diskussion des 18. Jhs vielfach beschäftigt, verläuft gegen die zahlreichen Texte in gebundener oder ungebundener Rede, die in
mehr oder minder realistischer Weise das Landleben schildern:
die sogenannten *Land-* oder *Feldgedichte*, deren antikes Vorbild
nicht die theokritische oder vergilische Idylle ist, sondern die
2. Epode des *Horaz*, in der ein Wucherer sich behaglich die
Freuden des rustikalen Daseins ausmalt, um sich am Schluß
wieder seinen Geldgeschäften zuzuwenden. Diese Pointe. wird
von den Feldgedichten indessen nicht übernommen. Die Lust an
der Beobachtung der ländlichen Welt, die diese Gedichte kennzeichnet, hat sich auch an Vergils »Georgica« genährt; der
ihnen eigene Topos des Gegensatzes von verderbter Stadt und
unschuldigem Landleben hat sein Muster in den Versen II 493
bis 540.

Weiterhin ist schwierig zu entscheiden, inwieweit einzelne
idyllische Motive schon genügen, um einen Text als Idylle an-
zusprechen. Vor allem ist es der locus amoenus, der stets den Gedanken an die Idylle wachruft, der er, literarhistorisch gesehen,
seinen Ursprung verdankt.

In ihren bedeutendsten Ausprägungen aber neigt die Idylle
dazu, in *Utopie* überzugehen. Dem genus humile, das den größten Teil der vorhandenen Idyllendichtung kennzeichnet, steht
der Entwurf einer höchsten Dichtung gegenüber, in der – um
vorwegnehmend auf die Gedankengänge Schillers hinzuweisen,
die diesen Gipfel der Gattung zum erstenmal bezeichnet
haben, – »aller Gegensatz der Wirklichkeit mit dem Ideale ...

vollkommen aufgehoben« wäre, einer Dichtung, die die Sehnsucht des Menschen nicht in die Vergangenheit Arkadiens, sondern in Zukunft des Elysiums führt. In diesem Sinne könnte man Hölderlins »Friedensfeier« als Versuch einer Idylle ansehen (vgl. dazu S. 153). Hier verschärft sich freilich die Frage, die sich bei Goethes Arkadiendichtung stellte: verfließen nicht die Grenzeι der Gattung völlig, wenn der Begriff der Idylle so weit gefaßt wird? Andererseits gibt es zweifellos etwas Gemeinsames, das von der antiken Hirtenwelt zur barocken Christusmystik, von Giorgione zu Watteau, von Telemanns »Landlust« zum »Après-Midi d'un Faune« reicht. Ebenso zweifellos wird das Studium der Idylle weitaus interessanter und fruchtbarer, wenn Idylle in einem weiten Sinne verstanden wird.

Eines der frühesten und wichtigsten Beispiele solcher Betrachtungsweise ist *Empsons* Buch »Some Versions of Pastoral«, das höchst anregende Perspektiven gewinnt, indem es den Gattungsbegriff (obgleich der englische Name noch enger an die Tradition bindet) auf die unvermutetsten Werke anwendet. Empson erkennt das Spezifische des »pastoral« in dem Verfahren »of putting the complex into the simple«, einem Verfahren, das in der Spannung zwischen dem differenzierten Autor und dem einfachen Gegenstand begründet ist und dessen soziologischen Implikationen das eigentliche Interesse des Buches gilt. Diese Technik beleuchtet Empson in einer musterhaft subtilen Analyse doppelsinniger Stellen in Marvells berühmten Gedicht »The Garden«; seine mit aufreizender Eigenwilligkeit formulierten Vorstöße entdecken das pastorale Prinzip aber auch in dem Verhältnis von Haupt- und Nebenhandlung im Drama und schließlich sogar in »Alice in Wonderland«.

Die Art, in der bei Empson unter verschiedenen literarischen Formen eine gleiche seelische Haltung aufgedeckt wird, läßt sich mit Gewinn auch auf die deutsche Literatur anwenden. Verschließen wir uns nicht den Zugang zu wesentlichen Einsichten, wenn wir unsere Aufmerksamkeit nicht auf alle Zeugnisse eines uns als idyllisch ansprechenden Geistes richten und die Idylle auf die bestimmten Maße einer Gattung festzulegen suchen? Sollten wir den Idyllencharakter von Hölderlins spätester Dichtung verkennen, weil sie sich aus einer Reihe kleiner Gedichte in vierzeiligen Strophen zusammensetzt? Von ihr führt ein Weg zu denjenigen Gedichten Trakls, die aus der apokalyptischen Welt einen Raum reinen Lebens aussparen wie »Verklärter Herbst«. Am gleichen Weg liegen aber auch Rilkes »Vergers«, deren fremdes Idiom schon von der Absonderung zeugt, in die sich der Dichter zurückzieht. Auch können gerade die in den

Zusammenhang größerer Werke eingelegten idyllischen Passagen Sinn und Grenze dieses poetischen Phänomens erkennen lassen.

Sicher würde eine Untersuchung solcher Art verstandener idyllischer Dichtung tiefer und eindrucksvoller erscheinen lassen, was »Idylle« als Ausdrucksform der menschlichen Seele bedeutet. Zuvor aber muß wohl die Idee der Idylle klarer gewonnen werden, um das Verschwimmen mit den mannigfachen Formen dessen zu vermeiden, was *Ernst Bloch* als »Dargestellte Wunschlandschaft« beschrieben hat (»Das Prinzip Hoffnung«, Bd. 2, 1959, S. 929 ff.). Von der gesuchten »Idee« gilt hier, was *Walter Benjamin* über die des Trauerspiels sagt: »Was aber solche Namen als Begriffe nicht vermögen, leisten sie als Ideen, in denen nicht das Gleichartige zur Deckung, wohl aber das Extreme zur Synthese gelangt« (»Schriften« I, 1955, S. 153). Daß die Idee, »Extrem einer Form oder Gattung«, »als solche in die Literaturgeschichte nicht eingeht«, wird an der Idylle im besonderen Sinne deutlich. Die meisten Idyllendichtungen beschwören die Vorstellung eines Raumes, den wir ahnend weiterdichten; in wenigen Werken ist er so überzeugend gestaltet, daß nicht die erregte Idee das Ausgeführte übersteigt. Die Beobachtung dieser wenigen Werke ist am besten geeignet, die Idee der Idylle sich kristallieren zu lassen, »das Idyllische« (um die von Staiger eingeführte Unterscheidung, die sich hier als besonders hilfreich erweist, anzuwenden) zu erfassen. Diese Werke stellen zugleich den historischen Ursprung der Gattung dar; es sind die Idyllen *Theokrits* und *Vergils*.

D. Das antike Modell

Wenn man von *Theokrits* Gedichten das Musterhafte der Gattung ablesen will, gerät man allerdings sogleich wieder in den hermeneutischen Zirkel: von den 30 als Idyllen bezeichneten Gedichten (von denen heute 22 für echt gehalten werden) unterstehen einige offenbar abweichenden Gesetzen. Hier bewährt sich der Zusatz, den Viëtor seinem Prinzip, die antiken Muster als Stützen der Gattungsbestimmung heranzuziehen, hinzufügt: die Beachtung der späteren europäischen und nationalen Tradition. Theokrits und Vergils Gedichte sind in einem mehr als historischen Sinne »Ursprung«: alle späteren Idyllendichter haben sich an ihnen bewußt orientiert. Welche Gedichte sie dazu wählten, hilft wiederum, bei Theokrit die »eigentlichen« Idyllen zu unterscheiden. Der Spiegel der Wirkung läßt die innere Zusammengehörigkeit einer Reihe von Gedichten erkennen, von denen sich andere trotz des gemeinsamen

Namens absondern: zwei παιδικά, die »Spindel«, zwei Huldigungsgedichte, einige mythologische Erzählungen.

Es mutet paradox an, wenn Theokrit noch im 19. Jh. als der Dichter der reinen Naivität, der nur allzu derben Natürlichkeit gerühmt oder getadelt wird: die Gattung, die er schuf, trägt in jeder Hinsicht das Gepräge der Spätzeit. Theokrit (etwa 300–260), ein Sohn der Stadt Syrakus, lebte in der Großstadt Alexandrien. Die Naturnähe seiner Dichtung ist ein erstes großes Beispiel der Sehnsucht, die den differenzierten Geist aus komplizierten Lebensformen ins Einfache zurückzieht. Wilamowitz hat in seiner »Hellenistischen Dichtung« ein eindringliches Bild der historischen und kulturellen Situation entworfen, auf deren Grund die Werke der kallimacheischen Epoche zu verstehen sind. Ein *Spannungsverhältnis zwischen Natürlichem und Artifiziellem* – für uns freilich nur noch auf Grund historischen Wissens erkennbar – bewirkt den Reiz der theokritischen Schilderungen. Der starke Anteil des Artifiziellen rührt schon daher, daß in der neuen Gattung mehrere literarische Traditionen vereinigt werden. Einmal gab es schon vor Theokrit bukolische Dichtung, deren Alter und Umfang freilich Gegenstand der Diskussion sind. Anscheinend waren Liederwettbewerbe zwischen den Hirten gebräuchlich und gewissen Kulten eigentümlich; der Syrakusaner Komödiendichter Epicharm (5. Jh.) erwähnt Diomus als Erfinder des Hirtengesangs: Stesichoros von Himera (6. Jh.) erzählte in einem verlorenen Chorlied von dem unglücklichen Daphnis, der in der Folge zum Archetyp des poetischen Hirten wurde. Andererseits übernahm Theokrit die Tradition des *Mimus*, d. h. kurzer dramatischer Szenen aus dem Volksleben, wie sie Sophron (5. Jh.) und Herodas (3. Jh.) schrieben. Das Originelle der neuen Gattung liegt darin, daß dieses dramatische Element ebenso wie das lyrische der Hirtengesänge in das Maß des Hexameters und damit in die rezitativische Vortragsweise wie überhaupt in die ganze Tradition des Epos überführt wurde. Auf das »romantische Raffinement« solcher Verfremdung hat Wilamowitz aufmerksam gemacht (»Daphnis«). Ein Beispiel dafür ist die Idylle I (Thyrsis), an der sich überhaupt die konstitutiven Merkmale der Idylle gut erfassen lassen. Der Schafhirt Thyrsis und ein Geißhirt tauschen Komplimente über ihre musikalische Kunstfertigkeit aus; Thyrsis fordert den Geißhirten auf, die Syrinx zu spielen; dieser überredet ihn aber, indem er ihm ein schönes Gefäß verspricht, das Lied von Daphnis zu singen. Dieses Lied füllt die zweite Hälfte der Idylle. In ihr wird der wichtigste Wesenszug der Gattung deutlich: die *Vorherrschaft des Räumlich-Zuständlichen*. Die geringen Vorgänge dienen nur dazu, eine Welt aufzubauen. Die Beschreibung der *Landschaft*, die in der gleichen Epoche als Gegenstand der Malerei entdeckt wird, gewinnt bei Theokrit eine bisher ungewohnte Bedeutung. Die Hirten rühmen einander zum Singen besonders geeignete Plätze; so entsteht das Schema des *locus amoenus*: Gras, kühle, Quelle, schattige Bäume (vgl. auch Id. XXII, VII und V). Verschiedene Baumarten, Vogelgesang, das Zirpen der Zikaden, das Gurren der Tauben, das Bienengesumm variieren die Anmut solcher Orte. Wesentlich ist es, daß dieser Platz sich hier am Fuß einer Felswand befindet. Der Charakter des Abgeschirmten, Eingegrenzten, Geborgenen bestimmt den Raum der Idylle. Von daher ist das zähe Fortleben der Bildchen-Etymologie zu verstehen; die historisch falsche Ableitung gewinnt typologische Berechtigung. Diese wurde durch den sich forterbenden Irrtum immer mehr verstärkt, denn die Definitionen der Poetiken wirkten auf das Bestreben der Autoren, dem Gattungscharkter gerecht zu werden. Mit der Autonomie des Räumlich-Zuständlichen ist zugleich das künstlerische Grundproblem der Idylle gegeben: die Gefahr der Ermüdung aus Mangel an Bewegung. Abgesehen von der beschreibenden Poesie des 18. Jhs., zu der sie in enger Beziehung steht, ist die Idylle der einzige Entwurf einer rein statischen Dichtung. Der dahinter sich verbergende Versuch, die Zeit aus der menschlichen Existenz auszuschließen, ist einer der interessantesten Gesichtspunkte, unter dem die Idylle betrachtet werden kann. Das Problem der Darstellung des Statischen stellt sich insbesondere für ein weiteres konstitutives Element der Idylle: die *Beschreibung von Kunstwerken.* Im Idyll I füllt sie nicht weniger als 29 Verse. Solche Schilderungen sind als *Ekphraseis* aus den Epen geläufig, gewinnen aber im kleineren Raum der Idylle stärkeres Gewicht und werden zum Selbstzweck. Wie auf den Reliefs der hellenistischen Zeit, so werden auf dem Gefäß des Geißhirten typische Szenen aus dem Leben dargestellt: eine kokette Frau, ein Fischer bei der Arbeit, ein Knabe im Weinberg. Diese Figuren werden durch imaginäre Bewegungen belebt, so daß innerhalb des idyllischen Raumes noch ein zweiter entsteht. Charakteristisch sind auch die das Gefäß umlaufenden Schmuckranken: immer wieder findet man die Kreisform als Grundfigur der Idylle. Das Lied von Daphnis schließlich zeigt mehrere Grundzüge der Gattung. Formal ist es ein Beispiel der *eingelegten Lieder oder Erzählungen,* die zur Tradition werden (Sängerwettstreit); inhaltlich ist es in mehrfacher Hinsicht aufschlußreich. Daphnis muß an unglücklicher Liebe sterben, anscheinend, weil er Aphrodite durch seine Weigerung, zu lieben, beleidigt hat. Die *Liebe* ist ein wesentliches Thema der Idylle; oft hat man sogar die Bevorzugung der Hirtenwelt daraus erklärt, daß einzig dieser Beruf Muße genug gewährt, um Liebe und Gesang zum Lebensinhalt werden zu lassen. Die Abschiedsklage des Sterbenden wie auch die gemeinsame Trauer aller Einwohner der idyllischen Welt werden als Motive fortleben. Aber stellt die Idylle wirklich, wie Schopenhauer mit vielen anderen definiert, das »Glück« dar? Ist die Deutung richtig, daß Daphnis an seinem Willen zugrunde geht, so ist sein Schicksal ein tragisches. Bei Theokrit wie bei Vergil sind Trauer, Leidenschaft, Tod und vielleicht selbst der tragische Untergang nicht aus der Idylle ausgeschlossen; freilich treffen sie den einzelnen, nicht die ganze Welt der Idylle. Es ist auch bezeichnend, daß die Erzählung von Daphnis gedämpft wird, indem sie nur als Bericht über eine mythische Gestalt erscheint. Inwieweit sich im dargestellten Mythos bereits die Spannung zwischen den aufgeklärten Gebildeten und dem noch gläubigen Volk spiegelt, betrifft mehr das Verständnis Theokrits im besonderen; für die Gattung ist aber wichtig, daß ein solcher Bruch überhaupt besteht. Das gleiche gilt für die Auffassung der Hirten, die einerseits betont alltäglich sprechen, andererseits aber auch entlegene und gelehrte Namen und Orte zu erwähnen wissen. Eine *realistische* Zeichnung der Hirten läßt sich besonders an den Id. IV und V beobachten. Zum Mittel einer ironischen Struktur wird der Realismus in der Id. X: ein Mäher erleichtert sein verliebtes Herz durch ein Lied über seine Liebe; sein Gefährte antwortet ihm mit landwirtschaftlichen Regeln. Für die Geschichte der Gattung ist das Gedicht auch deshalb von Interesse, weil es später als Argument dafür angeführt wurde, daß das *Personal* der Idylle sich nicht auf Hirten zu beschränken braucht. Noch größere Bedeutung für diese Frage hat die heute für unecht gehaltene Id. XXI: auf dieses Gedicht konnte sich die Gattung der *Fischeridylle* berufen. In der kruden Schilderung der Armut und der harten Arbeitsmoral dieser Fischer erreicht die griechische Idylle den äußersten Punkt ihres Realismus. Ironischer Realismus, der Theokrit in der Zeit der eleganten Schäferdichtung ganz besonders den Vorwurf bäurischer Grobheit eintrug, kennzeichnet den »Kyklops« (Id. XI), der die geliebte Meernymphe durch höchst rustikale Geschenke zu gewinnen sucht. Aufschlußreich für die Spannweite der Gattung ist schließlich die am stärksten vom Mimus bestimmte Idylle, die »Adoniazusen« (XV): zwei in Alexandrien lebende Syrakusanerinnen treffen sich, um das Adonisfest zu besuchen, und ergehen sich in den plattesten Gesprächen. Hier wird ein satirisches Element deutlich, das zeigt, wie das von Schiller später ideell begründete *Komplementärverhältnis zwischen Idylle und Satire* auch in der Geschichte der Gattung angelegt ist. Im Festgesang zu Ehren des Adonis tritt ein weiteres wichtiges Idyllenmotiv hervor: das Lob der Horen. Die *Jahreszeiten,* in deren Wiederkehr die Zeit sich in gewisser Weise selbst überwindet, werden sich bis in die letzten Ausläufer der Idyllendichtung als Fundament ihrer statischen Ordnung erweisen. Für die Frage nach dem artistischen Element wird besonders Id. VII (Thalysia) bedeutsam. Ein Erzähler, der sich Simichidas nennt, berichtet in Ichform, wie er mit zwei Freunden zu einer Erntefeier auf ein Gut wandert. Das *Fest* – wiederum Ursprung eines später beliebten Idyllenmotivs – zeigt den idyllischen Raum in besonders reicher dichterischer Gestalt. Auf dem Weg tritt Simichidas mit einem dichtenden Hirten Lycidas in einen Liederstreit. Die allgemeine Überzeugung, Simichidas sei mit dem Dichter identisch, hat zu weitgehenden Spekulationen angeregt: man vermutete einen literarischen Freundeskreis, wenn nicht gar eine religiöse Bruderschaft, deren Mitglieder unter Hirtennamen zusammenkamen. Die heutige Forschung (Gow) ist gegenüber solchen Hypothesen sehr zurückhaltend, nimmt aber als wahrscheinlich an, daß diese Idylle Anspielungen enthält, die nur den Zeitgenossen verständlich waren. So scheint hier schon ein Ansatz zur Technik der Verschleierung und Verschlüsselung vorzuliegen, die den Gegenpol zu jener herzlichen Natürlichkeit bildet, die bei Theokrit zweifellos auch zu finden ist. Aus der Verbindung des Differenzierten und Artistischen mit einer noch lebendigen ursprünglichen Beziehung zu einfachen Lebensformen ist das Hauptproblem der Gattung abzuleiten, das *Verhältnis zur Wirklichkeit*.

Deutlicher greifbar wird dieses Problem in den Eklogen *Vergils* (70–19 v. Chr.). Den Raum der Idylle, den Theokrit auf den Schauplätzen seines Lebens, vor allem in seiner Heimat Sizilien und auf der Insel Kos, gefunden hatte, verlegt Vergil in eine poetische Landschaft, welche die spätere bukolische Tradition (nach den in den Ecl. VII und X erwähnten Namen Arcadia, Arcades) *Arkadien* benannt hat. Dieses Arkadien, völlig verschieden von dem geographischen, einem rauhen Bergland im Peloponnes, ausgeschmückt mit Grotten, Hainen, Bächen und Bäumen, die sich hier zum erstenmal als literarische Tradition bekennen, ist aber nicht reine Imagination: die oberitalienische Heimat des Dichters, die Landschaft am Mincio, leiht ihm ihre zarten, klaren Farben. Der Zustand dieser Welt zwischen Realität und Traum zeigt sich auch in der Mischung der Personen: auf der gleichen poetischen Ebene bewegen sich imaginäre Hirten mit literarischen Namen, Götter und gegenwärtig lebende Menschen. Dies wird besonders deutlich in der X. Ekloge, welche die Klage des Daphnis in die Liebesklage des mit Vergil befreundeten Elegiendichters Gallus transponiert. Die arkadischen Berge, die Bäume, die Hirten und Schafe, Apoll, Pan und die Nymphen beklagen den Dichter, dessen ungetreue Geliebte einem Soldaten in die höchst realen winterlichen Gegenden der Alpen und des Rheins gefolgt ist. In dieser Ekloge spricht sich sehr stark der elegische Ton aus, den Vergil als neue Möglichkeit der Idylle hinzufügt und dessen Zeichen in der bukolischen Tradition, besonders in der Malerei, der Grabhügel des Daphnis (Ecl. V) sein wird. Ein Gefühl der Sehnsucht, aber auch der gefaßten Stille trägt bei zu der Verklärung, die erst bei Vergil über der Welt der Idylle glänzt. Dieses – lange verkannte – eigentümlich Vergilische zu erfassen und zu beschreiben, hat sich die Forschung der letzten Jahrzehnte in differenzierten Untersuchungen bemüht, unter denen besonders die Arbeiten von Rohde, Klingner und Snell zu nennen sind (Vgl. dazu aber jetzt: *E. A. Schmidt:* Arkadien: Abendland und Antike, s. S. IX). Indem die Hirtenwelt zum Organ der Seele wird, gelangt die hellenistische Spannung zwischen Bewußtsein und Gegenstand in dieser augusteischen Dichtung zu einer schwebenden Versöhnung. Dieser neue Seelenton der Idylle verwirklicht sich durch eine Sprache, deren reines

11

Fließen mit ebensolcher Kunst erzeugt ist wie die Unaufdringlichkeit der subtilen Komposition. Solche neuen Elemente der Idylle prägen die I. Ekloge, die Curtius einen Schlüssel zur literarischen Tradition Europas genannt hat (»Europäische Literatur ...«[4], 1963). Tityrus, der unter der Buche die Flöte spielt, erzählt dem vorüberziehenden ausgewiesenen Meliboeus, daß ein Jüngling, den er jetzt als Gott verehrt, ihm die Erlaubnis erteilt hat, seinen Besitz zu behalten. Hier tritt ein neues Moment in die Idylle ein: die *Geschichte,* die bisher nur indirekt, als erschlossener Hintergrund, an ihr teilhatte. Das zugrunde liegende politische Ereignis ist Octavians Landverteilung an die Veteranen nach der Schlacht von Philippi: Vergil wurde dabei durch Octavian vor dem Verlust seines Gutes geschützt (vgl. auch Ecl. IX). Charakteristisch ist es nun, welche Gestalt die Zeitereignisse in der Idylle annehmen. Man kann nicht, wie es häufig geschieht, von einer Flucht aus der Realität sprechen: das Leid des Verbannten wird unverschleiert dem Heil des Tityrus gegenübergestellt. Doch dessen Einladung, den Abend noch friedlich bei ihm zu verbringen, läßt das Gedicht in einem privaten und vorübergehenden Ausgleich enden. Mit Meliboeus tritt ein neues wichtiges Strukturelement in die Gattung der Idylle ein: die Figur des von außen kommenden *Wanderers.* Wichtig aber ist vor allem das Moment der *Mythisierung:* der heilbringende Jüngling muß als Anspielung auf Octavian verstanden werden. (Vgl. Ecl. V und Ecl. IX.) Der schwebende Realitätscharkter der arkadischen Welt erleichtert diese Mythisierung, die hinter den Umrissen einer angedeuteten geschichtlichen Gestalt den Gottmenschen durchleuchten läßt. Solcher Erlösungsglaube findet seine mächtigste Gestalt in der berühmten IV. Ekloge, in der die Geburt eines Knaben eine neue Weltzeit eröffnen soll. Wenn es naheliegt, diese futurische Idylle in Utopie übergehen zu sehen, so ist doch zu bedenken, daß der ideale Zustand, der sich mit dem heranwachsenden Knaben entwickelt, zum Archaischen zurückstrebt. Bedeutsam für die Gattung ist auch die mit dem Begriff des Aeons gegebene *zyklische Zeitvorstellung,* die auf höherer Ebene das Motiv der Jahreszeiten wiederholt: das *Verhältnis von Geschichte und ewiger Wiederkehr* wird ein zentrales Problem der künftigen Idyllendichtung bilden. Wie Klingner gezeigt hat, ist bei Vergil das zyklische Geschichtsdenken schon in Richtung auf die christliche Eschatologie hin durchbrochen. Die Einbeziehung der Zeitgeschichte hat noch eine weitere Folge: die Anspielungen auf reale Personen begründen die *bukolische Allegorie.* Was bei Vergil ein Mittel höchst zurückhaltenden, vieldeutigen Sprechens ist, verfestigt sich bei den Nachahmern zur Technik des Bezugssystems. Dieses allegorische Verfahren, grundlegend für die spätere bukolische Poesie, besitzt auch für die Idylle Bedeutung, insofern sie die schäferliche Motivwelt einbegreift: im 17. und 18. Jh. färbt es den Realitätscharakter der idyllischen Welt.

Die am antiken Modell abgelesenen, in der Tradition der

Gattung wirksamen Merkmale der Idylle lassen sich dahin zusammenfassen, daß diese Gattung einen abgegrenzten Raum beschreibt, in dem sich Grundformen menschlicher Existenz verwirklichen. Was jeweils unter, diesen Grundformen verstanden wird, wird Sache der Epoche und des einzelnen Dichters sein. Daß diese Grundformen aber nur in einem beschränkten, aus den Bewegungen der Geschichte ausgesparten Raum als möglichen Existenz in eine ideale Ordnung bringen möchte (vgl. dazu S. 153. »Alle kunstreichen idyllischen Darstellungen erwerben sich deshalb die größte Gunst, weil menschlich natürliche, ewig wiederkehrende, erfreuliche Lebenszustände einfach wahrhaft vorgetragen werden, freilich abgesondert von allem Lästigen, Unreinen, Widerwärtigen, worin wir sie auf Erden gehüllt sehen« (»Wilhelm Tischbeins Idyllen«, VI). Diese Goethesche Definition weist auf die statische Weltauffassung der Idylle, die an eine vorgegebene Ordnung des menschlichen Daseins glaubt. Das »Ontologische« der Idylle ist ihr philosophisches, ihr politisches wie ihr künstlerisches Problem. Ist so die Idee der Idylle andeutungsweise erfaßt, so stellt sich die literarische Gattung ›Idylle‹ als der Versuch dar, eine diesem Prinzip unterstehende Welt als autonome aufzubauen und somit absolut zu setzen, in der Form einer kleinen, von scheinhafter Handlung belebten epischen Schilderung. So lautet die Antwort auf die Frage, wie das Arkadien-Gedicht in »Faust II« sich zur Idylle verhalte: Der Idee nach ist es eine ihrer vollkommensten Ausprägungen, der Form nach gehört es zu jenen häufigen und oft bedeutenden Gestaltungen, in denen der Dichter der Idylle keine Autonomie hat zuerkennen wollen. Als partielle oder relativierte Idyllen stehen sie im engsten Zusammenhang mit der Gattung. Die im Folgenden gegebene Darstellung der deutschen Idyllendichtung wird sich auf die Zeugnisse der Gattung beschränken, auf wichtige Beispiele einer Idyllendichtung im weiteren Sinne aber hinzuweisen versuchen.

Literatur zu Theokrit:

Theocritus. Ed. A. F. S. Gow, 2 Vol. Cambridge[2] 1952. *Theokrit.* Die echten Gedichte. Deutsch von E. Staiger. Zürich/Stuttgart 1970. – Gedichte. Griechisch-dt. F. P. Fritz. München 1970.
Bucolici Graeci. Ed. U. v. *Wilamowitz-Moellendorf.* Oxford[2] 1906; neu bearb. v. Gow, 1952; The Greek Bucolic Poets. Transl. with brief notes by A. F. S. Gow. Cambridge 1953.
H. Beckby: Die grch. Bukoliker. Meisenheim/Glan 1975 (mit Kommentar u. Bibliographie).

A. Lesky: Geschichte der griechischen Literatur. ³1971, mit Literatur.

Ü. v. Wilamowitz-Moellendorf: Hellenistische Dichtung in der Zeit des Kallimachos, 2 Bde, 1924; ders.: Daphnis. In: Reden und Vorträge, Bd. I, 1925/26.

M. Pohlenz: Theokrit. In: Gestalten aus Hellas, 1950.

R. Merkelbach: ΒΟΥΚΟΛΙΑΣΤΑΙ [Bukoliastai]. (Der Wettgesang der Hirten.) In: Rhein. Museum, N. F. 99, 1956, S. 97–133.

J. H. Kühn: Die Thalysien Theokrits. In: Hermes 86, 1958, S. 40–79.

H. Hommel: Das hellen. Ideal vom einfachen Leben. In: Studium Generale 11, 1958, S. 742–751.

G. Luck: Zur Deutung von Theokrits Thalysien. In: Museum Helveticum 23, 1966, S. 186–189.

G. Weingart: Zu Theokrits 7. Idyll. Diss. Freiburg 1966 (Druck 1967).

G. Lawall: Theocritus' Coan Pastorals. Cambridge (Mass.) 1967.

U. Ott: Die Kunst des Gegensatzes in Theokrits Hirtengedichten. Hildesheim/New York 1969.

Th. G. Rosenmeyer: The Green Cabinet. Theocritus and the European Pastoral Lyric. Berkeley/Los Angeles 1969.

E. A. Schmidt: Die Leiden des verliebten Daphnis. Hermes 96, 1968, S. 539–552; *ders.:* Hirtenhierarchie in der antiken Bukolik. Philologus 113, 1969, S. 183–200.

G. Wojaczek: Daphnis. Untersuchungen zur griechischen Bukolik. Meisenheim a. Glan 1969.

W. Arland: Nachtheokritische Bukolik bis an die Schwelle der lateinischen Bukolik. Diss. Leipzig 1937.

W. Elliger: Die Darstellung d. Landschaft i. d. grch. Dichtung. Berlin/New York 1975.

Literatur zu Vergil:

P. Vergili Maronis Opera. Ed. R. Sabbadini, Roma 1930.

Vergil: Landleben (Bucolica, Georgica, Catalepton). Latein. u. dt., hrsg. v. J. Götte. ²1965. Bucolica/Hirtengedichte. Übersetzt und erläutert von F. Klingner. München 1977 (dtv).

G. Rohde: De Vergili eclogarum forma et indole. 1925; auch in: Studien und Interpretationen, 1963.

E. Panofsky: Et in Arcadia ego. In: Meaning in the Visual Arts. New York 1955, S. 295–320 (Anchor Book). Auch in: Philosophy and History. Essays presented to E. Cassirer. London 1936. Neudruck New York 1963. Deutsch in: Sinn und Deutung in der bildenden Kunst. Köln 1975.

Br. Snell: Arkadien. Die Entdeckung einer geistigen Landschaft. In: Br. Sn.: Die Entdeckung des Geistes.« ⁴1975.

G. *Jachmann:* L'Arcadia come paesaggio bucolico. In: Maia N. S. 5, 1952, S. 161 ff.

W. *Weisbach:* Et in Arcadia ego. In: Die Antike 6, 1930, S. 127–145.

K. *Latte:* Vergil. In: Antike u. Abendland 4, 1954, S. 157 ff.

F. *Klingner:* Virgil und die geschichtl. Welt. Virgil, Wiederentdeckung eines Dichters. Die Einheit des Virgilischen Lebenswerkes. Das erste Hirtengedicht Virgils. In: F. K.: Römische Geisteswelt, ⁵1965.

Ders.: Bucolica, Georgica, Aeneis. Zürich/Stuttgart 1967.

E. A. *Schmidt:* Poetische Reflexion. Vergils Bukolik. München 1972.

V. *Pöschl:* Die Hirtengedichte Virgils, 1964.

C. *Becker:* Virgils Eklogenbuch. Hermes 83, 1955, S. 314–349.

L. P. *Wilkinson:* The Georgics of Virgil. Cambridge 1969.

M. *Putnam:* Virgil's Pastoral Art. Princeton N. J. 1970.

K.-H. *Pridik:* Vergils Georgica. Strukturanalytische Interpretationen. Diss. Tübingen 1971.

R. *Kettemann:* Vergils Georgica und die Bukolik. Diss. Heidelberg 1972.

E. A. *Schmidt:* Poetische Reflexion. Vergils Bukolik. München 1972.

2. Die Lage der Forschung

Wenn *F. Sengle* 1964 in seinem Vortrag »Formen des idyllischen Menschenbildes« darüber klagen mußte, daß »die Idylle und die ihr verwandten Literaturformen« zu den von der Forschung am meisten vernachlässigten Gebieten gehörten, so kann *G. Kaiser* in seinem eben (1977) erschienenen Buch »Wandrer und Idylle« feststellen: »In den vergangenen Jahren ist die Idylle, die früher ein Winkeldasein fristete, ins volle Licht der Forschung getreten«. Wie kam es einerseits zu der langen Gleichgültigkeit gegenüber dieser Gattung, andererseits zu dem fast plötzlich aufflammenden Interesse für sie? Sengle selbst erblickte einen wichtigen Grund für ihre Vernachlässigung in der Kanonisierung der Dreiheit Lyrik, Epos und Drama, die für Mischformen keinen Platz ließ, vor allem aber in der im Zusammenhang mit diesem Schema entwickelten Kritik *Hegels* an der Gattung. Diese wird in der Tat in der »Aesthetik« sehr scharf verurteilt. Das erklärt sich zum Teil aus der Hegelschen Unterwerfung des Individuellen unter das Allgemeine: er rechnet die Idylle »in dem modernen Sinne des Worts« zu den Nebenarten des Epos, mit denen man »den Theoretiker in Verlegenheit setzen« kann, denn »in eine wahrhafte Eintheilung . . . kann nur das Platz gewinnen, was einer Begriffsbestimmung gemäß ist; was sich dagegen unvollkommen an Inhalt oder an Form oder an Beiden zugleich erweist, läßt sich, weil es eben nicht ist, wie es seyn soll, nur schlecht unter den Begriff, d. h. unter die Bestimmung bringen, wie die Sache seyn soll, und der Wahrheit nach wirklich ist.« Zum Teil erklärt sich das negative Urteil aber auch aus dem Zeitgeschmack, in dem noch die Reaktion auf die empfindsame Dichtung nachwirkt. Mit einer gewissen Munterkeit parodiert der Philosoph die Welt der frommen, zahmen Schäfer, deren Unschuld darin besteht, einfache Speisen zu verzehren, ihr Vieh zu hüten und ihre Empfindungen zu kultivieren. Theokrit als Erbe griechischer Naturnähe mag noch passieren, Vergil und Gessner werden abgewertet. Der Ton, auf den diese Kritik gestimmt ist, wurde um die Mitte des 19. Jhs allgemein, nachdem in der Biedermeierzeit die Stellung zur Idylle noch geschwankt hatte zwischen der politisch motivierten Ablehnung der Jungdeutschen und der Zustimmung klassizistisch orientierter Kritiker. Charakteristisch sind die Formulierungen von *F. Th. Vischer* (der die Gattung im ganzen weniger ablehnt als Hegel und sie aus einer schon in der Odyssee angelegten subjektiv-individuellen Spielart des Epischen ableitet): Gessner schilt er »weinerlich«; für die moderne Form der Idylle, die realistische Dorfgeschichte, fordert er den »Kern der geschlossenen Schönheit des kindlich Engen, der gemütlichen Heimlichkeit im gesunden Erd- und Heu-Geruch« (Par. 883). Beispielhaft für diese Tendenz des späteren 19. Jhs ist die Darstellung in einem Lexikonartikel: »Während Salomon *Gessners* graziöse Prosaidyllen noch ganz in der alten verzopft-sentimentalen Richtung wurzeln, führte der offene Sinn der sogenannten Sturm- und Drangperiode für das Ursprüngliche wieder zurück zum naiv Gesunden und Wahren« (Brockhaus 1894). Der Vorliebe für »gesundes Empfinden und Natürlichkeit«, die – hier wirkt noch immer die Veränderung der Idyllenkonzeption gegen Ende des 18. Jhs nach – bei Theokrit gesucht werden, entspricht der mangelnde Sinn für die Kunst Vergils, der auch im ganzen noch auf seine Renaissance zur Zeit des Dritten Humanismus wartete. (Noch im Artikel des Merker/Stammlerschen Reallexikons erscheint Vergil als völlig unselbständiger Theokrit-Imitator mit »gefährlich glatter Technik«.) So verwundert es nicht, daß sich die Forschung des vorigen Jhs von der Idylle nicht angezogen fühlte. Zwar entstanden in jenen Jahrzehnten die grundlegenden Monographien der großen Idyllendichter, aber ihr Interesse galt eher den Autorgestalten als ganzen denn den Problemen der Idyllendichtung. *Netoliczka,* Verfasser einer Arbeit über die Poetik der Schäferdichtung, gesteht leicht verlegen seine Absicht, einem »auch an sich nicht ganz unerfreulichen«Dichtungsgebiet historische Würdigung angedeihen zu lassen. Die Spezialstudien jener Epoche lesen sich wie eine Fortsetzung der schulmeisterlichen opuscula, in denen die Idyllenproduktion im engen Sinne der traditionellen Gattungsgestalt damals auslief. Charakteristischerweise handelt es sich oft um Schulprogramme. Wenn sie hier in der »Allgemeinen Literatur« noch angeführt werden, so nicht darum, weil sie für die Erforschung der Idyllendichtung noch förderlich wären, sondern weil sie nun ihrerseits als Dokumente der Kultur- und Seelengeschichte des bürgerlichen 19. Jhs interessant geworden sind. Als Materialsammlung brauchbar sind von der älteren Spezialliteratur noch die Schriften von *Schneider, Gosche* und *Andreen.* Instruktiv sind immer noch die Untersuchungen von *Netoliczka* und *N. Müller* über die Poetologie der Schäferdichtung bzw. der Idylle in der ersten Hälfte des 18. Jhs.

Auch im 20. Jh. zeigte die germanistische Forschung jahrzehntelang nur geringes Interesse an der Gattung, was gewiß auch mit der von Sengle verschiedentlich beklagten traditionellen Bevorzugung des Tragischen und Konfliktreichen unter den Gegenständen der Literaturwissenschaft zusammenhing. In Epochen, die sich eigentlich der Idylle hätten zuwenden müssen, so in der Zeit der Entdeckung des Biedermeiers in den 30er Jahren und in der restaurativen Phase nach dem 2. Weltkrieg, hielt man sich mehr an die großen Autoren idyllischen Charakters, wie Stifter oder Mörike, ohne ihre idyllischen Züge mit der Gattungstradition, auf die sie zurückgingen, zusammenzusehen. So lagen in den frühen 60er Jahren, als Sengle sein Bedauern formulierte und die 1. Auflage dieses Buches vorbereitet wurde, erst wenige moderne Untersuchungen zur Gattung vor. *E. Merker* hatte im Artikel »Idylle« des Reallexikons einen nicht sehr perspektivenreichen Abriß der Gattungsgeschichte gegeben; *P. Merker* hatte versucht, durch eine für Seminarübungen gedachte Anthologie mehr Interesse für die Idylle zu erwecken. Mit der Typologie und der allgemeinen Deutung der Gattung hatte sich nur ein Forscher ausführlich befaßt, *I. Feuerlicht.* Sein Interesse an der Idylle ging ursprünglich von der Psychoanalyse aus. Das zentrale Moment alles Idyllischen ist für ihn eine »lustbetonte Rückwendung zur eigenen Kindheit«. Bei den einzelnen Dichtern differiert dieser narzißtische Infantilismus danach, welche Kindheitsphase jeweils erstrebt wird. Ferner scheidet Feuerlicht die Dichter in zwei Gruppen, je nachdem, ob sie dauernde Idylliker sind (Jean Paul) oder nur vorübergehend idyllische Phasen durchleben (Goethe). Die Symptome der verschiedenen Formen des Strebens nach der verlorenen Kindheit will er in den literarischen Besonderheiten der einzelnen Idyllendichter erkennen, wobei er freilich oft die Eigenständigkeit der literarischen Erfordernisse und Traditionen übersieht. So evident der Zusammenhang von Idylle und Kindheit ist, so dringend erforderlich eine Analyse idyllischer Dichtung unter psychoanalytischen Gesichtspunkten wäre (vgl. dazu S. 157 ff.), so kann doch dieser Aufsatz nicht befriedigen, weil er – 1933 erschienen – die psychoanalytische Betrachtungsweise noch allzu unreflektiert auf die Literatur anwendet. Seine Kenntnis der Idyllendichtung hat Feuerlicht später in zwei rein literarischen Untersuchungen ausgewertet. Die erste, »Vom Wesen der deutschen Idylle«, unternimmt eine Art Phänomenologie der Idylle, indem sie eine Reihe von Wesenszügen der Gattung festhält (Kleinheit, Enge, Schicksalslosigkeit), und die Idyllen in verschiedene Gruppen einteilt. In einem zweiten Aufsatz (»Die deutsche Idylle seit Gessner«) bekämpft Feuerlicht die Ansicht, die Idylle sterbe im 19. Jh. ab und werde von der Dorfgeschichte abgelöst. Zum Beweis für die Fortexistenz der Gattung führt er eine Reihe von Idyllen an (Hartmann, Heyse, Stieler etc.), ohne sich zu fragen, ob die bloße Existenz von Werken einer Gattung schon deren Fortdauer verbürge.

Da auch die Literatur zu den einzelnen Idyllendichtern meist älteren Datums und biographisch-historisch orientiert war – eine Ausnahme bildet etwa R. Strassers differenzierte Stilanalyse von Gessners Poesie und bildender Kunst –, so fanden sich Ansätze zu einer vertiefteren Erforschung und adäquateren Beurteilung der Idyllendichtung eigentlich nur in weiter ausgreifenden Studien, die die Entwicklung von Stiltendenzen oder Motiven verfolgten und dabei idyllische Dichtung einbezogen. So geschah es vor allem in A. Langens bekanntem Aufsatz über »Verbale Dynamik in der dichterischen Landschaftsschilderung des 18. Jhs.«, der die »Bewegungslandschaften« Gessners und Mahler Müllers untersucht. Die subtil verfahrende, reiche Studie A. Angers zum Landschaftsstil der Rokokodichtung beleuchtet auch einen stilistischen Aspekt der Idyllenliteratur. H. Mähl bot in seinem umfassenden Buch über die Idee des goldenen Zeitalters bei Novalis einen Überblick über die Entwicklung dieses mit der idyllischen und bukolischen

Dichtung in so engem Zusammenhang stehenden Motivs, von der Antike bis zum pietistischen und philosophischen Chiliasmus des 18. Jhs. Ihm war eine Dissertation von *W. Veit* vorausgegangen, die das gleiche Motiv durch den gleichen Zeitraum hin im Sinne von *Curtius* als relativ autonomen Topos verfolgte. Wichtig für die entstehende Idyllenforschung wurde *H. Meyers* Untersuchung über den zentralen Topos »Hütte und Palast«. Auch *B. Blume,* der die Wunschlandschaft der Insel in idyllennahen Werken aufsuchte (Insel Felsenburg, Robinson, Ardinghello) und das Motiv der Kahnfahrt u. a. bei Gessner, E. v. Kleist, Bronner, Voss interpretierte, gab damit Anregungen. *Blume* vollzog dabei schon den für eine fruchtbare Erforschung der Gattung notwendigen Schritt über ihre Grenzen hinaus, indem er außer der konkreten Insel auch das »Inselhafte« einbezog, wie es etwa in »Hermann und Dorothea« zutage tritt.

Zu Beginn der 60er Jahre hatten verschiedene Forschungsrichtungen in der Germanistik den Boden für die Beschäftigung mit der Idylle vorbereitet. Die Schule der Einzelinterpretation hatte das Instrumentarium für stilistische und strukturelle Analyse bedeutend verfeinert; die historistische Tendenz hatte den Blick auf unbekanntere Werke und Autoren gelenkt und das Bewußtsein geschärft für die heute als selbstverständlich geltende Forderung, daß ein literarisches Werk zunächst aus den poetologischen Bedingungen seiner Zeit heraus zu verstehen sei. Vor allen Dingen war es aber das erwachende Interesse für die soziologischen Gehalte von Literatur, das die von *F. Sengle* ausgehenden Anregungen auf fruchtbaren Boden fallen ließ. Seinen beiden Aufsätzen »Wunschbild Land und Schreckbild Stadt« und »Formen des idyllischen Menschenbildes« kommt eine Schlüsselposition in der Renaissance der Reflexion über die Idylle zu. Im ersten arbeitet Sengle als Gemeinsamkeit der älteren Schäferdichtung und der im 19. Jh. einsetzenden Bauerndichtung die »Idealfigur des naividyllischen Menschen« heraus; die Brücke zwischen der idyllisch-epischen Tradition und der Dorfgeschichte findet er in der Dichtung Melchior Meyrs. Im zweiten Aufsatz betont er den grundsätzlich idealen Charakter der idyllischen Welt, dessen Verkennung zur Anwendung unangebrachter Urteilskriterien und damit zur Mißachtung der Idylle geführt hat. Die realistischen Szenerien, die in die nachgessnersche Idylle eingeführt wurden, hoben die »Idyllenidealität« nicht auf, sondern fungierten als ihre »empirischen Stützen«. *Sengle* skizziert die große Bedeutung des Idyllengeistes für die deutsche Kultur des 19. Jhs. und betont, daß zu seinem Verständnis die Grenzen der Gattung überschritten und auch von der Idylle geprägte Epen, Romane, Novellen, Gedichte, Dramen betrachtet werden müßten. Der Aufsatz gipfelt in der These, »daß der bekannten Blütezeit der Tragödie ›von Lessing bis Hebbel‹ … eine wenig erforschte, doch für die deutsche Kulturgeschichte ebenso bezeichnende Entfaltung des Idyllischen parallel läuft, die … als bewußte, womöglich restaurative Konstruktion des Naiven dialektisch mit der Problematik des Sentimentalischen, Tragischen, Nihilistischen verbunden ist …«. Diese ursprünglich vom Humanitätsideal des 18. Jhs. bestimmte Linie wird aber – dies die zweite These – vom Ende des 19. Jhs. an pervertiert in der Heroisierung des wilden, primitiven Bauern und seiner Welt, die im Neobarbarismus der Blut- und Bodendichtung endet. Ob hier mit Recht gerade Gotthelf als der Punkt des Umschlags zum Schlimmen angenommen wird, ist, soviel ich sehe, von der Gotthelf-Forschung noch nicht grundlegend erörtert worden. Durch seine Fragestellungen wie auch insbesondere durch seine Auffassung der Idylle als eines grundsätzlich idealisierenden »Gegenbildes zur Zivilisation« hat Sengle entscheidende Anstöße für die nun einsetzende Befreiung der Gattung aus ihrem »Winkeldasein« gegeben. Durch das Erscheinen der 1. Auflage des vorliegenden Buchs war zugleich eine breitere Materialbasis bereitgestellt.

Wenn in dieser 1. Auflage zusammen mit der Erwartung, die neue soziologische Orientierung werde die Aufmerksamkeit stärker auf die Idylle lenken, auch die Befürchtung ausgesprochen wurde, dies möchte nur zu permanenten Nachweisen ihrer eskapistischen Tendenzen führen, so hat sich diese Sorge nicht bestätigt. Eine Darstellung der Idylle, die von ihrem Refugiumscharakter ausgeht, findet sich eher am Rande der Literaturwissenschaft. *H. Glaser* widmet ein Kapitel seines Buches »Spießer-Ideologie«, das die »Zerstörung des deutschen Geistes« kulturgeschichtlich dokumentieren will, dem Thema »Das unheimliche Idyll«. Er sucht den Übergang von der schwermütigen Introversion des »wahren« Idylls des frühen 19. Jhs. in die egozentrische Enge des »falschen« zu zeigen, das die wilhelminische Epoche prägt und in die sentimentale Brutalität des Faschismus mündet. Obgleich der auf Effekt bedachte, sich oft im Anekdotischen verlierende Stil der Darstellung diesen Übergang verwischt, lassen sich aus der skizzierten Entwicklungslinie durchaus Anregungen für eine genauere Analyse der betreffenden Texte gewinnen.

Innerhalb der Germanistik aber brachte das soziologische Interesse gerade eine Aufwertung der Idylle. Sie wurde nun verstanden als »Gegenbild« in einem Sinne, der weiter geht als bei *Sengle*, bei dem »Idealbild« und »Wunschbild« noch weithin zusammenfallen – nämlich als ein »kritisch-utopischer« Entwurf, der den jeweiligen mangelhaften Gesellschaftszustand aufzeigt, indem er ihm Bilder harmonischen Zusammenlebens der Menschen, die sich zugleich im Einklang mit der Natur befinden, gegenüberstellt. In diesem Sinne kann der Idyllendichtung gerade da, wo sie ihren idealisierenden Charakter bewahrt, eine emanzipatorische Potenz zugesprochen werden. Eine Grundlegung dieser Konzeption der Idylle gab *E. Bloch* in seinem Aufsatz »Arkadien und Utopien«. Er entwirft hier sehr suggestiv ein aus Historie und Phänomenologie kombiniertes Bild des »arkadischen Traums« und erörtert dessen Verhältnis zur rational gegründeten »Sozialutopie«. Das »mehr nur Pflückende und Hütende« Arkadiens übte nach seiner Feststellung zunächst einen Einfluß auf die utopischen Entwürfe aus, der wegen der geographischen und nicht futurischen Fixierung des Glücksraums nicht unbedenklich war, verlor diesen aber mit dem Aufkommen der industriell orientierten Konzepte. Gerade für diese aber könnten die arkadischen Bilder nach *Bloch* eine wichtige Funktion haben, vor allem durch ihre »Freundlichkeit, Friedlichkeit, Menschlichkeit«, durch die sie sich vom »Duktus allzu planender, menschlich verheizender, glückverschiebender« Sozialutopien positiv unterscheiden. Die These vom Gegenbild-Charakter der Idylle hat vor allem *E. Th. Voss* vertreten (sie deutet sich schon an in seinem Nachwort zur Faksimileausgabe von *J. J. Engels* Abhandlung »Über Handlung, Gespräch und Erzählung, 1964). Seine sehr genauen, historisch fundierten und ins Detail des Textes eindringenden Studien haben der *Gessner*- wie der *Voss*forschung neue Impulse gegeben. *Gessner* war lange Zeit im Buchhandel nicht greifbar, in den Bibliotheken oft nur in zufällig zusammengekommenen Ausgaben des 18. Jhs. oder in den problematischen Editionen von Klee und Frey. Fast gleichzeitig sind nun zwei Ausgaben erschienen, die der Beschäftigung mit *Gessner* eine sichere Textgrundlage bieten. 1972/74 gab *M. Bircher* eine dreibändige Reprint-Edition der Gessnerschen »Schriften« von 1762 und 1772 sowie der vermischten Schriften heraus, 1973 *Voss* seine kritische Ausgabe der Idyllen (mit ergänzenden Texten), die von den Erstausgaben ausgeht. (Genauere Angaben zu beiden Ausgaben s. S. 89). Beide Herausgeber, frappiert von dem Kontrast zwischen *Gessners* einstiger starker Wirkung und seiner bis heute andauernden Geringschätzung, fordern ein neues Gessnerbild. Voss entfaltet das seine in einer Darstellung innerhalb des von B. v. *Wiese* herausgegebenen Bandes »Deutsche Dichter des 18. Jhs.« Er legt dabei Wert darauf, die Idyllen aus dem Bezugssystem des Gessnerschen Gesamtwerks heraus zu verstehen. Von denjenigen Zügen der idealischen Idyllenwelt, die sie zum Gegenbild qualifizieren, hebt er außer der Humanität (wie sie sich auch in der ausdrücklichen Ablehnung des heroischen Genus bezeugt) die Sinnenfreude hervor: er betont den Kontrast zwischen der aller Schuldgefühle baren, fröhlichen Gelassenheit der Gessnerschen Figuren und der puritanischen Sinnenfeindschaft der reformierten Zürcher Umwelt. Der Gegensatz zwischen einer Welt angstfreier Lust und einer von Gewissensangst verdüsterten prägt auch die Relation zwischen *Gessner* und *Kleist,* die *Voss* in seiner – ein komplexes Beziehungsgeflecht freilegenden – Studie »Kleists ›Zerbrochner Krug‹ im Lichte alter und neuer Quellen« aufweist: im Hintergrund des Spiels vom schuldigen Satyr tauchen Motive aus Gessners Idyllen »Der zerbrochene Krug« und »Daphnis« auf, die bei der Integration in Kleists Stück ins Antiidyllische umgedeutet worden sind; ihre ursprüngliche unschuldige Idyllennatur aber zeichnet sich im Hintergrund ab, und auf dieser Folie tritt die Problematik der Entstehung und Funktion von Schuld und Gewissen schärfer hervor. Die Problemfreudigkeit, die *Vossens* Studien kennzeichnet, fehlt leider der Gessner-Monographie von *J. Hibberd* (der Aufsätze des gleichen Autors zu *Gessners* rhythmischer Prosa und zu seiner Wirkung in England vorangegangen waren). Das ist umso mehr zu bedauern, als diese Darstellung, in englischer Sprache verfaßt, die wichtige Funktion hat, *Gessner* einen neuen Leserkreis zu erschließen. Nachdem auch der lange vernachlässigte »Daphnis« eingehender untersucht worden ist – von *G. Hoffmeister* und *B. Dedner* (s. unten) –, beginnt sich ein zwar nicht gänzlich neues, aber sehr viel differenzierteres Gessnerbild in der Forschung abzuzeichnen.

Ebenso hat *J. H. Voss* eine neue Gegenwart gewonnen. Dazu war gleichfalls der erste Schritt, daß seine Idyllentexte wieder in zuverlässigen Ausgaben vorgelegt wurden. 1966 erschien der Neudruck der Sauerschen Ausgabe (KDNL), die den Text der Erstdrucke bietet, aber mit einem sehr geringen Variantenapparat, so daß es nicht möglich war, aufgrund dieser Ausgabe die gerade bei *Voss* so wichtigen Metamorphosen des Textes in den späteren Bearbeitungen zu analysieren. Dem wurde in gewissem Maße abgeholfen, als 1968 *E. Th. Voss* einen Faksimiledruck der von *Voss* veranstalteten Idyllensammlung von 1801 herausgab. Sie bietet den vom Dichter als endgültig angesehenen Text und erlaubt so, mit der Sauerschen zusammen benutzt, den Vergleich von Ausgangs- und Endfassung; die Zwischenstufen sind zwar nicht in einem Lesartenverzeichnis präsent, das den Rahmen der Handausgabe gesprengt hätte, aber zumindest durch eine Übersicht über Entstehung und Publikation der einzelnen Idyllen und ihrer Fassungen überschaubar gemacht. Zwischen diesen beiden Neudrucken erschienen die Auswahlausgaben von *H. Voegt* (1966) und *E. D. Becker* (1967), von denen die erste die historisch so aufschlußreiche Streitschrift »Wie ward Fritz Stolberg ein Unfreier?« wieder leichter erreichbar macht. Den Zusammenhang zwischen der polemischen und der idyllischen Seite des Schriftstellers *Voss,* zwischen der Sozialkritik der frühen und der klassizistischen Verklärung der späteren Idyllen einsehbar zu machen, unternahm *E. Th. Voss* in dem Nachwort zu seiner Ausgabe, das auf die Idyllenforschung sehr anregend gewirkt hat. (Es erschien unter dem Titel »Arkadien und Grünau« im Band »Europäische Bukolik und Georgik«, s. S. IX). Den Ursprung der »Disharmonie« in Vossens Schreiben sieht er im »dissonanten Verhältnis« zur schlechten Wirklichkeit seines Zeitalters: direkte Kritik in Polemik und Satire ist die eine Möglichkeit, dieses auszudrücken, die andere aber der Entwurf einer menschlicheren Welt in der Idealisierung. Um die vorherrschende Auffassung der vossischen Idyllen als »naiv« und als »Zugeständnis an die bestehende Ordnung« zurückzuweisen, stellt er sie in den Kontext von Vossens lebhafter Anteilnahme an der Französischen Revolution. Er weist darauf hin, daß Voss gerade zu Anfang der 90er Jahre, kurz vor der Buchfassung der »Luise« – mit ihrem neuen Hymnus auf Gleichheit und Brüderlichkeit – Vergil übersetzte; als Stütze seiner These zieht er u. a. die Gedichte »Der Sklave« und »An meine Ernestine« heran. Das neue Bild eines nicht affirmativen, sondern die utopische Überhöhung der Realität als Waffe gebrauchenden Dichters *Voss* wurde von *H. J. Schneider* in seiner Dissertation in Grundzügen übernommen, aber modifiziert. *Schneider,* der gleichfalls die früher übersehene Beziehung zu *Vergil* betont, erblickt eine »bürgerliche Schranke seines Engagements für den Bauernstand«, die sich darin zeigt, daß diesem eigene Aktivität »zur Verwirklichung gesellschaftlichen Glücks« nicht zugetraut wird. Er sieht vor allem »Luise« wegen ihrer »Privatisierung des Öffentlichen« als Rückschritt an. Auch in seinem *Voss*-Porträt im Band »Deutsche Dichter des 18. Jhs.« hebt er am Beispiel der »Luise« und des »Siebzigsten Geburtstags« die Gefahr hervor, daß die »arkadische Utopie« »zur Aufstiegsverklärung des Bourgeois« deformiert wird und die »aufklärerische Intention« in der allzusehr konkretisierten Bürgerkultur untergeht: denn die befreiende »Bildungswirklichkeit« ist nicht nur Öffnung auf eine neue Menschlichkeit hin, sondern auch Instrument des gesellschaftlichen Aufstiegs. *Schneider,* der in Dissertation wie Studie die Transposition der arkadischen Topoi ins Bürgerliche sorgfältig untersucht, interessiert sich vorwiegend für solche historisch-soziologischen Implikationen des vossischen Klassizismus. Er sieht ihn generell als eine Art Figuration der »Paradoxie des deutschen bürgerlichen Klassizismus«, der Heilung gegenwärtiger gesellschaftlicher Übelstände von einem Akt der Hinwendung zur Vergangenheit – der Antike – erhoffte.

Noch weitergehende Einwände gegen die These vom emanzipatorischen Charakter der vossischen Idyllendichtung trug *G. Kaiser* in seinem Aufsatz »Idyllik und Sozialkritik bei *J. Th. Voss*« vor. Er wirft die grundsätzliche Frage auf, wie sich die Idylle als Gattung zum sozialkritischen Ansatz verhalte. Eine sehr detaillierte Analyse der drei »Leibeigenen«-Idyllen auf ihre spezifischen Idyllenzüge hin läßt die Grenzen deutlich werden, welche diese dem Entwurf eines besseren gesellschaftlichen Zustandes ziehen. Kaiser betont die religiös-eschatologischen Anklänge in den »Freigelassenen« (wie den Zusammenfall von Freiheitsfest und Erntedankfest oder die Heilandsfunktion des Barons). Die Tradition der Idyllengattung verführt *Voss* dazu, untergehende patriarchalische Zustände als geschichtliches Ziel zu proklamieren: »eine arkadische Idylle, die sich als elysische ausgibt«. Dadurch unterscheidet sich *Voss* von *Goethe* und *Schiller,* die der Idylle oder ihren Motiven eine Entfaltung ihrer Dynamik ermöglichen, indem sie sie zu einem größeren Ganzen in Bezug setzen.

An dem dritten der großen Idyllendichter des 18. Jhs., an *Mahler Müller,* ist die neue Aufmerksamkeit auf die Idylle zunächst vorübergegangen. Das hat seine Ursache sicher darin, daß die soziologische Fragestellung auf ihn nicht in gleicher Weise anwendbar ist. Die Sozialkritik, wie sie in seinen pfälzischen Idyllen sowie im »Faun Molon« hervortritt, enthüllt sich als Oberflächenphänomen, wenn man Einblick in die Art von *Müllers* Naturbejahung gewinnt: er identifiziert sich auch mit jenen Aspekten der Natur (dem Egoismus, dem Recht des Stärkeren), die sich der Ausbildung humaner Gesellschaftsformen widersetzen. (Vgl. dazu auch *Schneiders* Dissertation und *H. Jäger*, s. u.). Einzig *P.-E. Neuser*, der soeben (1977) durch eine Auswahlausgabe mit kritisch überprüftem Text *Müllers* Idyllen wieder greifbar gemacht hat, müht sich, die offenbar zum Topos gewordene Gleichsetzung von Idylle und Utopie auch auf ihn anzuwenden. Ekstase und »kernige Naturwahrheit« sollen sich zu einer »realen«, d. h. in Raum und Zeit historisch gewordene Utopie verbinden, welche freilich mehr den Augenblicken freudiger Erregung oder friedlichen Zusammenlebens ähnelt, die auch unvollkommene Gesellschaftszustände zu bieten haben: so gilt etwa die eine Idylle abschließende Aufforderung zum gemeinsamen Tanz schon als Bürgin utopischer Intention. In meiner eigenen Studie (im Band »Deutsche Dichter des 18. Jhs.«), die nicht nur die Idyllendichtung betrachtet, habe ich die soziologische Fragestellung, da sie kaum fruchtbare Ergebnisse versprach, hintangestellt und vielmehr versucht, fundamentale Strukturen von *Müllers* Dichtung aufzudecken und so Anhaltspunkte für die Klärung der Frage zu gewinnen, woraus sich das eigentümlich Gebrochene und Fragmentarische seiner Produktion begründet. Als Antwort scheint sich abzuzeichnen sein zu wenig reflektierter Versuch, ein monistisch-mythosnahes Weltbild in einer von Dichotomien bestimmten Epoche aufrechtzuerhalten. Diese Deutung müßte sich jetzt auseinandersetzen mit der gleichzeitig vorgetragenen abweichenden *Müller*-Interpretation *G. Kaisers* (s. unten).

Mit großer Entschiedenheit wird die These von der emanzipatorischen Funktion der Idylle vertreten in der Dissertation von *H. Jäger*, die den Begriff der Naivität als »kritisch-utopische Kategorie in der bürgerlichen Literatur und Ästhetik des 18. Jhs.« untersucht. Der erste Teil der Arbeit behandelt die Herausbildung und Diskussion der Kategorie in der vorschillerschen Ästhetik, insbesondere der Idyllentheorie, der zweite die Darstellung des Naiven in ausgewählten Beispielen der Idyllendichtung (*Gessner, Voss, Müller*). Innerer Zielpunkt der aufgewiesenen Entwicklungslinien ist *Schillers* – mit Marcuse als fortschrittlich beurteilter – utopischer Entwurf im Aufsatz »Über naive und sentimentalische Dichtung«. Interessante Informationen bringt diese Arbeit vor allen Dingen im ersten Teil, in dem anhand zum Teil wenig bekannter Quellen die Bedeutung und Fächerung des Begriffs in der Ästhetik des 18. Jhs. – vom Kunstmittel des Witzes bis zur Verbindung des Naiven mit dem Erhabenen – deutlich gemacht wird. Der Akzent liegt auf der vom »naiven Menschen« verkörperten »Dreieinheit von Sinnlichkeit, Sittlichkeit und Schönheit«, die von der aufklärerischen Ästhetik in Auseinandersetzung mit den erstarrten Formen höfisch-rhetorischer Kunstübung als neue bürgerliche Wertvorstellung gewonnen wird. Der Gesichtspunkt der gesellschaftskritischen Funktion, die der Aufwertung des »Natürlichen« innewohnt, wird dabei durchaus historisch differenzierend verfolgt; die in dieser Tendenz angelegten regressiven Züge werden nicht übersehen, ohne daß freilich die Kritik ins Grundsätzliche reichte (vgl. dazu S. 152 ff.).

Die Idyllendichtung kann nur in enger Verbindung mit der *Bukolik* einerseits, der Darstellung des *Landlebens* andererseits verstanden werden. So ist es ein Glücksfall, daß auf diesen beiden Gebieten in den letzten Jahren instruktive und anregende Arbeiten vorgelegt worden sind. Ausgehend vom Interesse an der Naturdarstellung in der barocken Dichtung hat *K. Garber* in einer umfassenden Untersuchung über den »locus amoenus« und den »locus terribilis« in der deutschen Schäfer- und Landlebendichtung des 17. Jhs. gleichsam ein großes Panorama der barocken Bukolik entrollt. Das schwer übersehbare Gebiet gliedert er typologisch in die Eklogen, die schäferliche Liebesdichtung, das Lob des Landlebens und die geistliche Hirtendichtung. Sein Interesse gilt den Modifikationen, denen die Topoi – welche in stetem Rückbezug auf die antiken Modelle untersucht werden – nach Gattungs- und Epochenzugehörigkeit unterworfen sind. Das Oszillieren der Naturelemente zwischen allegorisierendem Verweis und sinnlicher Wirklichkeitsnähe läßt analoge Vorgänge in der entstehenden Idyllendichtung des 18. Jhs. schärfer erkennen, trotz der Diskontinuität der beiden Ansätze. In seinen weiteren Forschungen zur Bukolik hat *Garber* die inzwischen durch die Beschäftigung mit der Philosophie der Frankfurter Schule gewonnenen sozialhistorischen Perspektiven eingebracht. Ihre Anwendung läßt den gleichen Vorzug differenzierten Unterscheidens erkennen wie die Detailbeobachtungen der topologischen Untersuchung. In seinem Aufsatz über »Vergil und das Pegnesische Schäfergedicht« entwickelt *Garber* eine Konzeption der gelehrt-humanistischen Pastoraldichtung, die, wenn sie sich halten läßt, ihre Konsequenzen auch für die Geschichte der Idylle im engeren Sinne hat: sie liefert zumindest *einen* Grund für den oft konstatierten Verzicht der deutschen Idyllendichtung des frühen und mittleren 18. Jhs. auf Kritik an der realen Situation des Bauernstandes. *Garber* geht – mit *Schneider* – von einem Vergilverständnis aus, das der Begnadungs- und Herrscherlob-Tradition, wie sie sich in Tityrus verkörpert, eine im Flüchtling Meliboeus symbolisierte »gegenläufige« Tradition zur Seite stellt und dem Dichter trotz seiner faktischen Machtlosigkeit eine relative Autarkie zuerkennt, die er eben seiner Eigenschaft als Dichter, d. h. als Verwalter des Nachruhms, verdankt. Die Funktion der Hirtendichtung, der Poesie ihre Selbstdarstellung zu ermöglichen, erschafft in der poetischen »Schäferei« der Barockzeit eine Art Freiraum, in dem die normale ständische Ordnung aufgehoben, ja umgekehrt wird. Diese zunächst rein fiktiv scheinende Antastung der Grenzen zwischen Bürgertum und Adel kann zum Instrument der konkreten neuen Ansprüche der bürgerlichen Gelehrten auf sozialen Aufstieg werden. Bei diesem Versuch, zwischen poetischer Fiktion und historisch-gesellschaftlicher Situation im Detail zu vermitteln, warnt *Garber* vor allzu direkten Übertragungen dichterischer Figurationen auf bestimmte historische Ereignisse und betont die Notwendigkeit, die Macht der Gattungsgesetzlichkeit stets zu beachten; er erkennt auch den Refugiumscharakter der bukolischen Dichtung zumindest als Teilphänomen an. Auf welche Weise die sozialen Funktionen der Schäfer- und Landlebendichtung historisch adäquat geprüft werden können, umreißt *Garber* in dem Überblick, den er der von ihm herausgegebenen Sammlung von Studien zur »Europäischen Bukolik und Georgik« vorangestellt hat. Diese Sammlung hat ihre Bedeutung nicht nur als praktisches Hilfsmittel, sondern auch als erster Ansatz zu einer Perspektive, die das Gesamtphänomen des ganzen Dichtungsbereichs jenseits der engen Grenzen der Nationalliteraturen zu erfassen vermöchte.

Die Kenntnis der Darstellung des Landlebens im 18. Jh. ist bereichert und geklärt worden durch *B. Dedners* Studie »Topos, Ideal und Realitätspostulat« (sowie durch die begleitenden Aufsätze zum gleichen Problemkreis). *Dedner* untersucht sechs Romane des 18. Jhs. (*Gessners* »Daphnis«, *Thümmels* »Wilhelmine«, *La Roches* »Fräulein von Sternheim«, *Mercks* »Geschichte des Herrn Oheims«, *Wielands* »Goldenen Spiegel« und *Wezels* »Hermann und Ulrike«) auf ihre Versuche hin, das Landleben und die Gestalt des Bauern, die in der literarischen Tradition einerseits auf das Komisch-Tölpelhafte, andererseits

auf die bukolische Idealisierung festgelegt waren, in ihr Erzähl-
gefüge zu integrieren. Dabei beobachtet er einen Prozeß der
»Umdeutung ehemals illusionärer Motive in Realitätserfah-
rung«, einen der Säkularisierung ähnlichen Vorgang, der die
poetischen Topoi zu »Keimzellen empirischer Realitätserfah-
rung« werden läßt. Dieser Prozeß ist in allen seinen Phasen
durch ambivalente Positionen gekennzeichnet: zu ihnen gehören die Inkonsequenzen der Gottsched-Schlegelschen Idyllendiskussion, die Umfunktionierung der religiösen Paradiesesvor-
stellungen in pseudohistorische Kategorien, die Auffüllung illusionärer Topoi mit scheinhaften Realitätselementen, die Widersprüche in der Kritik *Mercks* und *Wielands,* die den unrealistischen Charakter der Landverherrlichung durchschauen, ihm
aber gleichwohl erliegen. Der Vorzug von *Dedners* Untersuchung ist es, daß er gerade die Gebrochenheit und Verschlungenheit der jeweiligen Haltungen herausarbeitet und sie nicht
einlinig erklärt, sondern sie aus einer »Summe verschiedener
Impulse« herleitet, deren »Skala von eigentlich literar-ästheti-
schen Faktoren über geistes- und religionsgeschichtliche bis zum
Bereich der Sozial- und Wirtschaftsgeschichte reicht«. So findet
er einleuchtende Gründe für die Widersprüche in der Darstellung des Landlebens in der zwiespältigen Haltung des aufstei-
genden Bürgertums dem Adel gegenüber, dessen Normen es zugleich bekämpft und übernimmt, oder in der Überkreuzung
modern-reformerischer und regressiv-patriarchalischer Tendenzen bei den Physiokraten. Diese Fragestellungen regen zu wei-
terer konkret-historischer Fundierung der Erforschung der
Landdichtung an.

Die Idee des Idyllischen gehört zum Zentrum der deutschen
klassischen Dichtung. Von dieser Überzeugung ausgehend, hat
G. *Kaiser* in einer eindrucksvollen Reihe von Studien die *Goethische* und vor allem die *Schillersche* Dichtung auf die sich in
ihnen vollziehende Entfaltung dieser Idee hin untersucht. So ist,
unabhängig von der oben bezeichneten soziologisch orientierten
Forschungsrichtung, eine andere entstanden, die vor allem um
eine Klärung der Relation von *Natur* und *Geschichte,* bzw.
Bewußtsein und *Natur* kämpft und dabei philosophische und
geistesgeschichtliche Fundierung mit strukturanalytischer Interpretation verbindet. Kaiser hat unter dem Gesichtspunkt des
Idyllischen die Dramen »Die Jungfrau von Orléans«, »Die
Braut von Messina« und »Wilhelm Tell« analysiert (dazu
»Wallensteins Lager« als Gestaltung jener »hohen Komödie«,

28

die in Schillers Theorie das »Gegenstück« zur elysischen Idylle bildet). Richtungweisend ist dabei immer das von Schiller theoretisch explizierte Spannungsverhältnis zwischen der arkadischen und der in der Zukunft liegenden, dem Menschen aufgegebenen elysischen Idylle (vgl. dazu S. 112). Die Hirtin Johanna und Don Cesar in der »Braut von Messina«, beide in verschiedener Weise Repräsentanten menschlichen Geschichtsvollzugs, gehen diesen Weg als einzelne; ihre »personale Grenzerfahrung«, die Verklärung im Tod, ist von der Geschichte der Menschheit als Gattung aus gesehen »die Chiffre dafür, daß die Vollendung der Natur in der großen Idylle, daß Elysium eine regulative Idee ist«, die also empirisch nicht völlig verwirklicht werden kann. »Die Geschichte wird nicht in einem einmaligen Sprung der Menschheit *aus* der Geschichte nach Elysium transzendiert, sondern in einem unaufhörlichen Prozeß *in* der Geschichte.« So wird auch in der »Naturrevolution des naturhaften Menschen«, die Wilhelm Tell als »Heiliger der Natur« vollzieht, die »Verklärung der Schweizeridylle zum großen eschatologischen Idyll« vermieden; die gerettete Naturgesellschaft bleibt partiell, vermag aber auf die voll entfaltete Kulturgesellschaft vorauszuweisen, indem sie einerseits im Bild des »naturhaften Menschen« eine Orientierungshilfe gibt, zum andern aus der Geschichte gewonnene fortschrittliche Ideen wie den Übergang aus der patriarchalischen Ordnung in die Gemeinschaft der gleichberechtigten Brüder in sich aufnimmt. Kaisers umfassende Interpretation von Theorie und Gestaltung des Idyllischen bei Schiller kann hier nicht im Detail referiert werden; er hat sie zum Teil noch präzisiert in der Auseinandersetzung mit *G. Sautermeister,* dessen Buch über »Idyllik und Dramatik im Werk Friedrich Schillers« gleichfalls einen gewichtigen Beitrag zur Bestimmung der Funktion des Idyllischen für die deutsche Klassik bedeutet. Sautermeisters Analysen, die sich auf eine einleitende Darstellung von Schillers Idyllentheorie und seiner Symbolsprache stützen, richten sich auf »Die Jungfrau von Orléans«, »Wallenstein«, »Wilhelm Tell« (an dessen Ende er im Gegensatz zu Kaiser die elysische Idylle verwirklicht sieht) und »Maria Stuart«. Interessant ist vor allem der letzte Teil des Buches, der versucht, die Rolle des Idyllischen bei Schiller mit dessen allgemeiner Wirkungsästhetik und seinem Programm der ästhetischen Erziehung zu verknüpfen: hier wie auch in der theoretischen Grundlegung wird der Versuch gemacht, das schillerimmanente Kategoriensystem mit den von der Frankfurter Schule inspirierten historisch-soziologischen Kategorien zu vermitteln.

Die Konzentration der *Kaiserschen* Arbeiten auf das für die ganze Geschichte der Idyllengattung fundamentale Verhältnis von Natur und Geschichte läßt es als besonders schmerzlich erscheinen, daß *Kaiser* seinen bereits angekündigten Plan zu einer umfassenden Darstellung des Idyllischen unter dem Titel »Natur und Gesellschaft«, die sich vom 18. Jh. bis zum Neomarxismus erstrecken sollte, wegen der »forschungsfeindlichen Situation der deutschen Universität« nicht hat ausführen können. Stattdessen hat er unter dem Titel »Wandrer und Idylle« eine Sammlung von Einzelstudien zur idyllischen Dichtung und ihrer Problematik vorgelegt, die von »Wandrers Sturmlied«, und »Tasso« über Kleists »Penthesilea« und Stifters »Haidedorf« zu Kellers »Romeo und Julia auf dem Dorfe« reicht. Die Relation von Wandrer und Idylle hatte in einer der frühesten dieser Studien die in den »Römischen Elegien« entworfene Liebeswelt bestimmt, deren Idyllencharakter vom erlebenden Subjekt konstituiert wurde. Sie erweist sich als Grundfigur, an der sich die ganze Entfaltung des Idyllischen in der deutschen Literatur seit dem 18. Jh. ablesen läßt. Es ist die Relation zwischen Bewußtsein und Natur. *Kaiser* verfolgt sie in seinem einleitenden Abriß der »Phänomenologie des Idyllischen in der deutschen Literatur«, in dem er prüfen will, »ob es so etwas wie eine systematische Entfaltung historischer Möglichkeiten der Gattung gibt, die sich zwar chronologisch fixieren läßt, in ihrem Wesen aber nicht als einsinniger Entwicklungsstrang, sondern als strukturelles Muster interdependenter Positionen zu verstehen ist.« Er zeichnet die Entwicklung des Idyllischen von der noch in den Gattungsgrenzen gebundenen Idyllik Gessners, Maler Müllers und Vossens zu ihrer Überführung in die Großform hin, wie sie Goethe nach dem »Wandrer« und Schiller von vornherein vollzieht. *Kaiser* betont mit Recht, daß nur außerhalb der Grenzen der Gattung, die durch ihre Kleinräumigkeit und das Gewicht der überlieferten Topoi behindert ist, die Idee der Idylle sich voll verwirklichen kann (so wie es in der 1. Auflage dieses Buches für das 19. Jh. behauptet wurde, eine Annahme, die die Forschung über diesen Zeitraum inzwischen bestätigt hat). Die Entwicklung der inneren Struktur der Idyllendichtung führt von der aufklärerischen Identifikation der Natur mit der Vernunft, wie sie *Gessners* Idyllen unkritisch spiegeln, zu *Mahler Müller,* der hier aus seiner Rolle als »naiver Naturapostel« befreit und auf eine zur Diskussion einladende Weise neu gesehen wird. Das Bewußtsein des Helden der »Schafschur«, in einer Idylle zu leben, die Abhängigkeit des Naturphänomens Quell vom Geschichtsphänomen Schrift in der in die »Schafschur« eingelegten Legende wie auch vor allem die Spaltung Adams in erlebenden Helden und reflektierenden, Idylle stiftenden Erzähler werden als Zeugen dafür genommen, daß bei Müller ein dialektisches Verhältnis von Natur und Geschichte angelegt wird, das auf Schiller wie auf die Frühromantiker vorausweist. Das Goethe-Kapitel geht aus von der Idylle »Der Wandrer« als einem »Höhepunkt der Gattungsrenaissance im 18. Jh.« In diesem Gedicht gelingt es, die Konstellation von Natur und Bewußtsein durch die Einführung der Gestalt des Wanderers in die Idylle zu integrieren und Natur und Geist zu versöhnen in der Anschauung der – von der Natur immer wieder hervorgebrachten – Kunst. Doch löst dieser Augenblick der Einheit nicht das Problem, ob und wie der Wanderer dauerhaft in der Idylle eingebürgert werden könnte. Auf diese Frage hin werden »Werthers Leiden«, »Faust«, »Hermann und Dorothea«, die »Römischen Elegien«, der »Divan«, »Tasso«, »Die Wahlverwandschaften«, »Wilhelm Meister« (mit Ausblick auf andere Werke) geprüft. Die Metamorphosen, welche die polare Relation Geist–Natur in all diesen Dichtungen erfährt, münden – wenn am Ende von Faust II die Idylle als Utopie sich ad absurdum führt – in die Polarität von Kunst und Praxis, die miteinander vermittelt werden, aber nicht zusammenfallen können. Nur als »Bild der Versöhnung« behält die Idylle ihr Recht; in der Praxis wird der Mensch – so in den von der Erfahrung der Revolution geprägten »Wanderjahren« – als Wanderer in die Offenheit der Geschichte entsandt.

Die Gestalten des »Wandrers« und der »Idylle« sieht Kaiser als parallel zu Schillers Kategorien des »Sentimentalischen« und des »Naiven«, so daß Schillers Theorie des Idyllischen als Ergänzung der Goethischen Figuration dieser Thematik erscheint. Unterschiede bestehen allerdings: wenn Natur und Geist bei Goethe eine »polare Grundstruktur mit phänomenologischen Vermittlungen« bilden, so entwirft sie Schiller als »geschichtlichen Prozeß mit geschichtlichen Vermittlungen«, der seine Darstellung konsequenterweise besser im Drama findet. In diesem wird aber, im Gegensatz zu Goethe, trotz idealisierender Gestaltung der Naturgesellschaft die Kunst im ganzen als Erscheinungsform der Idylle nicht thematisch. Schillers – zumindest grundsätzliches – Vertrauen auf die Möglichkeit, die elysische Idylle herbeizuführen, unterscheidet ihn von dem tiefen Pessimismus, mit dem Goethe die Möglichkeit einer Realisierung des Idyllischen in der Praxis betrachtet. Jedoch wird dieser Gegensatz der Positionen auch wieder eingeschränkt: durch die Vermittlerrolle der Kunst in der Theorie der ästhetischen Erziehung des Menschen, welche die Vorbedingung für die Erschaffung Elysiums ist. Als eine Erkenntnis der klassischen deutschen Idyllendichtung hebt *Kaiser* – der seine Phänomenologie mit einem Ausblick auf die Idyllenkritik des ausgehenden 18. Jh. und die Destruktion der Idylle im 19. Jh. schließt – die Einsicht hervor, wie gefährlich jede »illusionäre Verdeckung der Differenz« zwischen Kunstwelt und Praxis ist. Hier läge es nahe, noch auf einen Dichter jenes Zeitraums hinzuweisen, dessen Werk eben durch das Aushalten der Differenz zwischen polaren Kategorien gekennzeichnet ist. In seinen hymnischen Fragmenten, in denen Eigenart und Funktion des Idyllischen noch zu bestimmen bleiben, wehrt sich *Hölderlin* – und das macht seine eigentümliche Größe aus – gegen die Versuchung, ein harmonisches Bild des Kosmos zu entwerfen, in dem auch Natur und Geschichte miteinander versöhnt wären. Er bemüht sich vielmehr, in die komplexen und ambivalenten Beziehungen innerhalb der Natur und zwischen Natur und Geschichte einzudringen, so tief, daß auch eine Versöhnung im künstlerischen Bild, welches doch immer zur Verwechslung mit der Wirklichkeit auffordert, nicht mehr erlaubt ist. Dieser unvollendete Versuch tendiert vielleicht zur Auflösung der vorgegebenen polaren Kategorien hin und hat somit wohl deren Problematik am radikalsten zu Ende gedacht. So bieten sich hier auch der heutigen Reflexion über dies ganze Kategoriensystem wichtige Ansatzpunkte.

Auch in die weitverzweigte Idyllenthematik des 19. Jhs. sind bereits Schneisen geschlagen. Die Literatur der ersten Jahrhunderthälfte ist besser überschaubar geworden durch *F. Sengles* lange erwartetes Biedermeier-Buch, dessen 2. Band einen Abriß des Idyllischen und der Idylle enthält. Sengles Position ist in den Grundzügen die gleiche geblieben: er verteidigt die Berechtigung der idyllischen Weltsicht gegen eine Kritik, deren Manifestationen in der Poetik des beginnenden 19. Jh. er untersucht und die er jetzt weltanschaulich interpretiert: »In der Verneinung des Harmonieideals liegt der tiefste Grund für die moderne Abneigung gegen die Idylle« (was freilich dahin zu ergänzen wäre, daß gerade der Verehrer der Harmonie gegen deren Vortäuschung, wie sie namentlich der isolierten und realistisch ausgestatteten Idylle als Gefahr naheliegt, protestieren muß). Er hält gleichfalls fest am grundsätzlich idealistischen Charakter aller Idyllendichtung. Vor allem interessiert ihn die in der Biedermeierzeit erkennbare Ausweitung des Idyllischen auf andere Gattungen (Epos, Drama, Roman, Novelle), die idyllisch überformt werden; er sieht aber auch eine Fortexistenz der Kleinform bis in die 50er Jahre hinein, welche allerdings vorwiegend an poetae minores aufgewiesen wird. Nicht jeder wird die liebevolle Aufmerksamkeit zu teilen vermögen, die er auf Rückerts »Romanze vom Kuhhirten« oder Kobells Dialektgedichte richtet, ohne die – ja nicht nur ästhetisch relevanten – Unterschiede der Gestaltung zu betonen, die solche Gebilde von den idyllischen Dichtungen Mörikes oder Gotthelfs trennen. Dennoch gibt gerade die Konzentraion auf wenig bekannte Dichter und Theoretiker dem Abriß einen hohen Informationswert, indem die oft vage behauptete Verbreitung der idyllischen Poesie in jenem Zeitraum als kulturgeschichtliches Faktum gesichert wird (vgl. dazu S. 130 ff.).

Einen wertvollen Beitrag zur Erforschung der Biedermeier-Literatur bietet das Buch des Sengle-Schülers *U. Eisenbeiß* über »Das Idyllische in der Novelle der Biedermeierzeit«. Hier wird gezeigt, wie sich die – durch die Auflösung der Gattungsgrenze in den Poetiken legitimierte – Idyllisierung von Novellen steigert bis zur besonderen Form der »Idyllnovelle«, die bis in die 50ger Jahre hinein verbreitet war und deren einzelne Stilzüge im Hauptteil der Arbeit beschrieben werden. Auch Eisenbeiß untersucht außer den bekannten Autoren wie Gotthelf, Mörike und Stifter eine große Zahl kleinerer Dichter, wodurch das Zeittypische der aufgewiesenen Strukturen deutlicher hervortritt und das bei Sengle gebotene Material ergänzt wird. Die ebenfalls aus der Sengle-Schule hervorgegangene Studie von *E. Seybold* über das »Genrebild in der deutschen Literatur« weist nach, daß eine – an die Idylle angrenzende und darum oft mit ihr verwechselte – eigene literarische Form besteht, die alltägliche Szenen porträtiert, aber im Unterschied zur Idylle diese nicht verklärt und sich auch nicht notwendig als selbständiges Gebilde zu behaupten sucht, sondern als Episode angelegt ist. Die Integration der Idyllen-Erbschaft in die Erzählprosa des 19. Jhs., die nicht identisch ist mit deren Idyllisierung, sondern gerade eine Relativierung und Brechung des Idyllischen bewirkt, ist in einigen Studien intensiv untersucht worden, so für *Raabe* durch *H. Meyer* (»Hastenbeck«) und

F. *Martini* (»Horacker«); für *Mörike* durch *S. Prawer* (»Mozart auf der Reise nach Prag«); für *Keller* durch *E. A. McCormick* und *G. Kaiser* (»Romeo und Julia auf dem Dorfe«); für *Fontane* durch *C. Kahrmann* (das ganze Romanwerk). Diese Forschungslinie wird sicher in den nächsten Jahren noch weitergeführt werden. Den ganzen Zeitraum vom Ende des 18. Jhs. bis zur Gegenwart übergreift *J. Tismar* in seinem – mit sympathischem Verzicht auf wissenschaftliche Stilisierung geschriebenen – Buch »Gestörte Idyllen«. Er faßt die Idylle auf als das »spezifische Denk- und Vorstellungsbild von einem in sich ruhenden, ungefährdeten Dasein«, das in einem »bestimmten Raumtypus« gegenständlich wird, also etwa in Grotten oder alten Stadtvierteln. (Das Museum solcher idyllischen Räume hat *K. M. Michel* in einer materialreichen, wenn auch wenig explikativen Studie um den Landschaftstypus der »Mulde« bereichert.) *Tismar* will solche Refugien an Texten mustern, die mit dem Versuch der Rettung des Individuums vor dem Zugriff des Kollektiven zugleich den Zweifel an der Rettung darstellen; als Autoren wählt er daher *Jean Paul, Stifter, R. Walser* und *Th. Bernhard* (ob Keller, Raabe und Fontane dem Idyllischen gegenüber eine weniger zweifelnde Haltung einnehmen, läßt sich freilich fragen). Er sucht dann die ambivalente Gestaltung des Idyllischen in Verbindung zu bringen mit der jeweils im Hintergrund stehenden historisch-gesellschaftlichen Problematik: von der Hoffnungslosigkeit des Lebens im deutschen Kleinstaat bei *Jean Paul* bis zu den Zwängen der modernen Industriegesellschaft bei *Bernhard*. Mehr als solche etwas topologisch gewordenen Betrachtungen bringt dem Leser die Sensibilität des Beobachtens in diesem Buch, der es gelingt, die Angst am Grunde der Stifterschen Ordnungsverklärung oder das Ineinander von Idyllik und Antiidyllik bei *Bernhard* fühlbar zu machen und am Detail nachzuweisen.

In Literaturkritik und -forschung zum 20. Jh. läßt sich eine zunehmende Vorliebe für die Verwendung des Begriffs Idylle beobachten: man liebt Titel wie »Provokation und Idylle« oder »Zwischen Idylle und Metropole«. Freilich sind solche Kategorien nur dann erhellend, wenn bei ihrer Anwendung die Tradition der Gattung und der an sie anschließenden idyllischen Dichtung noch bewußt ist. Das ist der Fall in *L. Nagels* Aufsatz »Zum Problem der Idyllendichtung«, neben *H. Voegts* Voss-Ausgabe einem der seltenen Beiträge der DDR-Literaturforschung zur Idyllenthematik. (*E. Th. Voss* beklagt mit Recht die ganz überholten Urteile über die Idyllendichtung des 18.

Jh. in den repräsentativen »Erläuterungen zur deutschen Literatur«.) *Nagel* gibt zunächst einen Überblick über einige Hauptpunkte in der Entwicklung der Gattung, wobei er *Gessner* aufwertet. Die traditionelle Idylle sieht er als eine in der Klassengesellschaft notwendige Flucht in eine Welt »ohne Widersprüche und soziale Spannungen«, die sich in der sozialistischen Gesellschaft erübrigt. Aber auch in der realistisch-sozialistischen Literatur kann die Idylle eine Funktion als Kompositionselement innerhalb größerer lyrischer oder epischer Komplexe haben, als ein »*gesellschaftsbezogenes* vorübergehendes Refugium einer literarischen Figur oder einer Figurengruppe«. Wenn auch die Beispiele, die dies dartun sollen, jeder poetischen Überzeugungskraft entbehren, so ist doch dem Grundgedanken zuzustimmen, daß das Idyllische in der Literatur des 20. Jhs. als Episode eine legitime Fortexistenz finden kann, wobei freilich der Spielraum der Funktion solcher Episoden möglichst weit gefaßt werden muß (vgl. S. 147 f.). Für den modernen englischen Roman zeigt dies die ein großes Stoffgebiet konzentriert präsentierende Dissertation von *B. Kahrmann*. Analoge Arbeiten zur deutschen Literatur stehen noch aus.

Zu den Fortschritten in der Erforschung der Idyllendichtung selbst tritt ergänzend die Beschäftigung der Literaturwissenschaft mit ihr verwandten Gattungen und Motiven. Sie kann hier nicht im einzelnen dargestellt werden. Hervorzuheben ist, daß die Untersuchung der an die Idylle anschließenden Gattungen Dorfgeschichte und Bauernroman jetzt eine neue Basis erhalten hat in den Monographien von *J. Hein* und *P. Zimmermann*.

Der Gegenstand der Idyllenforschung ist seiner Geschichte nach nur aus der europäischen Perspektive zu verstehen. So ist es ein Paradoxon, daß die Literaturwissenschaftler, die sich in den einzelnen Ländern mit ihm beschäftigen, immer noch wenig voneinander wissen. Das – ausdrücklich als solches anerkannte – »revival«, das die angelsächsische Forschung zur »pastoral poetry« parallel zur deutschen in den letzten Jahren erlebt hat, ist von dieser kaum bemerkt worden – und umgekehrt. (Diese Tatsache erhöht die Bedeutung des Bukolik-Bandes von *Garber,* in den z. B. ein Kapitel von *Empson* aufgenommen ist.) Teilweise werden die gleichen Probleme, Motive, Werke behandelt, ohne daß aus der Verschiedenheit der Methoden und Perspektiven in den beiden Forschungszweigen Nutzen gezogen wird. Der Begriff des »pastoral«, der auf keine bestimmte Gattung fixiert ist, gibt den angelsächsischen Forschungen von vornherein eine weitere, dadurch aber auch zuweilen vagere Perspektive. Ihnen ist oft eine frische Unbefangenheit des Sehens eigen, die unerwartete Zusammenhänge evident machen kann; der Preis für diesen Vorzug ist mitunter eine gewisse Sprunghaftigkeit in der Gedankenführung und der Verzicht auf begriffliche Strenge. Die Renaissance der Pastoralforschung, die gegen Ende der 50ger Jahre einsetzte, wurde angeregt durch zwei Bücher: *Empsons* »Some versions of pastoral« (vgl. S. 6), das, 1935 veröffentlicht, 1950 neu aufgelegt wurde, und *N. Fryes* »Anatomy of Criticism« (1957). Die soziologische Fragestellung Empsons wurde bei Frye ergänzt durch das wieder legitimierte Interesse für den Mythos als Dichtungsform, das die bukolische Poesie als Forschungsgegenstand aufwertete, wenn sie auch direkt in Fryes Buch nur gestreift wird. Im Gegensatz zur deutschen konnte die neue angelsächsische Pastoralforschung auf eine gewisse Tradition zurückgreifen, wie sie bezeichnet wird vor allem durch die Namen *Greg, Kermode* und *Congleton* (dessen klare und materialreiche Darstellung der englischen Poetik der Schäferdichtung auch zum Verständnis der deutschen sehr hilfreich ist).

Hauptvertreter der neuen Pastoralforschung ist der Komparatist *R. Poggioli,* dessen Arbeiten kürzlich – schon dies ein Zeichen des großen Interesses an diesem Forschungsgegenstand – aus dem Nachlaß gesammelt veröffentlicht wurden (The Oaten Flute, 1975). Auf der Grundlage einer ausgebreiteten Literaturkenntnis richtet Poggioli seinen Blick auf so verschiedene Autoren wie *Dante, Milton, Shakespeare, Rousseau, Goethe, Mallarmé, Gogol und Tolstoi;* ihn interessieren die mannigfaltigsten Probleme, wie das Verhältnis der Schäferdichtung zur Liebe, zum Christentum, zur Gesellschaftsordnung. In Poggiolis Forschungen entfaltet sich gleichsam ein über die ganze Welt hin verteiltes riesiges Arkadien, das – obgleich im einzelnen natürlich historische Gesichtspunkte geltend gemacht werden – durch die stete Präsenz der Totalität der Weltliteratur der Geschichte in gewissem Maße entrückt wird. Eher als um diese geht es *Poggioli* auch um eine Gliederung der Pastoraldichtung in verschiedene Typen; so unterscheidet er das »pastoral of love« vom »pastoral of innocence«, konstituiert ein »pastoral of the self« und erwägt ein »pastoral of the left«. Die unhistorische Sehweise, die namentlich im ersten Aufsatz, der der Sammlung den Namen gibt, zu einer kaum haltbaren überzeitlichen Phänomenologie der Pastoraldichtung führt, die nicht immer durchsichtige Gedankenführung und die ambivalente Haltung des Autors gegenüber seinem Gegenstand fordern oft zum Widerspruch auf, doch bieten die Aufsätze durch ihre Materialfülle und die angeschnittenen Probleme sehr viel Anregung. Einen einführenden Überblick über die wichtigsten Themenkomplexe der Pastoraldichtung (sowie eine kommentierte Bibliographie) gibt *P. V. Marinellis* Bändchen »Pastoral«; interessant ist daran besonders der Hinweis auf die Rolle des Kindes als arkadische Gestalt und deren Erschütterung im modernen Roman. *H. Toliver* verfolgt in seinem Buch »Pastoral Forms and Attitudes« die bukolische Thematik innerhalb der englischen Literatur (von Sidney bis Frost); er geht dabei von einem die Pastoraldichtung strukturierenden System von Spannungen und Kontrasten aus (z. B. freedom-constriction; organicism-mechanical formality etc.), die er ausdrücklich in ihren historischen Wandlungen untersucht.

H. Levins Buch »The Myth of the Golden Age in the Renaissance« bringt Beiträge zur Klärung des Verhältnisses zwischen Arkadien und Utopien. Auf eine sehr originelle und fesselnde Weise stellt *R. Williams,* selbst Autor eines autobiographisch inspirierten Landromans, in seinem mit starkem persönlichem Engagement geschriebenen Buch »The Country and the City« die beiden Vorstellungskomplexe und ihre Entwicklung in England dar; dabei wird die empirisch historische Grundlage in ungewöhnlichem Maße einbezogen. Die Verbindung zu den aktuellen gesellschaftlichen Problemen wird so ganz konkret hergestellt. Ein Zeichen des zunehmenden Interesses an der Pastoraldichtung in der angelsächsischen Welt ist das Erscheinen der Anthologie »The Penguin Book of English Pastoral Verse« durch welche *Kermodes* schöne, bis zu *Marvell* reichende Sammlung ergänzt und fortgeführt wird.

Wie die Idyllendichtung selbst, so muß sich auch ihre Erforschung immer wieder an den antiken Modellen orientieren. Die Veränderungen in deren Interpretation durch die Altphilologie dürfen nicht außer acht gelassen werden. Im Hinblick auf die Zuwendung zu *Vergil* in der deutschen Idyllendiskussion ist es von Interesse, daß diesem Dichter in den letzten Jahren mehrere Spezialstudien gewidmet worden sind. Wichtig sind hier vor allem die Arbeiten von E. A. *Schmidt* wegen ihrer neuen Beleuchtung der Beziehung zwischen Vergilrezeption und Vergilverständnis. In seinem Buch »Poetische Reflexion. Vergils Bukolik« führt *Schmidt* mit großer Konsequenz eine neue Deutung der Eklogen durch. Er versteht die vergilische Bukolik als »reine Dichtung der Dichtung«, als »Reflexion der Dichtung auf sich selbst«, so daß die Bezeichnung »bukolisch« zum Synonym von »Dichtung der Dichtung« wird. »Seine bukolische Welt ist rein poetische Welt, deren Essenz es ist, sich selbst poetisch darzustellen«. Die Beurteilung dieser These und der sie stützenden Einzelargumente ist nur dem Vergilspezialisten möglich; auf jeden Fall fordert sie zu einer revidierten Vergillektüre auf. *Schmidt* gewinnt seine neue Deutung in der Auseinandersetzung mit den »Mißverständnissen« früherer Vergilauffassung, also mit der Interpretation seiner Bukolik als Allegorik, als Lob des Landlebens oder – dies vor allem ist wichtig – als Gestaltung von Goldenem Zeitalter und Arkadien. Vergil – so Schmidts revolutionäre Behauptung – hat mit dem Goldenen Zeitalter, als dessen Verkünder er so oft gefeiert wurde, nichts zu tun: auch die IV. Ekloge ist nur Reflexion auf Dichtung, nämlich auf die zukünftige Epik des Dichters. Seine Kritik an dem modernen Bild des vergilischen Arkadien als eines stimmungsvollen, von Sehnsucht und Melancholie erfüllten Raumes entfaltet *Schmidt* in einem ausführlichen Aufsatz »Arkadien: Abendland und Antike«. Er weist darin überzeugend nach, daß die hier grundlegende Arkadien-Vorstellung *B. Snells* bestimmt ist von derjenigen der modernen Hirtendichtung, wie sie von *Sannazar,* dessen Bedeutung *Schmidt* hervorhebt, begründet wurde. Erst bei ihm, der auf die Antike schon als auf ein verlorenes Gut zurückblickt, hat Arkadien den schwermütig-elegischen Charakter gewonnen, der dann in der europäischen Dichtung weiterwirkt. Die Vertrautheit mit dieser Tradition hat *Snell* und seine Nachfolger dazu verführt, sie in Vergils Dichtung zurückzuspiegeln und ihr einen verschwimmenden Traumcharakter zuzusprechen, der ihrem klaren und strukturierten Stil nicht gemäß ist. Zwar stellt in den drei spätesten Eklogen auch das vergilische Arkadien eine Art Refugium dar, doch symbolisiert dieses nur einen vorübergehenden Wartezustand der Dichtung. Wenn so in Schmidts Deutung die bukolische Dichtung als Präsenz der sich ihrer selbst vergewissernden Poesie angesehen wird, so läßt sich daran doch nicht unmittelbar, wie es naheliegen mag, die soziologische Interpretation der bukolischen Welt als Instrument zur Selbstkonstituierung der Literatur als Stand knüpfen; trotz einiger Hinweise auf die Funktion dieser Selbstreflexion als Vorbereitung der klassischen römischen Dichtung scheint im Zentrum eher die Idee der Autonomie absoluter Dichtung zu stehen. Für die Beschäftigung mit Vergils Texten stellt für den Germanisten ein gutes Hilfsmittel dar die soeben (1977) als Taschenbuch erschienene kommentierte zweisprachige Ausgabe von *F. Klingner.* Erfreulicherweise ist nun auch Theokrit in modernen Übersetzungen zugänglich, von denen sich eine *E. Staigers* stetem Bemühen um die Vermittlung zwischen deutscher und griechischer Literatur verdankt. Von der Theokritforschung der letzten Jahre ist aus der Perspektive der Idyllengeschichte wichtig *Th. G. Rosenmeyers* »The Green Cabinet«, das einen Katalog der zentralen und für die europäische Dichtung einflußreichen Motive der theokritischen Dichtung zusammenstellt.

Auf dem Gebiet der Romanistik sind eine Reihe von Studien zur italienischen und spanischen Schäferdichtung entstanden, von denen innerhalb der Germanistik besonders der Aufsatz von *E. Köhler* über die Marcela-Episode im »Don Quijote« wegen seiner soziologischen Deutung der Zerstörung des Arkadien-Ideals Beachtung gefunden hat. Auf die französische Pastoraldichtung des 18. Jhs. hat sich, soweit ich sehe, die Aufmerksamkeit der Forschung wenig gerichtet. Wichtige Informationen und Gesichtspunkte auch für die deutsche Literaturwissenschaft bringt *R. Stephans* Studie »Goldenes Zeitalter und Arkadien«, die diese Vorstellungen in der französischen Lyrik des ausgehenden 18. und des 19. Jh. untersucht. *Stephan* stellt gerade die Relationen zwischen Arkadien, Goldenem Zeitalter, Utopie und realem historischem Zustand, die implizit oder explizit im Mittelpunkt der deutschen Diskussion stehen, ins Zentrum seiner Untersuchung. Er sieht einen folgerichtigen Weg von der Verinnerlichung und Individualisierung der Thematik, welche allein die entleerte Hirtendichtung im 18. Jh. retten konnte – *Rousseau* und *Bernardin de St. Pierre* zeigen sie uns –, zu ihrem Übertritt in die Lyrik. Die verschiedene Ausgestaltung der Motive bei *A. Chénier* präfiguriert ihre Entwicklung in der Lyrik des 18. Jhs. Zunächst entsteht in der restaurativen Epoche eine christlich getönte, individualistische Arkadiendichtung (Vigny, Lamartine), sodann, in der Zeit vor 1848, in der die wissenschaftlichen Zukunftsvorstellungen mächtig geworden waren, ein »Wechselspiel von Arkadien und utopischem Programm«. Die schwierigen Versuche, die arkadischen Motive mit politischen Zielen und Zukunftsvisionen übereinzubringen, erlöschen nach 1848 (außer bei Hugo); Arkadien und Goldenes Zeitalter werden zu Metaphern für Kunstideale und poetische Traumwelten, ja schließlich bei Mallarmé für das Scheitern am Ideal.

Dieser Überblick über die Forschungslage kann erfreulicherweise mit der Ankündigung bevorstehender wichtiger Beiträge zur Idyllenforschung schließen. *H. J. Schneider,* dessen Anthologie »Idyllen der Deutschen« sich im Druck befindet (sie enthält Texte aus dem 18. und 19. Jh. mit Illustrationen) und der außerdem eine Anthologie der Idyllentheorie vorbereitet, verspricht eine Darstellung der Idyllendichtung des 18. und 19. Jhs. *K. Garber* arbeitet an einem Buch über die Bukolik des 17. Jhs, das den Titel tragen soll: »Arkadien und Gesellschaft. Zur Konstitution bürgerlichen Bewußtseins in der deutschen Literatur des 17. Jhs.« Dieses Projekt hat Garber im »Jahrbuch für internationale Germanistik« 1971 sowie in seinem Opitz-Buch umrissen. Die breite Fundierung des Unternehmens durch literaturwissenschaftliche, philosophische und sozialgeschichtliche Studien läßt erhoffen, daß in diesem Werk die Kombination literarischer und soziologischer Kategorien, der nicht nur in der Idyllenforschung soviel Bemühung gilt, ihre Fruchtbarkeit wird erweisen können,

Literatur: s. »Allgemeine Literatur zur Gattung und Forschung« und die Angaben zu den einzelnen Autoren.

II. Geschichte der Deutschen Idyllendichtung

1. Der Weg zu Gessner

»Nach Gessnern Idyllen schreiben – nicht minder verwegen ists, als nach dem Homer eine Ilias dichten... Zur reinen Quelle der Natur hat uns... Gessner zurückgeführt!« – »Die Idylle... verwirft die unbestimmten duftigen Allgemeinheiten Gessners...« Diese Urteile, beide aus den Jahrzehnten nach Gessners Auftreten, beleuchten seine eigentümliche Stellung in der Geschichte der deutschen Idylle. Nicht selten läßt man diese Geschichte erst mit Gessner beginnen: hier erst kristallisiert sich die Gattung deutlich aus Schäferpoesie und ländlicher Dichtung heraus; hier erst ist ein deutsches Muster gegeben, auf das die Poetiker verweisen und an dem die Nachfolgenden sich üben können. Die beiden Zeugnisse spiegeln aber nicht nur die Ablösung der begeisterten Zustimmung durch kritische Distanz; sie deuten auf die beiden Perspektiven, aus denen Gessner gesehen werden kann. So erscheint Gessners Dichtung nicht so sehr als Beginn denn als Wendepunkt. Für den anonymen Verfasser der »Neuen Idyllen eines Schweizers«, von dem das erste Urteil stammt, stellt Gessner, wie für seine unmittelbaren Zeitgenossen und vor allem für sein französisches Publikum, etwas völlig Neues dar. Auf der Folie der älteren Konvention erscheint Gessner als ein Dichter, der »nakte Natur« in »naiven Wendungen« vorführt. Jean Paul dagegen, in dessen »Vorschule der Ästhetik« das zweite Urteil steht, spricht von einer Warte aus, wo man den Unterschied zwischen antiker und empfindsamer Naturdarstellung wiederentdeckt hat und Gessner von dem Hintergrund der vermeintlichen naiven Sinnlichkeit Theokrits abhebt. Solchem Blick bietet Gessner nicht Natur-, sondern »Wasserfarben«. Das subtile Ineinanderspiel des Idealen und des Realen in Gessners Werk ist nicht verständlich ohne die Kenntnis der poetischen Ansätze und der verschlungenen poetologischen Gedankengänge, welche die Geschichte der deutschen Idyllendichtung vor Gessner ausmachen. Ihre Erkenntnis erfordert aber wiederum die Beachtung der Quellen, aus denen eine deutschsprachige Idyllik schöpfen, der Traditionen, denen sie sich anschließen konnte. Was liegt zwischen den antiken Mustern der Gattung und der deutschen Idylle?

A. Quellen der deutschen Idyllendichtung

a) *Antike.* Von den antiken Dichtern blieben außer Theokrit und Vergil die auf Theokrit folgenden griechischen Idylliker *Moschos* und *Bion* gegenwärtig. Ihre Gedichte waren wahrscheinlich mit den theokritischen in einer Sammlung vereinigt, die der Grammatiker Artemidorus von Tarsus im 1. Jh. v. Chr. veranstaltete. *Moschos* (2. Jh.) malte in seinem bekanntesten Gedicht den »Raub der Europa«: ausführlich beschreibt er ihr goldenes Blumenkörbchen, die am Meergestade blumenpflückenden Mädchen und den Triumphzug der Meeresgötter, welche die Seefahrt geleiten. Die hellenistische Zierlichkeit seiner Verse übte auf die elegante Spielart der späteren Idyllendichtung einen starken Reiz; Fontenelle stellt Moschos und Bion über Theokrit. A. W. Schlegel hielt Bion für Theokrits Meister. *Bion*, etwas jünger als Moschos, wirkte vor allem durch die mit kunstvollen sprachlichen Mitteln erzeugte Leidenschaft seiner Totenklage um Adonis. Die spätantike Romanliteratur bot der künftigen Hirtenpoesie ein Muster in des *Longos* Erzählung von den ausgesetzten Kindern »Daphnis und Chloe«, zwischen denen sich eine Neigung von raffiniert geschilderter Unschuld entwickelt (3. oder 2. Jh. n. Chr.). Goethe bewunderte »Kunst und Kultur« dieser Dichtung (zu Eckermann, 20. 3. 1831). Zu diesen Einflüssen kommt die Vielfalt idyllischer Motive in der übrigen Dichtung: so etwa bei Homer die flötenspielenden Hirten auf dem Schild des Achill (III. XVIII, 525), die Grotte der Kalypso (Od. V, 55–74), der Garten des Alkinoos (Od. VII, 112–132). Von lateinischer Dichtung war besonders die oft übersetzte und variierte 2. Epode des *Horaz* (»Beatus ille, qui procul negotiis«) von Bedeutung. Aus dem Schrecken der römischen Bürgerkriege sieht Horaz in der 16. Epode nur noch einen Ausweg: über das Meer zu seligen Inseln zu ziehen, deren Glück dem neuen Aeon zur Vergils 4. Ekloge verwandt ist. Andere Gedichte enthalten idyllische Motive, die in der Tradition wirksam wurden: das Tal von Ustica (Carm. I, 17), das Faunusfest (Carm. III, 18), die Freude am Landgut (Sat. II 6 und Epist. I, 16), den Gegensatz von luxuriösen und rustikalen Speisen (Sat. II, 2), die Fabel von Stadtmaus und Feldmaus (Sat. II, 6). Idyllische Partien finden sich vielfach in *Ovids* »Fasten« und »Metamorphosen«, darunter vor allem die klassische Schilderung des Goldenen Zeitalters (I, 89–112). In der Erzählung vom seligen Paar Philemon und Baucis hat Ovid nicht der Form, wohl aber der Idee nach eine Idylle geschaffen (VIII, 620–726). Von der »Mosella« des *Ausonius* (4. Jh.) ließ sich Opitz anregen. Tradiert werden bei ihm wie in den Poetiken des 18. Jhs. auch die Vergil-Nachfolger *Calpurnius Siculus* (1. Jh. n. Chr.) und *Nemesianus* (3. Jh. n. Chr.).

Literatur: Moschos, Bion, Longos: s. Lesky. W. Bühler: Die Europa des Moschos. Wiesbaden 1960.

Vergilnachfolge: W. Schmid: Panegyrik u. Bukolik in der neronischen Epoche. In: Bonner Jb. d. Rhein. Landesmuseums ... H. 153, 1953, S. 63 ff.; ders.: Tityrus Christianus. Probleme religiöser Hirtendichtung an der Wende vom 4. zum 5. Jh. In: Rhein. Museum N. F. 96, 1953, S. 101–161; *ders.:* Eine frühchristliche Arkadienvorstellung. In: Convivium. Festschrift für K. Ziegler. Stuttgart 1954. S. 121–130. *D. Comparetti:* Virgilio nel medio evo, Livorno [2]1896; dt. v. H. Dütschke, 1875. *G. Scheda:* Studien zur bukolischen Dichtung der neronischen Epoche. Diss. Bonn 1969. – *G. Schönbeck:* Der locus amoenus von Homer bis Horaz. Diss. Heidelberg 1962. – *D. Korzeniewski:* Hirtengedichte aus neronischer Zeit. Darmstadt 1971.

b) *Bibel.* Die innere Verwandtschaft zwischen dem Goldenen Zeitalter der Antike und dem christlichen Paradies (wie auch den Verheißungen des Jesaja, mit denen Vergils 4. Ekloge durch die Vermittlung der sog. »Oracula Sibyllina« wohl auch geschichtlich zusammenhängt) ist in der Poetik der Idylle oft hervorgehoben worden. »Poetisch würde ich sagen, es sey eine Abschilderung des güldenen Weltalters; auf christliche Art zu reden, eine Vorstellung des Standes der Unschuld, oder doch wenigstens der patriarchalischen Zeiten vor und nach der Sündfluth« – so definiert Gottscheds »Critische Dichtkunst« das Schäfergedicht (III, 3). Im Alten Testament treten als besonders idyllische Szenen hervor: die Begegnung von Jakob und Rahel am Brunnen, Davids Kindheit, die Rettung des kleinen Moses, die ährenlesende Ruth. Zur Ausmalung solcher Szenen fühlte sich die biblische Idylle des 18. Jhs. aufgerufen. Die geistliche Hirtendichtung des Barock inspirierte sich gern an den vielen idyllischen Motiven des Hohenliedes (Weinberg, Frühling mit Feigenknospen und Taubengurren, Frucht-, Gewürz- und Schmuck-Metaphern). Das Gleichnis vom guten Hirten (Psalm 23; Joh. 10, 12–18), leicht auf den weltlichen Herrscher zu übertragen, wurde auch für die allegorische Ekloge fruchtbar. Ein vielfach ausgestalteter Topos der religiösen Hirtenpoesie ist der Bericht des Lukasevangeliums über die Anbetung der Hirten.

c) *Mittelalter.* Daß diese Hirtenszene als Einlage bei den kirchlichen Weihnachtsspielen fungierte, ist von Bedeutung für die schwierige Frage, inwiefern zwischen der antiken Bukolik und der schäferlichen Dichtung der Renaissance eine Kontinuität bestehe. Zu dieser Frage gesellt sich die speziellere nach dem Fortbestand der Idylle als Form. Das Problem hängt mit dem ambivalenten Vergilbild des MA zusammen. Was von Vergil fortlebte, war neben dem großen Komplex der christlichen Umdeutung der 4. Ekloge das allegorisierende Verfahren. In der mittellateinischen Dichtung entwickelte sich die Technik, aktuelle Ereignisse oder theologische Streitfragen in bukolisch verfremdeter Manier zu diskutieren; damit war auch eine elegante Form der Huldigung gefunden. Frühe

Beispiele solcher allegorisierenden Dichtungen sind am Hof Karls des Großen geschrieben worden. Die Poeten der sog. Karolingischen Renaissance, mit den Namen biblischer Gestalten, klassischer Dichter oder vergilischer Hirten geschmückt, pflegten unter anderen antiken Formen die Ekloge. *Angilbert,* der »Homer« der Akademie, besang Karl als König David, den Freund der Dichter; *Modoin,* der spätere Bischof von Autun, sah in Aachen der Welt ein Neues Rom erstehen (Eclogae Nasonis). Der bukolische Sängerwettstreit tritt über in die allgemeine Gattung der Streitgedichte, wie im »Conflictus veris et hiemis«. Die Motive der Natur und der Jahreszeiten geben auch Gedichten, die anderen Genera angehören, idyllischen Charakter: wie den berühmten Versen, in denen *Walahfrid Strabo,* Mönch des Klosters Reichenau, seinen Garten beschreibt (9. Jh.). Der Idylle nähern sich einige der »Carmina Burana«, vor allem das Streitgespräch der Phyllis und der Flora (»Anni parte florida«). An einen locus amoenus führt auch das Gedicht »Aestivali sub fervore«, das die vergebliche Werbung um eine kleine Schäferin, eine *pastorella,* schildert. Dieses Thema gestaltet sich in der französischen Literatur zu einer eigenen Gattung aus, der ›*Pastourelle*‹. Ihr Schema ist die Begegnung eines vornehmen Herrn mit einer Schäferin, die er zu verführen sucht. Ob man auch in der deutschen Literatur von Pastourellen sprechen darf, ist Gegenstand der Diskussion. Für Wapnewski ist Walthers »Nemt, frowe, disen kranz« eine Pastourelle. Wie hier die Entscheidung auch fallen mag: eigentliche Idyllen gibt es in der deutschen ma. Dichtung weder der Form noch der Idee nach. Gründe dafür zu suchen, führt in das Gebiet der Spekulation. Naheliegend ist die Annahme, die Konzentration aller Seligkeitsvorstellungen auf das Jenseits habe die idyllische Verklärung des Irdischen verboten (Panofsky); es fragt sich aber, warum eine geistliche Verwandlung des idyllischen Raumes, wie sie die christliche Bukolik der Barockzeit vollzog, hier noch nicht möglich war. (Vgl. hierzu W. Schmids wichtigen Aufsatz »Tityrus Christianus«.) –

Wenn es also auch in der deutschen ma. Dichtung kaum selbständige Idyllen gibt, so doch partielle: als Einlagen in den Epen. Unter ihnen ist wohl die bedeutendste die Minnegrotten-Episode des »Tristan«. Ihre idyllischen Motive hat R. Gruenter genau analysiert; seine einleitenden Bemerkungen zur Methodik der Toposforschung sind auch allgemein für die Prüfung der Landschaftsdarstellung in der Idylle von Bedeutung. Auf die spätere deutsche Idyllendichtung haben die ma. Formen der Gestaltung idyllischer Elemente wie auch die ma. Eklogendichtung keinen Einfluß ausgeübt.

Literatur zum Mittelalter:

K. Langosch: Mittellatein. Dichtung. In: RL Bd. II, ²1965, S. 335 –391, mit Literaturangaben. – *M. Manitius:* Geschichte der

latein. Literatur des MAs, 3 Bde, 1911–1931. Texte in: MGH.
Poetae Latini Aevi Carolini. Rec. E. Duemmler. Tom. I u. II.
Carmina burana. Hrsg. v. A. Hilka u. O. Schumann. I. Text, 1930,
²1941; II. Kommentar, 1930.

E. *Dümmler:* Nasos Gedichte auf Karl d. Gr. In: Neues Archiv d.
Ges. f. ältere dt. Geschichtskunde 11, 1885, S. 75–91.

D. *Korzeniewski:* Hirtengedichte aus spätrömischer u. karolingischer
Zeit. Darmstadt 1976.

P. *Wapnewski:* Walthers Lied von der Traumliebe (74, 20) u. die
deutschsprachige Pastourelle. In: Euph. 51, 1957, S. 113–150.

R. *Gruenter:* Das »wunnecliche tal«. In: Euph. 55, 1961, S. 341–404;
ders.: Zum Problem der Landschaftsdarstellung im höfischen Vers-
roman. In: Euph. 56, 1962, S. 248–278.

D. *Thoss:* Studien zum Locus amoenus im MA. Wien 1972.

J. *Huizinga:* Herbst des MA. Stuttgart ¹¹1975. Kap. X u. passim.

d) *Renaissance.* Die ersten Ansätze zu deutscher Idyllendichtung
sind vielmehr späte Wirkungen jenes Impulses, der die Dichter der
italienischen Renaissance die Idee der arkadischen Poesie aufs neue
erwecken hieß. Die Geschichte dieser literarischen Bewegung kann
hier nur kurz skizziert werden. Sie schloß sich bewußt an das klassische Muster Vergil an, und zwar zunächst wiederum im Sinne einer
allegorisch verschleiernden Darstellung. Zuerst bedient man sich
noch des Lateinischen. *Dante* wechselte 1319 mit Giovanni del Virgilio Briefe in Eklogenform; um die Jahrhundertmitte schrieb *Petrarca* 12 Eklogen politischen Inhalts; *Boccaccio* belud seine um
1360 verfaßten Eklogen mit einer Fülle schwer verständlicher Anspielungen. Bei ihm vollzieht sich aber auch die »Wendung vom
Allegorismus zum Illusionismus« (Voßler), welche die moderne
Schäferdichtung begründet: in seinem »Ameto« (um 1340), einer in
der Volkssprache gehaltenen prosimetrischen Komposition. Wieder
ist es ein Hof, der die Ausbildung der Eklogendichtung begünstigt:
das Florenz des *Lorenzo de Medici,* der selbst italienische Eklogen
schrieb. Dort kultivierte man eine sehnsüchtige Neigung zu Natur
und Landschaft; die Villa in Fiesole wurde zum Arkadien erklärt.
Zu diesem Kreis gehörte auch *Poliziano,* dessen pastoral gefärbter
»Orfeo«, 1741 in Mantua aufgeführt, das Schäferdrama präludierte.
Einen ersten Gipfel erreichte das neue Genus in der Dichtung des
Neapolitaners *Sannazar.* Seine lateinischen »Piscatoria« (1526) begründeten die moderne Fischeridylle. Daß er bis ins 18. Jh. ein vielgele-
sener, vielzitierter Autor blieb, beruht auf der großen Wirkung seiner italienisch geschriebenen »Arcadia«, einer wie der »Ameto« zwischen Prosa und Vers wechselnden, mit literarischer Tradition reich
gesättigten Folge von Bildern, Monologen und Gesprächen. Ihr Faden ist die Wanderung des unglücklich liebenden Dichters durch
Arkadien, von wo ihn eine Nymphe durch wunderreiche Grotten in
seine Heimat zurückgeleitet. Die begeisterte Aufnahme der »Arca-

dia« (1481) führte zu vielen Übersetzungen und Bearbeitungen, deren bekannteste, die von *Ph. Sidney* (1590), 1629 in einer deutschen Übersetzung erschien, die Opitz 1638 verbessert herausgab. Die so begonnene Ausweitung der Pastorale konstituiert in Spanien, wo sich bereits der Ritterroman entfaltet hatte, eine neue Gattung: *Montemayor* schrieb mit der »Diana enamorada« (um 1559) den ersten *Schäferroman.* Diese Gattung wurde in Frankreich von *H. D'Urfé* in seiner »Astrée« (1607/27) entwickelt: beide Romane erschienen 1619 in deutscher Sprache. 1595 war ihnen eine deutsche Fassung der »Bergeries de Juliette«, eines kompilatorischen Werkes von *N. de Montreux,* vorangegangen. Zugleich mit den beiden großen Schäferromanen kam auch eine Übersetzung von Guarinis »Pastor fido« heraus, dem späteren der beiden Muster in der neuen Gattung des *Schäferspiels.* Das dialogische Element der Ekloge legte eine szenische Darstellung ebenso nahe wie das epische die Entfaltung zum Roman. Die Hofgesellschaften der italienischen Stadtstaaten boten für die Dramatisierung den Rahmen: das erste leuchtende Meisterwerk dieser Gattung, *Tassos* »Aminta«, wurde 1573 auf der Insel Belvedere vor dem Hof von Ferrara aufgeführt. Eine zentrale Stelle des Spiels, das die Bekehrung der Amazone zur Liebe darstellt – klassisches Thema künftiger Schäferdichtung –, ist jenes Chorlied, das dem Goldenen Zeitalter als einer Epoche erotischer Freiheit nachtrauert. *Guarini,* gleichfalls Hofmann in Ferrara, gelang es dann, mit dem konkurrierenden »Treuen Schäfer« (veröffentlicht 1590), der nach Stil und Ethos ein Gegenbild zum »Aminta« aufrichtete, noch stärkere Wirkung zu erzielen. Neben diesen neuen Formen lebte die allegorisierende Ekloge fort. In Frankreich wurde diese Dichtart von dem Vergilübersetzer *C. Marot* eingeführt. Besonderen Einfluß auf die Anfänge der deutschen Idyllendichtung hatte *Ronsard,* der außer Eklogen und Schäferoden eine größere »Bergerie« verfaßte (1565). Von der Eklogenform löst sich die höfische Pastoraldichtung in *Rémy Belleaus* »Bergerie«, die das Schloß Joinville beschreibt; hier überkreuzen sich bereits realistische Schilderung und pastorale Idealisierung (1565). Dieses Spannungsverhältnis, welches das Grundproblem auch der deutschen Idylle sein wird, tritt auch in der englischen Hirtendichtung hervor: bei *Spenser,* dem Autor des berühmten »Shepheardes Calender« (1579), dessen stark allegorische Poesie sich doch vor englischen Hirtennamen, dialektgetönter Sprache und nationaler Staffage nicht scheut.

So weit hatte sich das neue Arkadien schon ausgebildet, als Deutschland, langsam die Renaissance nachholend, Anteil an ihm begehrte. Allerdings war auch hier schon eine Eklogentradition lebendig: in der neulateinischen Humanistendichtung. Wie im Mittellateinischen war das Bukolische hier oft nur ein leichter Schleier über persönlichen Erlebnissen, Tagesereignissen, literarischen Diskussionen. So schildern die »Bucolica« des *Eobanus Hessus* (1509) seinen Erfurter Lebenskreis. Gedichte dieses Stils schrieben Euricius

Cordus, Camerarius, Bocer, Haslobius, Bruschius und *Lotichius,* der wie Hessus den Späteren noch gegenwärtig ist. Nicodemus Frischlin nahm seine Einleitung zu Vergils Bucolica (»De vita rustica«, gedruckt 1580) zum Anlaß, ein Kontrastbild des verdorbenen Ritterstandes zu entwerfen, mit dem er sich den schließlich zu seinem Untergang führenden Haß des Adels zuzog. In der Tradition der Gelegenheitsdichtung ebenso wie in der weihnachtlichen Hirtenszene finden sich Brücken zur barocken Schäferdichtung; der Zusammenhang zwischen lateinischer und deutscher bukolischer Poesie wird aber erst deutlich werden, wenn die Erforschung der neulateinischen Dichter, denen sich seit einiger Zeit das Interesse wieder zuwendet, weiter fortgeschritten ist und wenn vor allem ihre Schriften leichter zugänglich geworden sind.

Literatur zur Renaissance:

M. I. Gerhardt s. S. XII.
W. Krauss: Über die Stellung der Bukolik in der ästh. Theorie des Humanismus. In: Archiv f. d. Studium d. neueren Sprachen Bd. 174, 1938, S. 180 ff.
Ders.: Der spanische Hirtenroman. In: Werk u. Wort. Berlin/Weimar 1973. S. 205–241 u. S. 351–362.
E. Carrara: s. S. XII.
G. Reggio: Le Egloghe di Dante. Firenze 1969.
M. Corti: Il codice bucolico e l' »Arcadia« di Jacobo Sannazaro. In: Metodi e fantasmi. Milano 1969. S. 283–304; *dies.:* Rivoluzione e reazione stilistica nel Sannazaro. 1. c. S. 307–323.
P. Schunck: Sannazaros Arcadia. In: Romanist.Jb. 21, 1970, S. 93–106.
K. Vossler: Tassos Aminta und die Hirtendichtung. In: Die romanische Welt. 1965.
H. Petriconi: Über die Idee des goldenen Zeitalters als Ursprung der Schäferdichtungen Sannazaros und Tassos. In: Die neueren Sprachen 38, 1930, S. 265 ff.; *ders.:* Das neue Arkadien. In: Antike und Abendland 3, 1948, S. 187–200.
L. Olschki: Guarinis »Pastor fido« in Deutschland. 1908.
A. Schwarz: »Der teutsch-redende treue Schäfer«. Guarinis »Pastor fido« und die Übersetzungen von Mannlich, Ackermann, Hofmannswaldau, Abschatz (gekürzter Titel). Bern/Frankfurt 1972.
E. Szarota: Dt. »Pastor-Fido« – Übersetzungen u. europ. Tradition. In: Europ. Tradition u. dt. Literaturbarock. Hg. v. Hoffmeister. Bern/München 1973. S. 305–327.
D. Lessig: Ursprung und Entwicklung der spanischen Ekloge bis 1650. Genf 1962.
G. Hoffmeister: Die spanische »Diana« in Deutschland. Vergl. Untersuchungen zu Stilwandel und Weltbild des Schäferromans im 17. Jh. Berlin 1972.

E. *Köhler:* Wandlungen Arkadiens: die Marcela-Episode des »Don Quijote« (I, 11–14). In: Esprit und arkadische Freiheit. Frankfurt/ Bonn 1966. S. 302–327; *ders.:* Absolutismus und Schäferroman: Honoré d'Urfés Astrée. In: Europäische Bukolik . . . (s. S. IX).

H. *Wendel:* Arkadien im Umkreis der bukolischen Dichtung in der Antike und in der franz. Literatur. 1933.

A. *Hulubei:* L'églogue en France au XVIe siècle. Thèse Paris 1938; dies.: Répertoire des églogues en France au XVIe siècle. Paris 1939.

J. *Ehrmann:* Un paradis désespéré. L'amour et l'illusion dans »L' Astrée«. New Haven 1963.

F. *Brie:* Sidneys Arcadia. Straßburg 1918.

W. R. *Davis* u. R. A. *Lanham:* Sidneys Arcadia. New Haven/London 1965.

D. *Hamm:* Sir Philip Sidneys »Old Arcadia«. Die Selbstthematisierung der Literatur. Diss. Konstanz 1972.

A. *Wurmb:* Die dt. Übersetzungen von Sidneys »Arcadia«, Diss. Heidelberg 1911.

Neulateiner:

G. *Ellinger/B. Ristow:* Neulatein. Dichtung. In: RL Bd. II, [2]1965, S. 620–644, mit Literaturangaben.

G. *Ellinger:* Geschichte der neulatein. Literatur Deutschlands im 16. Jh., 3 Bde. 1929–1933.

W. *Stammler:* Von der Mystik zum Barock. [2]1950.

K. O. *Conrady:* Latein. Dichtungstradition u. dt. Lyrik des 17. Jhs. 1962.

H. *Witeschnik:* Die Idyllendichtung des H. E. Hessus. Diss. Wien 1973 (masch.).

B. *Deutsche idyllische Dichtung vor Gessner*

Auf Verse des Lotichius beruft sich *Opitz,* wenn er in der letzten Sammlung seiner Gedichte zwei dem »Ackerleben« gewidmete Werke nebeneinanderstellt. *Opitz* hat keine Idylle im Sinne des antiken Modells geschrieben, aber er hat gleichsam die Randzonen dieser künftigen deutschen Dichtungsart ausgemessen, indem er die mannigfachen Formen der Schäferpoesie wie die des Landgedichtes erprobte. Diese Situation ist charakteristisch für die Stellung der Idylle in der Barockdichtung überhaupt. Sie existiert noch nicht als einigermaßen fest umrissene Gattung. Der antiken Idylle wie der des 18. Jhs gleichen am ehesten jene längeren, oft »Eklogen« überschriebenen Gedichte, die eine Liebesgeschichte in schäferlicher Verfremdung erzählen. Die Bedeutung dieser Form und Bezeichnung tritt aber durchaus zurück hinter der Einheit der bukolischen Welt, die sich nun vielfältig in Oden, Liedern, Dramen, Romanen ausdrückt und die hier nicht dargestellt werden kann. Im Folgenden wird auf

Stilzüge und Motive hingewiesen, die erkennen lassen, inwiefern die Idylle des 18. Jhs an eine Tradition anknüpfen konnte. *Opitz* wurde durch seine Übersetzungsfreude zu den antiken Idyllendichtern geführt. Das »Lob des Feldlebens«, eine Jugendarbeit (E 1623), die sich an eine Übersetzung von Fischart anschließt, umspielt die 2. Epode des Horaz, indem sie das römische Detail des einfachen Landlebens wie das der negativen Gegenbilder durch gegenwärtiges ersetzt und erweitert. Die »feisteren« Worte, die *Opitz* selbst als jugendliches Element dieser Verse erkennt, geben dem sich scheinbar so ganz der Literatur verdankenden Gedicht sinnliche Überzeugungskraft, wie denn überhaupt an der ganzen Gattung des Landgedichtes ein eigentümliches Wechselverhältnis zwischen literarischer Anregung und eigener Anschauung abzulesen ist. Der literarische Topos, zweifellos das Primäre, wird durch selbständige Beobachtung bereichert; diese aber bildet sich offenbar erst unter dem Einfluß der Literatur aus, die gewisse Natur- und Landschaftsausschnitte wahrzunehmen lehrt. Zur Entwicklung des »Sehenlernens« im Laufe der Generationen hat gerade die Idylle wichtige Beiträge geleistet.

Der »realistische« Charakter ist noch stärker in dem anderen Landgedicht, das persönlicher Erfahrung entstammt (»Zlatna./Oder von Ruhe des Gemüths«, 1623). *Opitz* erholte sich auf dem siebenbürgischen Gut Zlatna von den Widrigkeiten seines Lehramts an der neugegründeten Akademie Weißenburg. Die Darstellung des ländlichen Lebens ist hier von Digressionen unterbrochen: der Dichter beschäftigt sich mit der römischen Vergangenheit des Landes; er rühmt die umfassende Bildung seines Gastfreundes. Der Bruch zwischen literarischer und realer Schicht zeigt sich in der distanzierten Einführung der in Anmerkungen ausführlich erläuterten mythologischen Gestalten. Der Wunsch des Dichters, im Vaterland sein kleines Feld zu bauen, wie Horaz mit den Dichtern zu leben und die in Vergils »Georgica« gefeierte naturphilosophische Erkenntnis des Weltalls zu erwerben, bringt schließlich das Persönlich-Biographische mit dem antiken Muster überein. In der Beschreibung des Kammergutes »Vielgut« bei Oels (1629) kehren die Motive der beiden Landgedichte noch einmal wieder. Wenn sich Opitzens idyllische Poesie hier in der unmittelbaren Nachfolge der Antike bewegt, so zeigt sie sich anderenorts als Teilhaberin an der modernen allegorisch-phantastischen Schäferwelt. Außer der Bearbeitung der »Arcadia« und der italienischen Hirtenoper »Dafne« machten Übersetzungen von schäferlichen Gedichten Ronsards, Heinsius' und Montemayors Opitz in dieser Sphäre heimisch. Die Ekloge »Galathee« (1625) läßt das eigentümlich paradoxe Verhältnis zur Lebenswirklichkeit erkennen, das bei den späteren Theoretikern soviel Anstoß erregen sollte. Die Auffassung von der reinen »Fiktionalität« dieser poetischen Welt läßt sich bei näherem Zusehen nicht halten: das verschleiernde Verfahren erfordert im Gegenteil einen strengen Realitätsbezug. Es müssen gleichsam immer zwei Bilder übereinandergelegt werden. Das Gedicht ist eines der ersten, die in deutscher Sprache diese Sehweise erproben. Der Dichter schildert das Heimweh nach der Geliebten, die er wegen des drohenden Krieges verlassen mußte. »Cimbersee« vermittelt zwischen der geographischen Präzision der Namen Heidelberg oder Leiden und dem Hirtendasein des Corydon. Der Dichterberuf, das »Singen«, schafft einen Wahrheitsgrund für das Verfremdungsspiel, das Opitz in der »Schäfferey von der Nimfen Hercinie« (1630) breiter ausgestaltet. Diese prosimetrische Dichtung folgt dem Beispiel des Sannazar; auch hier hält das Motiv einer Wanderung des in Hirtentracht gekleideten Dichters die einzelnen Teile des Werkes zusammen.

Eine ähnliche »Schäfferey«, die den Preis des Landlebens mit dem Lob adliger Gönner verbindet, hat *Czepko von Reigersfeld* in seinem umfangreichen Gedicht »Coridon und Phyllis« geschaffen: drei Bücher mühsamer und rauher Reimstrophen spiegeln das Deutschland des 30jährigen Krieges. So wird die satirische Komponente der Idylle besonders stark; nach des Autors eigenen Worten ist das mittlere Buch »gleichsam eine offentliche Stachel- und Schimpff-Schrifft«. Dem von mystischer Religiosität getragenen Protest steht der Entwurf eines Mustergutes gegenüber. Die Prosa lehrhafter Anweisungen verhindert die Entstehung des in der Konzeption angelegten idyllischen Raumes. Ungleich deutlicher erwächst er aus den sechs Alexandriner-Eklogen von *Weckherlin*, namentlich aus denjenigen, die den Jahreszeiten gewidmet sind. In ihnen tritt das Motiv der ewigen Wiederkehr noch nicht hervor; das innere Zentrum auch dieser Gedichte ist vielmehr das Erotische. Das zeigt sich an der Verteidigung des Winters (dessen Entdeckung als poetisches Motiv in der Geschichte der idyllischen Dichtung gut verfolgt werden kann): zwar wird ein wenig auf die Pracht seiner Diamanten hingewiesen, aber seine eigentliche Rechtfertigung liegt darin, daß die Kälte den Liebestrieb begünstigt. Die Wirklichkeitslust, die die Bewegungen beim Heumachen, die einzelnen Traubensorten genau benennt, geht noch über Opitz hinaus. Wie in der Weinlese, so ist auch im Motiv der beim Baden belauschten Geliebten ein künftiges Lieblingssujet der Idyllendichtung ergriffen. Ein lebhaftes Spiel mit Reim und Rhythmus verbindet die eingelegten Wechselgesänge mit der kunstfertigen Musikalität der pegnesischen Bukolik.

Der Nürnberger Dichterkreis, der »Löbliche Hirten- und Blumenorden an der Pegnitz«, pflegte die beiden charakteristischen Formen deutscher barocker Schäferdichtung: die *gesellschaftliche* und die *religiöse*. *Klaj* und *Harsdörffer*, die in Sidneys »Arcadia« ihre Schäfernamen Clajus und Strefon gefunden hatten, begründeten ihn 1644 mit dem »Pegnesischen Schäfergedicht«. Bedeutende Mitglieder waren *Birken* und *Rist*. Wie die Gesellschaft sich anläßlich einer Hochzeit konstituiert hatte, so gelangte die schäferliche Gelegenheitsdichtung in diesem Kreis zu besonderer Blüte. Welche Anmut und schmiegsame Süße aber die programmatische Fiktion und die ebenso programmatische Kombination von Musik und Malerei in der Sprache entfalten kann, davon zeugen neben den von Cysarz gegebenen Proben der Nürnberger besonders eindringlich die Gedichte, die M. Wehrli in dem Kapitel »Schäferei« seiner Barockanthologie zusammengestellt hat (vgl. etwa Klaj: Christus in der Gestalt des Gärtners.) Außer Klaj ist es vor allem *Spee,* der vor der Heilslehre das Transparent der Hirtenwelt aufstellt. Spees »Trutznachtigall« besteht zum guten Teil aus »Eklogen oder Hirten-Gesprächen«. Die eigentümliche Innigkeit seiner Sprache läßt eine geistliche Variante des idyllischen Raumes erstehen. Auch formal halten sich diese Gedichte trotz ihres lyrischen Tons vielfach an das Idyllenmodell: nach einer Exposition von Ort und Zeit heben die Hirten Damon und Halton ihren Wechselgesang an. In einer anderen Gruppe von Gedichten ist Christus selbst der Schäfer. Leiden und Tod des mythischen Daphnis werden von Christus überformt: als Daphnis, den die wilden Tiere zerrissen haben, beweint ihn seine Mutter; als Daphnis, den besten der Hirten, beklagen ihn die Schäfer. Die Schichten dieser imaginierten Welt werden voneinander abgehoben, wenn in einem Gedicht jeweils eine Strophe ein Naturbild entwirft, das die andere »auff dass Geistlich deutet und ziehet«. *Laurentius von Schnüffis* machte diese geistliche Hirtenwelt zum Instrument volkstümlicher Theologie. Die »in ihrem Jesum verliebte Psyche« des *Angelus Silesius* nimmt nur beiläufig die Gestalt einer Schäferin an, nicht von der Antike, sondern vom Gleichnis des guten Hirten inspiriert.

Während die geistliche Hirtendichtung mit dem Barock abstarb, setzte sich die *schäferliche Gelegenheitsdichtung* wie die *erotische* Hirtenpoesie bis weit ins 18 Jh. hinein fort: zwei Linien, die bis zu Gessner führen. Über die festlichen Ereignisse bürgerlicher wie adliger Häuser wurde ein Schleier geworfen, dessen Reiz zum Teil in seiner leichten Auflösbarkeit, zum Teil aber auch in der Entfaltung anmutiger Szenerie bestand, die über den konkreten Anlaß und damit auch über die Trivialität des täglichen Lebens hinauswies. Ein aufschlußreiches Beispiel für die Versuche, die graziösen Verwandlungsspiele der italienischen Renaissancehöfe und der Pariser Hofgesellschaft nachzuahmen, ist etwa der Ballett-Text, den der preußische Zeremonienmeister und Hofdichter *v. Besser* 1696 zu Ehren eines Besuchs der verwitweten Kurfürstin von Sachsen verfaßte. Eleonora ist eine neue Flora, denn wie die Göttin läßt sie Traurigkeit (den Winter) hinter sich, und ihr Besuch bringt Freude. Die Details des Festes, die die antiken Floralien erneuern will, werden aus der Mythologie abgeleitet. In den Gedichten des Hirschberger Poeten K. G. *Lindner* erhält Opitzens Hercynie den Auftrag, den Tod Karls VI. zu betrauern und Friedrich II. zu bewillkommnen. Lindner wußte auch durch mythologische Umkleidung das bürgerliche Kleinstadtleben aufzulockern. In seiner spielerischen Verklärung des Zackenflusses spiegelt sich die Anziehungskraft idyllisierender Verfremdung auf die poetae minores, ein Moment, das für die Entwicklung der Idylle von nicht geringer Bedeutung ist.

Das Schema des allegorischen Verfahrens, wie es innerhalb der erzählenden Ekloge angewandt wird, tritt deutlich in den vier Schäfergedichten des als Epigrammatiker bekannten *Chr. Wernicke* hervor. Wernicke drückt in diesen Gedichten seine Anteilnahme an den Familienereignissen im Gräflich Rantzauschen Hause aus, wo er drei Jahre bedienstet war. Im Gedicht »Argenis« wundert sich der Hirt Lycidas, an einem winterlichen Tag den sonntäglich gekleideten Alexis zu treffen: man vermählt die schöne Argenis. Die allegorischen Bezüge sind Knoten eines Netzes, zwischen denen die frei ausgestaltete Hirtenwelt webt. Die edle Braut wohnt nicht wie die anderen Schäfer in einer Hütte, sondern in einer Burg auf einem Hügel; ihr eingezogenes Leben ist Sorge um Feld und Lamm. Wie bei Opitz halten geographische Namen Hirtenwelt und Realität zusammen. Das gleiche Fiktionsschema prägt die ausführlichen »Hirten-Gespräche« (1751) des gothaischen Gelehrten C. E. *Suppius,* deren Widmung an den Herzog von Sachsen den panegyrisch-bukolischen Topos aufnimmt, der die Regierung des Herrschers mit der des Saturn im »güldenen Weltalter« in eins setzt. Chloris verkündet den Hirten Myrtil und Tyrsis die glückliche Heimkehr des vom »großen Pan« bewahrten Hylas (des Erbprinzen). In dieses System wird das eigene bürgerliche Gelehrtenheim einbezogen: Galathee beruhigt ihren Tyrsis darüber, daß sie sich an der »so sanften Pleise« ebenso glücklich fühle wie in der alten Heimat an der Leine. Nach dem gleichen Schema stellt sich *Gottsched* (in einer der seinem Idyllenkapitel in der 1. und 2. Auflage der »Critischen Dichtkunst« beigegebenen Eklogen) als Hirt Prutenio dar. In Suppius' Gedichten wird das vergilische Modell sehr deutlich. Die naturphilosophischen Verse des Lukrezverehrers werden hier zum Sprachrohr cartesianischer und leibnizischer Philosophie. Solches Interesse führt zu intensiverer Naturbetrachtung. Dabei werden zaghaft neue Töne angeschlagen, wenn ein Hirt im rauhen November unter Rabengeschrei über Feld geht und seine Freude an der winterlichen Einsamkeit bekennt oder sich um Mitternacht erhebt, um von einem Aussichtspunkt aus den Sonnenaufgang zu erleben: das konventionelle Huldigungsgedicht geht über in eine Verehrung der »immerdar wirksamen Mutternatur« und führt so zur modernen Idylle hin.

In die Idylle geht aber neben dieser sich beseelenden Landschaft eine ganz andere ein: die erotische Szenerie der *galanten* und später der *anakreontischen Schäferdichtung* – eine Szenerie aus Zephyren, die Wangen umfächeln und Schleier lüften, aus Hainen und Büschen, die sich hilfreich auftun. Idyllenartige Formen dieser galanten Poesie finden sich bei *B. Neukirch* und weiter bei *J. Ch. Rost:* mit witziger Zierlichkeit überwinden seine Madrigalverse alle kleinen Widerstände, die den Sieg Amors aufhalten. Der Takt, mit dem Rost seinen gewagten Weg zwischen Angedeutetem findet, ist nicht so sehr die Sache seines Nachfolgers *Ch. N. Naumann* (genannt Schoch der Jüngere). Die rokokohafte Spielart der Schäferszenerie und -motivik, »voll zärtlicher Empfindungen und Triebe«, ist über die Lyrik von *Gleim, Uz, Götz, Weiße* und *Gerstenberg* ausgestreut. *Hagedorns* lyrische Schäfergedichte erweitern sich mitunter zu Verserzählungen wie der von Apollo, der als Hirt des Admet die Schäferinnen verführt. Dieser Stil der Hirtenpoesie prägte sich gern im Schäferspiel aus. Gleims »Blöder Schäfer« (1745), Gellerts »Band« (1744) und »Sylvia« (1745) und schließlich Goethes »Laune des Verliebten« (1768) sind die bekanntesten Zeugnisse einer Gattung, die zwischen anmutiger Phantasiewelt und realem Kolorit oszilliert.

Diese poetische Welt, am reizvollsten dargestellt auf den Bildern Watteaus und Fragonards, ist verkleinert eingefangen in Kupferstichen wie dem, der die Gedichte des frühverstorbenen *Ch. F. Zernitz* (1748) schmückt: im Vordergrund weidende Hirten, im Mittelgrund ein Reigen, auf dem Hügel zur Linken ein Flöten- und ein Gitarrenspieler, rechts im Hintergrund ein Schäfer, der unter einem Baum die Schalmei bläst; als Abschluß der Szenerie eine waldige Hügellandschaft, hinter der eine strahlende Sonne versinkt. Die Sammlung umfaßt die verschiedenen Formen idyllischer Thematik, die für die 1. Hälfte des 18. Jhs charakteristisch sind. Die »Schäferstücke« entfalten die erotische Rokokolandschaft, deren sinnliche Intimität indessen durch eine auf Gessner vorausweisende Tugendliebe gedämpft wird. Das versteckte Tal, von Hecken eingeschlossen und von brauner Nacht umhüllt, erfüllt seine erotische Funktion nur noch, indem es die Erwartung des Lesers reizt; Myrtill aber begnügt sich damit, unter zärtlichen Gesprächen mit seiner Phyllis den Tag heranzuwachen. Auch versucht sich Zernitz in der Munterkeit des anakreontischen Gedichts oder karikiert mit derbem Realismus die rohe Trunkenheit einer studentischen »Dorfgesellschaft«. In seiner einleitenden Abhandlung kommt er zu der Erkenntnis, nicht nur Arkadien, sondern »jeder grüne Wald und jede stille Flur« berge das Schäferreich. So wendet er sich denn auch der amönen Seite des wirklichen Landlebens zu.

Mit dieser Wendung trägt Zernitz bei zu der immer stärkeren Einfluß gewinnenden *Land- und Naturdichtung.* Den Topos von der reinen Einfalt des Landlebens nimmt am Ende der Barockzeit der Freiherr *von Canitz* auf. Der »Genius des Landlebens« fungiert in seinen Satiren als Kontrapunkt. Die Invektiven gegen das Hofleben in der 1. Satire (»Von dem Hof-, Stadt- und Land-Leben«) muß der brandenburgische Hofmann notwendig im Allgemeinen der Topoi belassen; um so mehr können die traditionellen Motive in der 5. Satire, die sich an einen aufs Land ziehenden Freund richtet, und in der 6., die eine befreundete Familie aufs Landgut einlädt, mit individuellen Zügen ausgestattet werden. Zwei Motive aus diesen Dichtungen werden das Landgedicht des 18. Jhs. beherrschen: beim Anblick des Regenbogens verehrt der Dichter »das Wunder-grosse Buch der gütigen Natur«, und im Gespräch mit seinen Landarbeitern entdeckt er, »Dass viel gesunder Witz auch in den Sclaven stecket«. Das Leitmotiv der Erkenntnis Gottes aus der Natur wird sanktioniert durch *Thomsons* »Seasons« (1726–1730), die auf das ganze Jh. den größten Einfluß gewannen. Diese lehrhafte Beschreibung der Jahreszeiten ist ein Katalog idyllischer Themen: sie enthält Schilderungen ländlicher Arbeiten, Liebesszenen, Landschaften, naturwissenschaftliche und moralische, philosophische und literarische Reflexionen. Das Gedicht mündet in einem Hymnus, der in den Jahreszeiten »the varied God« erkennt und daraus die Unsterblichkeitsgewißheit schöpft, die dieses Motiv den Idyllendichtern so teuer macht. In Deutschland wurde Thomson durch die Übersetzung von *Brockes* bekannt (1745). (Auch das eigentümliche Strukturschema von Brockes' eigener Dichtung, die Ableitung der Größe Gottes aus den mit inniger Präzision durchdrungenen Naturgegenständen, wirkte auf die Idylle ein: es erzog zur Aufmerksamkeit auf das konkrete Detail. Es ist bekannt, mit welcher Begierde sich der Knabe Gessner in dieses von Beobachtung trunkene poetische Bewußtsein versenkte.) *J. Tobler* fügte in seiner Übertragung der »Seasons« (1764) dem »Herbst« eine eigene Schilderung der Weinlese ein. Inzwischen war das Motiv wiederkehrender Zeit mehrfach zum Gegenstand von Gedichten gemacht worden. Dazu trug auch der Einfluß von *Pope* bei, dessen vier »Pastorals« (1709) Spensers »Calender« abwandeln, indem sie die vier Jahreszeiten beschreiben. (Zur Naturdichtung vgl. auch Popes »Windsor Forest«, 1713). Durch die Musik (Vivaldi, Haydn) und vor allem durch die bildende Kunst, die es in Gestalt allegorischer Figuren in die Gärten trug und auf Tapeten, Vasen, Öfen, Buchvignetten bannte, war das Motiv allgegenwärtig. *J. J. Dusch* verfaßte »Schilderungen aus dem Reiche der Natur und der Sittenlehre nach allen Monaten des Jahres«. *F. W. Zachariae* unternahm eine minutiöse hexametrische Beschreibung der »Jahreszeiten im Kleinen«, nämlich der »Tageszeiten«. Er entrollt jene additiven, noch nicht auf einen Blickpunkt konzentrierten Landschaftsbilder, wie sie zum Teil noch für Gessner charakteristisch sind. Gelehrte Einschübe, anbetende Aufschwünge und moralische Lehren unterbrechen die zwischen dem Großen und dem Kleinen wechselnde Anschauung. Die Freude an der Betrachtung des gesetzlich Wiederkehrenden führte zu einem analogen Gedicht über »Die vier Stufen des Weiblichen Alters«. Die Anregung dazu bot die dem Autor zufällig begegnende lateinische Übersetzung der »Vier Stufen des menschlichen Alters« des Zürchers *J. R. Werdmüller*. In ihnen entfaltet sich jene Parallelisierung von menschlicher Entwicklung und Kreislauf der Natur, die im 19. Jh. als Thema der Schulaufsätze endet: »Schön ist die Sonne, die sich im Herbst im Westen verlieret, schöner der Abend des Lebens eines frommen patriotischen Greisen...« Im Entwurf solcher Modelle beginnt die Ontologie des Bürgertums.

Wenn dieser Zweig der beschreibenden Dichtung die Konstanz der

Natur betonte, so wurde die Aufmerksamkeit auf ihre individuelle Erscheinungsformen bestärkt durch *Hallers* »Alpen« (1792). Wie Canitz auf seinem Gut, so findet Haller das Goldene Zeitalter bei den »Schülern der Natur«, denen sie den Überfluß versagt hat. Aber dem patriarchalischen Idyll des Gutsherrn, der sich als ein zweiter Adam fühlt, tritt hier das demokratische gegenüber, das nach urzeitlicher Freiheit und Gleichheit strebt. Die Seligkeitszüge dieser Welt sind politischer Art. Ihre Kraft gewinnen sie aus der kontrastierenden Schilderung der verderbten Kultur. Den großen, wilden Zügen der Landschaft entspricht die frische Tatkraft und asketische Nüchternheit ihrer Bewohner. »Kein Sclavenhandwerk ist so schwer, als müssig gehn ...« – das überschreitet einen Begriff der Idylle, für den die Muße ein konstitutives Merkmal ist, und weist auf das Ethos der bürgerlichen Idyllen des 19. Jhs. voraus.

Das horazische Bild des Weisen, der die Stadt flieht und in seinem kleinen ländlichen Haus bei Büchern, Spaziergängen und freundschaftlichen Gesprächen sein wahres Ich findet, durchzieht die Literatur der Jahrhundertmitte ebenso vielfältig wie die pastoralen Motive. »Horaz, mein Freund, mein Lehrer, mein Begleiter. / Wir gehn aufs Land ...« beschließt Hagedorn. Uzens Muse flüchtet vor den Gelegenheitsdiensten der Stadt auf die freien Triften. Zachariae sehnt sich nach der Einsamkeit des Hains, Cronegk nach einem stillen Leben mit seiner Chloe. Diese Empfindungen sind nicht nur literarisch: die biographischen Zeugnisse weisen diese Verbindung von Freundschaft, geistiger Tätigkeit und Versenkung in die Natur als gelebte aus, von der Fahrt auf dem Zürchersee zu den Ausflügen der Göttinger Philosophieprofessoren Feder und Meiners, die angesichts der Landschaft ihre Gedanken austauschen und mitunter stehenbleiben müssen, um ihrem Enthusiasmus durch eine Umarmung Ausdruck zu verleihen. Pyra und Lange erfüllen das bukolische Verfremdungsspiel mit der Innigkeit des neuen Freundschaftskultes. Zeitschriften ermuntern zu diesem Lebensstil: im ersten Stück des 2. Teils der ›Discourse der Mahlern‹ (1722) schildert Rubeen (= Bodmer), wie er in der Natur Opitzens Landgedichte liest, deren Szenerie ihm bezeichnenderweise mit der von ihm geschauten identisch scheint. Opitz geleitet ihn dann im Traum in eine von Obstwäldern und Nymphen erfüllte arkadische Landschaft: das Reich der Freude. Der 7. Diskurs des 1. Teils empfiehlt das Landleben als würdigen Aufenthalt für den, der »viel gelesen hat / und selbst gedencken kan«. Der 9. der »Neuen Critischen Briefe'« (1749) lädt einen Leser von Thomsons »Jahreszeiten« ein, auf dem Lande den »Commentar der Natur« dazu zu vernehmen. Ein aufschlußreicher Ansatz, dessen episch beschreibende Form der Idylle als Gattung näher steht als die lyrische Gestaltung des Themas bei den eben genannten Dichtern, ist der »Versuch eines Gedichtes über die Landlust« von *F. D. Behn,* aufschlußreich, weil sich in diesem jugendlichen Experiment, das sich zum Teil wörtlich an Haller anlehnt, die verschiedenen Perspektiven der Epoche über-

kreuzen: die konventionelle Vorstellung von der Natur als einem
»ausgezierten Schauplatz«, der neue Schauer vor der Dynamik des
ungeheuren Weltalls, das Klischee der munteren, emsigen Landleute
und die Wahrheit der zankenden, zerlumpten Ährenleser. Wie viele
opuscula dieser Art ist das Gedicht ein Dokument nicht der Poesie,
sondern der Seelengeschichte.

Außer von Haller selbst konnte dieser Versuch von dessen be-
deutendstem Nachfolger zehren: von *E. v. Kleist*. Daß »Der Früh-
ing« (erster Teil eines geplanten Gedichtes über »Die Landlust«,
1749) den Höhepunkt in der Gattung des beschreibenden Landgedichtes darstellt, verdankt er der sensitiven Grazie einer Sprache,
deren neuer Rhythmus, der elastische Hexameter mit Auftakt, literarische Formeln und neue Wahrnehmung zu verschmelzen vermag.
Das betrachtende Subjekt wird zum Mittelpunkt; sein Blick erfaßt
die Schöpfung in einer zwischen Klarheit und Duft schwebenden
Beleuchtung, wie sie auch Gessners Landschaften bestimmen wird.
Auch das Vokabular der sanften Bewegungen (schwirren, flattern,
irren, sich bücken) und der gerundeten Plätze (Laube, Gewölbe,
Hecke, Teich) ist hier für die Idylle vorgebildet. Die zwanglose Sukzession der Landschaftsbilder schließt sich zu einem Panorama zusammen, das Fels und Strom, Hügel und Wälder, Belt, Sumpf und
Rebgelände zugleich umfaßt. Weder die nach größerer Leidenschaft
strebenden Schilderungen brünstiger Rosse und Stiere noch die kriegerischer Schrecken können die sanfte Klarheit dieses Tones unterbrechen. – Von der zarten Bestimmtheit der Kleistischen Naturausschnitte lebt etwas fort in den Schriften, die noch einmal den
Motivschatz dieser Gattung zusammenfassen: im »Landleben« und
im »Winter« von *C. C. L. Hirschfeld*. In der Parataxis seiner kulti-
vierten Prosa hat das additive Prinzip der Landschaftsschilderung
einen gemäßen Ausdruck gefunden. Sie vermag trotz ihrer rationa-
len Präzision aus der Reihung des einzelnen eine Gesamtstimmung
zu erzeugen: die Angst der Natur vor dem Gewitter, die Melancholie
des Herbstbeginns. Auch sein Ziel ist die Erziehung des Auges zur
differenzierten Wahrnehmung. Täler, ferne Stadt, Fluß, Wiesen,
Wald, Hecken und Hütten vereinigen sich zum »feierlichen Lust-
spiel«. Das Auge schult sich aber auch mittelbar an der »mahleri-
schen Idylle«, nämlich an den Bildern von Poussin, Claude Lorrain,
Vernet, Bril, de Vadder, die das ideale Landhaus schmücken. Die Beobachtung der Naturschönheit richtet sich besonders auf das Licht.
»Der ganze Ost entflammet sich; der Himmel glänzt von einem zit-
ternden Lichte; die Stirnen der Berge glühen; über dem gewölbten
Walde zerfließt eine liebliche Röthe; und weit umher schwimmen
schon die Gefilde in einer güldenen Heiterkeit.« Mit Hilfe der nie-
derländischen Wintergemälde vollendet sich die Entdeckung des poetischen Winters. Die Kombination von vernünftiger Klarheit, diffe-
renziertem Empfinden und geselligem Sinn macht diese Schriften zu

einem Muster des gebildeten 18. Jhs. Die endgültige Ablösung der allegorischen durch die reflektierende Naturpoesie drückt sich in der Bewertung der Statuen aus, die den Garten des Landhauses schmükken: so reizend die aus dem Gebüsch schimmernden Göttinnen sind, »noch mehr entzücken das Auge jene unfabelhaften Gestalten, Thomson und Kleist ...«.

Neben der Schäferpoesie und dem Landgedicht sind als Quellen der Idyllendichtung auch die *Robinsonaden* zu bedenken (Schnabels »Insel Felsenburg«, 1731/43). Bedeutsam sind die idyllischen Partien von Miltons »Paradise Lost« und Klopstocks »Messias«, und zwar nicht nur durch ihren inhaltlichen Einfluß, sondern vor allem durch Stil und Ton. *Bodmers* an sie anschließende *Patriarchaden* förderten die Neigung der Idylle zu alttestamentarischen Vorwürfen. Wie Milton, so gewann ganz allgemein die englische Dichtung großen Einfluß auf die idyllischen Tendenzen der deutschen Literatur. Von ausländischen Vorbildern las man um die Jahrhundertmitte immer noch die französischen Schäferdichter des 17. Jhs.: die in der puristischen Eleganz der klassischen Epoche gehaltenen »Bergeries« des Seigneur *de Racan* (1625) und die gleichfalls höfisch-verfeinerten Gedichte der Vergilübersetzer *Segrais* und *Gresset*. Gressets Übersetzung wurde für die Ästhetik der Schäferpoesie zu einem Prüfstein. Verschiedene Stellen der Eklogen merzte er aus, weil sie ihm zu grob schienen: so darf bei ihm die Nymphe den schlafenden Silen nicht mehr mit Maulbeersaft bemalen. Wehmütige Kulturmüdigkeit prägte die Verse der Mme. *Deshoulières*. Als Inbegriff höfisch-galanter, von der Natur bewußt sich distanzierender Poesie galten die Eklogen von *Fontenelle*, etwa seine I. Ekloge. Am Ufer der Seine streiten sich zwei Schäferinnen, ob eine von ihnen erblickte Gestalt Göttin oder Mensch sei; von der Göttin hat sie den Adel, vom Menschen die Sanftmut. Die Lösung: es ist die Dauphine. Für Fontenelles Eklogen ist der geistreiche Dialog charakteristisch, der ihm den Tadel eintrug, hier sprächen nicht Schäfer, sondern Fontenelle. In solcher Ablehnung spiegelt sich schon der Einfluß der englischen Hirtendichtung, die nun dem »Natürlichen« zustrebte. Der junge Pope war noch bemüht, dem Englischen eine vergilisch fließende Musikalität abzugewinnen; sein »Messiah« sollte die Prophezeiungen des Jesaja zu einem Gegenstück der 4. Ekloge gestalten. Gleichzeitig aber begann man einen kräftigeren Ton zu schätzen. Ihn schlug der mit Pope rivalisierende *A. Philips* (»Pastorals«, 1708) an. Seine Schäfer tragen noch genug Topoi und Allusionen vor, heißen aber nicht mehr Daphnis und Thyrsis, sondern Cuddy und Colin und weiden in einer Landschaft, deren literarische Südlichkeit sich mit Nebel und Feenspuk der englischen Insel füllt. Zwei Eklogen von Philips sind Nüschelers Übersetzung von *W. Collins'* »Orientalischen Eklogen« beigegeben. Die für die deutsche Rezeption repräsentative Beispielsammlung von Eschenburg enthält außer einer Ekloge von Collins auch eines der Gedichte, in denen *W. Shenstone* die Zustände der Liebe durch bewegte Rhythmen spiegelte. Seine »Küchen-Ekloge« gehört zu jenen Parodien auf die sich erschöpfende Schäferpoesie, in denen *J. Gay* exzellierte. Seine sechs »Eklogen« sind reine Satiren; seine »Beggar's Opera« verwirklichte Swifts Gedanken einer Pastorale, die im Gefängnis von Newgate spielen sollte. Komplizierter kreuzen sich Idylle und Satire in Gays »Shepherd's Week« (1714). Auf den ironischen Charakter des Werkes deutet schon das Vorwort, in dem sich der Autor als ersten Vertreter einer heimatlichen und dadurch echt theokritischen Pastorale rühmt. Gay zielte auf den realistischen Philips, mit dessen Gegner Pope er befreundet war: die »Shepherd's Week« suchte den neuen Stil durch übertriebenen Realismus ad absurdum zu führen. Aber das Publikum, soweit es nicht eingeweiht war, las nach Dr. Johnsons Aussage das *mock pastoral* als »just representations of rural manners and occupations« oder allenfalls als Vergil-Burleske. Dieses Zeugnis des Zeitgeschmacks bezeichnet eine wichtige Station in der Entwicklung der Idyllenkonzeption am Anfang des 18. Jhs. Die Diskussionen, in denen diese Entwicklung sich nicht nur spiegelte, sondern eigentlich vollzog, sind vielfach interessanter als die Werke, an denen sie sich entzündeten. Für das Verständnis der deutschen Idyllendichtung ist ihre Kenntnis unerläßlich.

Literatur:

Texte: Das Zeitalter des Barock. Texte u. Zeugnisse, hrsg. v. A. Schöne. 1963, S. 750–802. – Deutsche Barocklyrik. Hrsg. v. Max Wehrli. Neufass. Zürich 1977. – DLE, Reihe Barock-Lyrik, 3 Bde. 1933 ff., fotomechan. Neudruck 1964.

Martin Opitz: Teutsche Poemata. Straßburg 1624. (Neudruck Nr 189–192, hrsg. v. G. *Witkowski,* 1902.) – Schäfferey von der Nimfen Hercinie. Breslau 1630, Neudruck Stuttgart 1969. – Weltliche Poemata. Das Erste Theil. Breslau 1638, Neudruck Tübingen 1967. Der Ander Theil. Frankfurt 1644, Neudruck Tübingen 1975 (vgl. KDNL Bd 27, 1889).

K. *Garber:* Martin Opitz, der »Vater der dt. Dichtung«. Stuttgart 1977. G. *Wüstling:* Fischart und Opitz. Ein Vergleich ihrer Bearbeitungen der 2. Ep. des Horaz. Diss. Halle 1950 (masch.). *J. G. Boeckh:* Poemul Zlatna de Martin Opitz. In: Revista de filologie romanica si germanica 3, 1959, S. 39–56.

G. *Schulz-Behrend:* Opitz' Zlatna. In: Modern Language Notes 77, 1962, S. 398–410. A. *Hübner:* Das erste dt. Schäferidyll u. seine Quellen. Diss. Königsberg 1910.

U. *Maché:* Opitz' Schäfferey von der Nimfen Hercinie in 17th Century German Lit. In: Essays on German Literature in honour of G. J. Hallamore. University of Toronto Press 1968. S. 34–40.

Daniel von Czepko: Weltliche Dichtungen, hrsg. v. W. Milch. 1932; fotomech. Neudruck 1963.

Georg Rudolf Weckherlin: Geistliche u. weltliche Gedichte. Amsterdam 1648; Neudruck in: Gedichte, hrsg. v. H. Fischer, BLVS Bd II, 1895, Reprint Hildesheim 1968. – E. F. Johnson: Weckherlin's Eclogues of the Seasons. Tübingen 1922.

Georg Philipp Harsdörffer u. Johann Klaj: Pegnesisches Schäfergedicht... Nürnberg 1644; Neudruck in: Dt. Neudrucke, Reihe Barock, Bd 8, 1966. – *E. Mannack:* ›Realistische‹ und metaphorische Darstellung im Pegnesischen Schäfergedicht. In: Jb. d. dt. Schillergesellschaft 17, 1973, S. 154–165. *K. Garber:* Vergil und das »Pegnesische Schäfergedicht«. In: Dt. Barocklit. u. europ. Kultur. Dok. d. internat. Arbeitskreises f. dt. Barocklit. 3, Hamburg 1977. S. 168–203.

Sigmund von Birken: Pegnesis: oder der Pegnitz Blumengenoss – Schäfere Feld Gedichte in Neun Tagzeiten. Nürnberg 1673.

Johann Rist: Des Daphnis aus Cimbrien Galathee. Hamburg 1642. – Des Edlen Dafnis aus Cimbrien besungene Florabella. Hamburg 1666.

Johann Hermann Schein: Diletti Pastorali, Hirten Lust. Leipzig 1624.

Christoph Kaldenbach: Deutscher Eclogen Oder Hirten-Getichte Ein Theil. Königsberg 1648.

Georg Neumark: Poetisch- und musikalisches Lustwäldchen. Hamburg 1651. – Fortgepflantzter Poetisch- und musikalischer Lustwald. Jena 1657.

Friedrich Spee von Langenfeld: Trutz Nachtigal, oder Geistlichs-Poetisch Lust-Waldlein. Köln 1649. (Neudrucke Nr 292–301, hrsg. v. G. O. Arlt, 1936). – W. Nowack: Versuch einer motivischen Analyse des Schäferhabits bei Friedrich von Spee, Diss. Berlin 1954. – E. Jacobsen: Die Metamorphosen der Liebe u. Fr. Spees »Trutznachtigall«. Kopenhagen 1954. – *E. Rosenfeld:* Fr. Spee von Langenfeld. Eine Stimme in der Wüste. Berlin 1958; dies.: Neue Studien zur Lyrik v. Fr. v. Spee. Milano/Varese 1963. *F. M. Rener:* Fr. Spee's ›Arcadia‹ revisited. In: PMLA 89, 1974, S. 967–979.

Laurentius von Schnüffis (= Johann Martin): Mirantisches Flötlein. Oder Geistliche Schäfferey. Konstanz 1682.

Angelus Silesius (= Johann Scheffler): Heilige Seelen-Lust oder Geistliche Hirten-Lieder der in ihren Jesum verliebten Psyche. Breslau 1657, erweitert 1668. (Neudrucke Nr 177–181, hrsg. v. G. Ellinger, 1901); auch in: Sämtliche Poetische Werke, hrsg. v. H. L. Held, Bd 2, 1949.

Johann von Besser: Schriften, hrsg. v. J. U. König. 2. Teil. Leipzig 1732.

Kaspar Gottlieb Lindner: Die... über das allerhöchste Absterben ...Karl des Sechsten, höchstbestürzte Nymphe, Hercynie... Hirschberg 1740. – Bewillkommnungsgedichte an... Friedrich den Andern... Hirschberg 1741. – Der klagende Zacken. Hirschberg 1731; Das Lob des Zaken-Flusses. Hirschberg 1738; Der frolockende Zacken. Hirschberg 1738. – Hirtengedichte auf die Gnadenvolle Geburt unsers Herrn und Heylands Jesu Christi. Hirschberg 1739.

Christian Wernicke: Uberschrifte oder Epigrammata in acht Büchern nebst einem Anhang von etlichen Schäffer-Gedichten. Hamburg 1701. – Poetische Versuche in Überschriften, wie auch in Helden- und Schäfergedichten. Zürich 1749; ²1763, hrsg. v. Bodmer. – Überschriften. Leipzig 1780. – J. Elias: Christian Wernicke, Diss. München 1888.

Christoph Eusebius Suppius: Hirten-Gespräche. Gotha 1751. – Der Inselberg. Gotha 1745.

Herrn von Hoffmannswaldau und andrer Deutschen auserlesene und bißher ungedruckte Gedichte, hrsg. v. Benjamin Neukirch. Leipzig 1695. (Neudrucke, NF Bd I, nach e. Druck v. 1697 hrsg. v. A. G. de Capua u. E. A. Philippson, 1961).

Johann Christoph Rost: Schäfererzählungen. (Berlin) 1742. – Versuch von Schäfergedichten und andern poetischen Ausarbeitungen. (o. O.) 1751.

Christian Nikolaus Naumann: Sieben Hirten-Gedichte (o. O.) 1743.

Johann Wilhelm Ludwig Gleim: Sämtl. Gedichte, hrsg. v. W. Körte. Halberstadt 1811/13.

Johann Peter Uz: Sämtl. poetische Werke, hrsg. v. A. Sauer. 1890 (KDNL); fotomechan. Neudruck 1964.

Johann Nikolaus Götz: Vermischte Gedichte, hrsg. v. Ramler. Mannheim 1785.

Christian Felix Weisse: Kleine lyrische Gedichte, 3 Bde. Leipzig 1772.

Heinrich Wilhelm Gerstenberg: Tändeleyen. Leipzig 1759. (Dt. Neudrucke, Reihe Texte d. 18. Jhs, hrsg. v. A. Anger, 1966.) – Vermischte Schriften, 3 Bde. Wien 1817.

Friedrich von Hagedorn: Sämmtl. Poetische Werke, Tl 1–3. Hamburg 1764.

Christian Fürchtegott Gellert: Das Band. Leipzig 1744. – Sylvia. Leipzig 1745. – Sämmtl. Schriften. 2. Aufl. Leipzig 1784.

Johann Wolfgang von Goethe: Die Laune des Verliebten (e 1767/68, E 1806).

vgl. auch: Dichtung des Rokoko, hrsg. v. A. Anger, 1958.

Christian Friedrich Zernitz: Versuch in Moralischen und Schäfer-Gedichten, Nebst dessen Gedanken von der Natur und Kunst in dieser Art von Poesie. Hamburg u. Leipzig 1748.

Friedrich Rudolf von Canitz: Gedichte, hrsg. v. J. U. König. Berlin u. Leipzig 1734. (E: Nebenstunden unterschiedener Gedichte. 1700.)

Barthold Heinrich Brockes: Irdisches Vergnügen in Gott, 5 Theile. Hamburg 1721–1748. – Auszug der vornehmsten Gedichte aus dem Irdischen Vergnügen in Gott. Hamburg 1738. (Dt. Neudrucke, Reihe Texte d. 18. Jhs., hrsg. v. D. Bode, 1965).

Johann Jakob Dusch: Schilderungen aus dem Reiche der Natur und der Sittenlehre nach allen Monaten des Jahres. Hamburg u. Leipzig 1757/60.

Johann Rudolf Werdmüller: Die vier Stufen des menschlichen Alters. Zürich 1753.

Just Friedrich Wilhelm Zachariae: Die Tageszeiten. Rostock u. Leipzig 1756. – Die vier Stufen des weiblichen Alters. Rostock 1757. Poetische Schríften. Braunschweig ²1772.

Johann Friedrich von Cronegk: Schriften, hrsg. v. Uz, 2 Bde. Leipzig 1760/61.

Jakob Immanuel Pyra u. Samuel Gotthold Lange: Thirsis' und Damons Freundschaftliche Lieder, hrsg. v. A. Sauer. DLD Bd. 22, 1885. (E: Zürich 1745).

Albrecht von Haller: Gedichte, hrsg. v. L. Hirzel, 1882, ²1917. (E: Versuch Schweizer. Gedichte. Bern 1732). – Chr. Siegrist: AvH. 1967. (Sammlung Metzler. 57.)

Ewald von Kleist: Werke, hrsg. v. A. Sauer. Berlin 1881/82. – Sämtl. Werke, hrsg. v. Ramler. Berlin 1760. – Sämtl. Werke, hg. v. J. Stenzel. Stuttgart 1971. – H. Guggenbühl: EvKl. 1946.

H. Aust: E. v. Kl. In: Dt. Dichter des 18. Jh. Hg. v. B. v. Wiese. Berlin 1977.

Christian Cay Lorenz Hirschfeld: Das Landleben. Bern 1767. – Der Winter. Leipzig 1769. – Theorie der Gartenkunst, 5 Bde. Leipzig 1779/85.

M. Lanckorónska: »Das Landleben« v. C. C. Hirschfeld. Jb. d. Sammlung Kippenberg N. F. 1, 1963, S. 185–195.

Kleinere Autoren:

Johann Friedrich Grafe: Oden u. Schäfergedichte. Leipzig 1744.

Hinrich Janssen: Das angenehme Hahn. Bremen 1744.

Johann Bernhard von Fischer (= Montan): Empfindungen des Frühlings. (o. O.) 1750. – Hirtenlieder u. Gedichte. Halle 1753. – Hinter-Bergens allgemeine u. eigene Winter- u. Sommerlust mit untermischten physikal. u. moral. Betrachtungen. Riga 1745.

Paul August Schrader: Die Liebe oder Thyrsis und Doris. Eisenach ²1750. – Der Morgen in prosaischer Schreibart, nebst etlichen Gedichten. (o. O.) 1762.

Michael Dietrich Blohm: Damon und Damoetas. Ekloge. Altona 1754.

Friedrich Daniel Behn: Versuch eines Gedichtes über die Landlust. Lübeck 1754.

vgl. auch Goedeke IV/I, S. 99–105. Weitere Titel zur barocken Schäferdichtung bei *K. Garber:* Der locus amoenus ... (s. S. X). Vorbereitet wird vom gleichen Autor eine umfassende »Bibliographie der dt. Schäfer- und Landlebendichtung des 17. Jh.«

Zeugnisse zum Motiv des Landlebens:

J. G. Feder: Leben, Natur und Grundsätze. Darmstadt 1825. (Auszug in: DLE Reihe Selbstzeugnisse, Bd. 8, S. 95–130).
Die Discourse der Mahlern. Erster Theil. Zürich 1721. Zweyter Theil. Zürich 1722. (Teildruck in: KDNL Bd. 42, fotomechan. Neudruck 1965).
Neue Critische Briefe über gantz verschiedene Sachen, von verschiedenen Verfassern. Zürich 1749.

Englische Dichter:

English Pastoral Poetry. From the Beginnings to Marvell, ed. by F. Kermode. London 1952.
Alexander Pope: The Works, ed. by J. Croker. London 1871/81. – Works. London 1717.
R. Maack: Über Popes Einfluß auf die Idylle und das Lehrgedicht in Deutschland. 1895. *M. Mack:* The Garden and the City. Retirement and Politics in the Later Poetry of Pope. Toronto/Buffalo 1969.
James Thomson: The Seasons, hsg. v. O. Zippel. 1908. – The Works, ed. by Tovey. 1897. – B. H. Brockes: Jahres-Zeiten des Herrn Thomson. Zum Anhange des Irdischen Vergnügens in Gott. Hamburg 1745. – M. C. Stewart: Brockes' Rendering of Thomson's Seasons. In: JEGPh. 10, 1911. – Joh. Tobler: Thomsons Gedichte, aus d. Engl. Zürich 1764. – Die Jahreszeiten des Jacob Thomson. Engl. u. dt. Basel 1768. – K. Gjerset: Der Einfluß von James Thomson's »Jahreszeiten« auf die dt. Literatur des 18. Jhs., Diss. Heidelberg 1898.
Edmund Spenser: Poetical Works, ed. by Smith and Selincourt. Oxford 1932. – W. Iser: Spensers Arkadien. In: Eur. Buk. ... (S. IX).
Ambrose Philips: Poems, ed. Segar. Oxford 1937.
John Gay: Poetical Works, ed. by Underhill, 2 vol. London 1893. – Die Bettleroper. Übers. v. H. M. Enzensberger. 1966. (Mit dokumentar. Anhang.)
William Collins: Poetical Works, ed. by Langhorne. London 1765. – Orientalische Eclogen. Nebst einigen andern Gedichten. Aus d. Engl. Zürich 1770. (Enthält auch Schäfergedichte von Philips u. Broome.)
M. Kunze: Die Funktion des bukolischen Klischees i. d. engl. Lit. v. Spenser bis Pope u. Philips. Diss. Konstanz 1973 (masch.).

Französische Autoren:

Racan: Les Bergeries et autres Poésies Lyriques. Par Camo. Paris 1929.
Jean Renaud Segrais: Œuvres. Nouv. éd., 2 vol. Paris 1955.
Jean Baptiste Louis Gresset: Œuvres complètes. Paris 1824.
Mme et Mlle Deshoulières: Œuvres. Nouv. éd. Paris 1770.
Bernard de Fontenelle: Œuvres. Nouv. éd. Paris 1752.

Darstellungen:

H. Meyer: Schäferdichtung. In: ZfdB 5, 1929, 129 ff. – Der dt. Schäferroman des 17. Jhs., Diss. Freiburg 1928.

Scholte/Kohlschmidt: Art. »Schäferdichtung« in RL (s. IX).

K. Garber: Der locus amoenus ... (s. S. X); *ders.:* Forschungen zur dt. Schäfer- und Landlebendichtung des 17. und 18. Jh. In: Jb. für Internationale Germanistik 3, 1971, S. 226–242.

G. Heetfeld: Vergleichende Studien zum dt. u. französ. Schäferroman, Diss. München 1954. (masch.)

E. G. Carnap: Das Schäferwesen in der dt. Literatur des 17. Jhs. u. die Hirtendichtung Europas. Diss. Frankfurt a. M. 1939.

F. Rühle: Das dt. Schäferspiel des 18. Jhs. Diss. Halle 1885.

E. Eikel: Die Entstehung der religiösen Schäferlyrik. Von Petrarca bis Spee. Diss. Heidelberg 1956 (masch.).

G. Lederer: Studien zur Stoff- und Motivgeschichte der Schäferdichtung des Barockzeitalters. Diss. Wien 1970 (masch.).

W. Vosskamp: Modifikationen des Schäferromans u. ihre theoret. Begründungen. In: Romantheorie in Deutschland, Stuttgart 1973. S. 45–52; *ders.:* Stadt-Schule ... u. d. dt. Lit. im 17. Jh. Hg. v. Schöne. München 1976. S. 99–100.

F. Brüggemann: Utopie u. Robinsonade. Untersuchungen zu Schnabels »Insel Felsenburg«. 1914 (vgl. auch DLE Reihe Aufklärung, Bd. 4.)

H. Brunner: Kinderbuch und Idylle. Rousseau und die Rezeption des »Robinson Crusoe« im 18. Jh.« Jb.d. Jean-Paul-Gesellschaft 2, 1967, S. 85–116.

H. Rötteken: Weltflucht u. Idylle in Deutschland von 1720 bis zur »Insel Felsenburg«. In: ZVL 9, 1896, S. 1–32, 295–325.

W. Volk: Die Entdeckung Tahitis und das Wunschbild der seligen Insel in der dt Literatur. Diss. Heidelberg 1934.

Geoffrey Atkinson: Le sentiment de la nature et le retour à la vie simple. 1690–1740. Genf 1960.

Hugo Weisgall: Primitivism and Related Ideas in 17th Century German Lyric Poetry. Baltimore 1940.

Erich A. G. Albrecht: Primitivism and Related Ideas in 18th Century German Lyric Poetry. 1680–1740. Baltimore 1950.

W. Flemming: Der Wandel des dt. Naturgefühls vom 15. zum 18. Jh.⸴ 1931.

G. Schütze: Das Naturgefühl um die Mitte des 18. Jhs. in der Lyrik von Pyra bis Claudius. Diss. Leipzig 1933.

H.-G. Oeftering: Naturgefühl u. Naturgestaltung bei den alemann. Dichtern von Muralt bis Gotthelf. 1940.

W. Martens: Die Botschaft der Tugend. Die Aufklärung im Spiegel der dt. Moralischen Wochenschriften. Stuttgart 1971. IV/6 u. 7 (über die Darstellung von Landadel und Bauernstand).

C. Die Theorie der idyllischen Dichtung (vor Gessner)

Die poetologischen Traktate über die – unter verschiedenen Gattungsnamen erfaßte – idyllische Dichtung kreisen um den Zwiespalt, der aus den dichterischen Versuchen selbst schon deutlich geworden ist: den Zwiespalt zwischen stilisierender (und das heißt meist idealisierender) und realistischer Darstellung. In dem Bemühen, dem modernen Bewußtsein eine ihm fremde Dichtart verständlich zu machen, hat man oft betont, daß die idyllische Dichtung sich bewußt von der Realität abwende, daß das »Unnatürliche« ihrer fiktiven Welt Absicht sei. Das ist zugleich richtig und nicht richtig. Gewiß finden sich zuweilen Anweisungen, das wirkliche Landleben, da es den poetischen Anforderungen nicht genüge, außer acht zu lassen; andererseits bewirkt aber das Bewußtsein, sich von der Realität der Gegenstände zu entfernen, eine deutliche Beunruhigung. Das zeigt sich darin, daß man immer wieder die Kluft zwischen rustikaler Wirklichkeit und erträumter Schäferwelt zum Thema der Reflexion macht, immer wieder versucht, sie auf das rechte Maß festzulegen. Diese Erörterungen sind zunächst erstaunlich gleichförmig, indem stets der gleiche Fragenkanon behandelt wird, zugleich aber überaus verwickelt, da die Autoren oft aus verschiedenen Quellen heterogene Argumente übernehmen und überdies deduktive Begriffsbestimmung mit der praktischen Orientierung an einzelnen Dichtern vermengen. Die auffallende methodische Unsicherheit ist schon darin begründet, daß Aristoteles und Horaz, die Leitgestirne der Poetiken, zum Hirtengedicht keine Äußerungen boten, so daß die Antike nur indirekt Richtschnur sein konnte. Das Problem der stilisierenden oder realistischen Darstellung spitzt sich zu im jeweiligen Verhältnis zur Allegorie; es verbindet sich mit der Frage nach dem Ursprung der Gattung und damit nach ihrer Beziehung zum Goldenen Weltalter. Programmatisch für die beiden Positionen sind die Namen *Vergil* und *Theokrit;* jedoch sind auch hier die Urteile oft nicht reinlich zu scheiden. Von der grundsätzlich idealistischen oder realistischen Einstellung hängen dann die Richtlinien für die Details ab: welches Personal zugelassen ist, wie Handlung, Szenerie, Charaktere und Schreibart beschaffen sein sollen. Es wird versucht, zwischen den einzelnen Bezeichnungen für idyllische Dichtung (Ekloge, Idylle usw.) zu unterscheiden und ihre Formen einzuteilen (oft in erzählende, dialogische und gemischte). Urteile über einzelne Dichter schließen meist die Traktate oder Kapitel ab.

Ausgangspunkt für die französische, englische und deutsche Theorie waren die humanistischen Poetiken von Vida und Scaliger. Der einflußreichste Zug in *Vidas* Bemerkungen zur Pastorale (1527) ist seine große Verehrung für Vergil, und zwar für die verfeinerte Eleganz seiner Kunst. Bedeutsam war auch sein Hinweis, als »niedrigste« eigne sich diese Gattung besonders als Übungsfeld für junge Dichter. Aus dieser bis ins 18. Jh. tradierten literarischen Pädagogik erklärt sich, daß auffallend viele junge Dichter sich die Ruhe des ländlichen Daseins erflehen; noch der junge Novalis übt sich in diesem Genre. Auch für *Scaliger* (1561) ist die Pastorale die einfachste, aber auch die älteste Art der Poesie: sie entstand bei den Hirten, deren Beruf am ehesten Gelegenheit zu Gesängen gab. Aus ihrer Lebensweise erklärt sich auch der Vorrang der Liebe in der Schäferpoesie, neben der Scaliger indes auch andere Themen wie Ernte, Weinlese, Danksagung zuläßt.

Als *genus humile* bestimmt auch *Opitz* im »Buch von der deutschen Poeterey« (1624) die – nur kurz erwähnten – »Hirtengespräche«; Theokrit erscheint als der vornehmlichste Vertreter dieser Art von Poesie. *Harsdörffer* (1648) zählt als Figuren des Hirtenspiels auch Fischer, Vogler und Zeidler auf. Idealisierend wird das Thema der Spiele als »Lieblichkeit des Feldlebens ohn desselben Beschwernis« gefaßt; so sollen auch die Hirtengedichte »die guldene Tugendzeit, und die alte Redlichkeit, Frömmigkeit und Ehrbarkeit« vorstellen, so daß die Hirten denen gleichen, »so vor Zeiten mit den Nymphen und Göttern Gemeinschaft gehabt.« Ihren einstigen Hauptfiguren, den Satyrn, verdankte die Gattung ihren ehemaligen Namen ›Satyra‹, den sie mit den Strafgedichten teilt. Den durch diese beliebte falsche Etymologie gestifteten Zusammenhang zwischen Hirten- und Strafgedicht versuchte *Birken* (1679) historisch herzuleiten: die Hirten, Erfinder der ältesten und edelsten Dichtart, zogen in die Stadt und spotteten über die Laster der Bürger, die mit dem Schimpfwort »Satyren« replizierten. Birkens Theorie wird wiederaufgenommen in der »Gründlichen Anleitung« von *Omeis* (1704), die ihre Ausführungen über die »Feld- und Hirten-Gedichte« an *Morhofs* »Unterricht« anlehnt *(1682)*. *Morhof* wiederum verweist in seinem Abschnitt über die carmina bucolica, deren er in Deutschland noch wenige findet, auf *Rapins* Traktat »De carmine pastorali« als auf die erschöpfende Behandlung des Themas. In der Tat galt diese Einleitung zu seinen »Eclogae sacrae« (1659) gegen Ende des 17. Jhs. als klassisch, insbesondere in England, wo sie 1684 mit der Theokrit-Übersetzung von Creech zusammen erschien. Rapins Gedanken sind von seiner Verehrung für die Alten geprägt. Diese Abhängigkeit bedingt sein methodisches Vorgehen: da sie über diesen Dichtungszweig keine bindenden Vorschriften hinterlassen haben, ist er zum induktiven Verfahren genötigt. Nach dem Vorbild des Aristoteles, der das Wesen des Epos aus Homer ableitete, sucht er das der Pastorale aus Theokrit und Vergil abzuziehen. Obgleich Rapin sich grundsätzlich auf beide beruft, gibt er doch in der Gestaltung der Charaktere, ihrer Reden und ihres Betragens Vergils besonnenem Maß den Vorzug. Dieses Urteil entspringt aus seiner idealistischen Haltung. Der Ursprung im mythischen Goldenen Zeitalter, der dem Hirtengedicht seine Würde verleiht, macht es zu einem »vollkommenen Spiegel des Standes der Unschuld«. Der ehrwürdigen Einfalt solchen Hirtenstandes müssen alle einzelnen Züge des Gedichts entsprechen. Daher dürfen die Hirten nicht plump und rauh sein, ebensowenig aber allzu intellektuell, höflich, gebildet. Wie schon die allegorische Hirtenpoesie, so ist in anderer Weise auch das hier entworfene Ideal des Ausgleichs mittelbar an die Realität gebunden: zwar wird eine Orientierung an der gegenwärtigen Wirklichkeit des Landlebens abgelehnt, aber die Fiktion ist darum nicht frei: sie muß sich vielmehr ständig auf ein Bild des Hirten beziehen, das letztlich doch aus Zügen der Wirklichkeit abstrahiert ist. Das Einfache, Beschränkte des rustikalen Lebenskreises bleibt immer Maßstab. Die Mittelstellung der bukolischen Poesie zwischen den *vitia* der Grobheit und der Preziosität wurde zum Topos. Eingeschärft wurde er der literarischen Welt besonders durch die vielzitierten Verse von *Boileau*, der die »élégante idylle« mit einer Hirtin vergleicht, die sich am Festtag nicht mit Edelsteinen belädt, sondern ihren Schmuck auf der Wiese pflückt. Wenn der Idyllendichter anstelle der Flöte die Trompete des Wortprunks erschallen läßt, fliehen Pan und die Nymphen. Wer umgekehrt seine Hirten wie auf dem Dorf sprechen läßt, erinnert an Ronsards »gotische« Idyllen. Die Dioskuren Theokrit und Vergil allein können auf den schwierigen Mittelweg führen (1674).

Fontenelle, dessen »Discours sur la nature de l'Eglogue« (1688) nach Rapin den größten Einfluß gewann, unterscheidet sich von ihm im Verhältnis zu den antiken Vorbildern. Die Theorie der Idylle wird hier einbezogen in die »Querelle des Anciens und des Modernes«, unter deren Wortführer sich Fontenelle durch seine »Digression sur les anciens et les modernes« einreihte. Wie Perrault glaubte er nicht daran, daß die Neuzeit dem Altertum grundsätzlich unterlegen sei. In seiner Eklogen-Abhandlung gibt er seiner ketzerischen Gesinnung mit einem gewissen Übermut Ausdruck. So erlaubt er sich insbesondere über den von den Gelehrten hochgeschätzten Theokrit spöttische Bemerkungen. Er wundert sich, daß der sterbende Daphnis von Bären, Wölfen und Hirschen so zärtlich Abschied nimmt: »Il me semble qu'on a guère coutume de regretter une pareille compagnie.« Das Ideal der Mitte zwischen Rustikalität und »Witz«, zu dem sich auch Fontenelle bekennt, ist bei ihm stark nach der Seite der Verfeinerung hin verschoben. Da der Hirtenstand seit der Urzeit immer mehr verfallen ist, können sich Poesie und Wirklichkeit nicht mehr decken. Der Reiz der Schäferdichtung liegt in der Imagination eines Zustandes, der von den beiden stärksten Trieben des Menschen, »paresse« und »amour«, beherrscht wird. Dem Geist ruhiger Muße widerstrebt auch zu große Spitzfindigkeit: der Theoretiker Fontenelle verwirft das in seinen eigenen Eklogen gepflegte »Witzige«. Die Einfalt seines Hirtenideals aber ist doppeldeutig: sie bezieht sich nur auf den Ausdruck, dessen Schlichtheit zu den dahinterstehenden Gedanken und Empfindungen reizvoll konstrastieren soll. Der Stachel des Bewußtseins von der Differenz zum wirklichen Landleben zeigt sich darin, daß Fontenelle nicht die bare Fiktion postuliert. Er bemüht sich vielmehr, nachzuweisen, daß der Charakter der poetischen Schäfer nicht ganz »faux« sei. Indem man nur eine Seite der Wirklichkeit darstelle, erzeuge man ein demi-vrai, das der Wahrheit fordernden Einbildungskraft genüge. Von Fontenelles Lust, graziös zu schockieren, unterscheidet sich der »Discourse on Pastoral Poetry« des jugendlichen *Pope* (1704) durch anmutige klassizistische Musterhaftigkeit. Im allgemeinen Teil seines Aufsatzes kehren alle einzelnen Raisonnements der französischen Idyllentheorie wieder: interessanter als ihre gewandte Zusammenfassung ist Popes Stellung zu den einzelnen Dichtern, besonders zu Theokrit und Spenser. Das Verhältnis zu Theokrit ist ambivalent: er »excels all others in nature and simplicity«, und »his dialect alone has a sweet charm in it, which no other could ever attain«, aber seine Beschreibungen sind zu lang, seine Landbewohner zu ungezogen, und Vergil sticht ihn an Abwechslung, Regelmäßigkeit und Kürze aus. Spenser heißt Pope zwar ein Genius, ist aber zu breit, zu allegorisch und hat übel daran getan, jeden einzelnen Monat besingen zu wollen. Das Verhältnis zu Theokrit, Spenser und damit zu den Versuchen, die moderne Schäferdichtung realistisch zu erneuern, stand im Zentrum einer literarischen Fehde, die im ›Guardian‹ ausgetragen wurde. Die betreffenden Artikel in der von Addison und Steele herausgegebenen Zeitschrift füllen die Nrn. 22, 23, 28, 30 und 32 des Jgs. 1713. Gottsched, dessen Frau den ›Guardian‹ ins Deutsche übersetzte (1745), hielt Steele für den Verfasser; heute schreibt man sie Th. Tickell zu. Wie auch die späteren deutschen Auseinandersetzungen über diesen Gegenstand zeigen die Artikel, als wie zentral man dieses scheinbar untergeordnete Thema empfand. Ein Gefühl für die Illegitimität des Spiels mit der Wirklichkeit beginnt sich abzuzeichnen. Die ironische Perspektive betont die Distanz des Autors gegenüber dem schäferlichen Enthusiasmus, der zu Beginn in Gestalt einer jungen Dame vorgeführt wird, die sich im Haus ein Lamm und ein Taubenpaar hält. Aus der Distanz erklärt sich auch der Widerspruch, daß der Autor in den ersten beiden Nummern Fontenellesche Ansichten übernimmt, in den folgenden aber eine entschieden abweichende realistische Tendenz an den Tag legt. Die neue Linie zeigt sich in der Beurteilung Theokrits und in den Anweisungen zu Gestaltung des »Schäfer- oder Hexenlandes«. Zwar gibt man zu, Theokrit sei »zuweilen grob und bäurisch«, aber die größere Unschuld und Einfalt erheben ihn über den Nachahmer Vergil. Tickells Ausführungen über die moderne englische Schäferdichtung spiegeln das keimende Bedürfnis des literarischen Geschmacks nach Originalität. Ihm zufolge erlaubt der unveränderliche Grundcharakter des Schäfergedichts sehr wohl einen Wechsel im Dekor von Landschaft, Sitten, Kleidung etc. Englische Pflanzen und Tiere ziehen den Leser mehr an als fremde, wie auch der heimische Geisterglaube die antike Mythologie kurzweilig ergänzen kann. Die Beispiele für solche Möglichkeiten sind Spenser und Philips entnommen, die denn auch in einer abschließenden Allegorie als Herrscher über Arkadien geehrt werden. Sein Ausschluß aus dieser Dynastie ließ Pope nicht ruhen: in einem anonym an den ›Guardian‹ gesandten Aufsatz, der als 40. Stück erschien, zog er einen Vergleich zwischen Philips Gedichten und seinen eigenen, der scheinbar zu Philips Gunsten ausfiel. Seine ironischen Invektiven konnten nicht hindern, daß der Zeitgeschmack sich der neuen Richtung zuwandte, die dann besonders durch Dr. Johnsons Eintreten den Sieg über den Klassizismus gewann.

Mit Popes ironischen Bemerkungen setzte sich *Gottsched* als mit ernsthaften auseinander. Sein Idyllen-Kapitel in der »Critischen Dichtkunst« (1730) ist nur als Kompilation aus den vorangegangenen Traktaten zu verstehen. Während Tickell aus dem aristotelisch-boileauschen Grundsatz der Naturnachahmung den Schluß gezogen hatte, das Hirtengedicht müsse sich an die reale Umwelt halten, vermählte Gottsched, gestützt auf die Ausdehnung des Naturbegriffs auf »mögliche Welten«, dieses Prinzip mit dem idealistischen: für ihn ist das Schäfergedicht »Nachahmung des unschuldigen, ruhigen und ungekünstelten Schäferlebens, welches vorzeiten in der Welt geführet worden«. Das Bewußtsein der Differenz zur Realität tritt bei Gottsched besonders deutlich hervor. »Unsre Landleute sind mehrentheils armselige, gedrückte und geplagte Leute. Sie sind selten die Besitzer ihrer Heerden, und wenn sie es gleich sind: So werden ihnen doch so viel Steuren und Abgaben auferlegt, daß sie bey aller ihrer sauren Arbeit kaum ihr Brod haben.« Das patriarchalische Schäferleben malt er mit spürbarer Liebe aus. Mit dem Behagen eines Idyllendichters beschreibt Gottsched ein Idealbild, das er bei keinem Dichter ganz erfüllt findet. Die Kritik der antiken wie der neulateinischen und italienischen Dichter ist mitsamt den witzigen Pointen Fontenelle »abgeborgt«; in der Kritik der deutschen Hirtendichter folgt er dessen Methode, indem er Verstöße gegen die pastorale Einfalt nachweist. Das Kompilatorische von Gottscheds Verfahren zeigt sich, wenn er, ohne einen Gegensatz zu seiner idealistischen Position zu empfinden, das Urteil des ›Guardian‹ über Spenser und Philips übernimmt (in der 4. Aufl. läßt er das Kapitel mit Tickells Allegorie schließen), zugleich aber auch Pope höchstes Lob erteilt. – Schon 1728 hatte Gottsched im »Biedermann« davor gewarnt, das Wesen des Schäfergedichtes mit der bloßen ländlichen Staffage von Milch, Käse, Hunden und Stäben zu verwechseln: es liege vielmehr in der Schilderung der urzeitlichen Unschuld, durch die es den gleichen moralischen Zweck erfüllt wie sein Gegenstück, die Satire.

Einen Begriff von der Heftigkeit, mit der man sich jetzt auch in Deutschland der Schäferpoesie als eines Streitobjektes bemächtigte, geben die fingierten Briefe des gleichen Jahrgangs, in denen die galante Schäfermode gegeißelt wird. Beide Spielarten eines veräußerlichten Schäferbildes, die überfeinerte und die bäurische, wurden zu Topoi der Kritik. *Ch. Mylius* veröffentlichte 1746 seine zuvor im ›Freygeist‹ erschienenen »Gedanken über die Verbesserung der Schäferpoesie« in den Hallischen ›Bemühungen‹. Er empört sich über die jämmerlichen Schäferdichter, die, da sie die Alten nicht kennen, ihren Begriff von Schäfern an den »Bauerkerls« bilden und die arkadischen Fluren nach Paris oder Leipzig verlegen. Mylius schlägt vor, nach den besten antiken und modernen Dichtern eine musterhafte »Geschichte von Arkadien« als »symbolisches Buch« der Schäferdichter anzufertigen. Weiter gelangt die Argumentation bei dem jungen *Zernitz* (1748), den in der Einleitung zu seinen Gedichten das Verhältnis von Natur und Kunst beschäftigt. Mühsam suchen seine Alexandriner deren wechselseitige Abhängigkeit zu klären. Die Stufe, auf der der Verstand den Trieb zu beherrschen beginnt, bringt höhere Kultur, aber auch die Anlage zu Laster und Torheit. Der Dichter nun verbindet Natur und Kunst in dem erdichteten »System vom holden Schäferstand«.

Die idealistische Haltung des Gottschedkreises läßt es als paradox erscheinen, daß gerade Gottsched dem Vorwurf des derben Realismus ausgesetzt war. Jedoch konnte dieser sich auf das Rustikale in seinem Schäferspiel »Atalanta« und vor allem in dessen Nachahmung beziehen. Die Streitschrift, in der dieses Thema aufgeworfen wurde, krönte eine Reihe ironischer Dispute in den von *J. A. Schlegel* und seinen Freunden herausgegebenen ›Neuen Beyträgen‹ (Jg. 1744/45). Anlaß war Priors »Verzweifelnder Schäfer«, der seiner spröden Phyllis warnend das Schicksal des Myrtill erzählt: von seiner Geliebten zurückgewiesen, starb er augenblicklich. Eine Parodie »Die Mitleidige Schäferinn« läßt diese an Reue sterben. Die so gemahnte Phyllis richtet nun an den Verfasser dieses Gedichts ein höchst witziges und graziöses Schreiben, in dem sie sich die Erpressung verbittet und Gelegenheit nimmt, die zahlreichen Mißstände in Arkadien anzuzeigen: Die Arkadier sind verkleidete Hausknechte und Näthermädchen. Die Schäfer langweilen die Schäferinnen durch ihre faden Erzählungen und ihre Schlafsucht, während diese dazu neigen, die Liebhaber zu prügeln. Als Antwort erhält Phyllis von Nisus, »einem Schäfer in den Kohlgärten einem Dorfe vor Leipzig« den Traktat »Vom Natürlichen in Schäfergedichten«. In diesem unterhaltenden, mit vielen Anmerkungen illustrierten Schreiben beweist Nisus der Phyllis, daß sie keinen Begriff vom natürlichen »Schäferlichen« habe. »Gleich euer Nähen sieht so verzweifelt städtisch aus... Eine Schäferin kann auch nähen, aber sie muß alsdann sagen: Sie flicke ihr altes Hemde, oder sie setze in ihren Schäferrock einen Lappen ein, oder sie säume ihn, weil sie ihn abgeschlumpert habe. So läßt es wirthschaftlich!« Indem er Details wie Molken und Dünger als wichtigste Ingredienzien der Schäferdichtung aufzählt, polemisiert Nisus gegen den Geschmacksverderber Fontenelle. Gottsched und seine Anhänger werden überschwänglich gelobt. Ein Schäferspiel, das von Prügeln und Scheltworten strotzt, dient als Muster des Leipziger Geschmacks. Da diese Satire in Zürich erschien, wurde sie Bodmer zugeschrieben, der sie indessen von J. A. Schlegel selbst erhalten hatte. Die Konzeption des Schäfergedichts, die Schlegel hier im Zerrbild durchscheinen ließ, entwickelte er ausführlich in der Abhandlung »Von dem eigentlichen Gegenstande der Schäferpoesie«, die er seiner Übersetzung von Batteux' »Traité des beaux arts« (1751) anfügte. Eine streng idealistische, an Fontenelle orientierte Auffassung des Schäfergedichts sucht sich darin als System auszukristallisieren. Schlegels schärfere Formulierung der idealistischen Theorie machte ihn für einige Jahre zur Autorität in Fragen der Schäferpoesie. Ihr unheilvolles Schwanken zwischen Derbheit und Witz erklärt er aus der Unbestimmtheit der Begriffe, die zur Verwechslung von Ekloge und Landgedicht verleitet. Nur dieses darf sich mit dem wirklichen Landleben beschäftigen. Die Spannung zwischen Realität und Fiktion versucht Schlegel aufzuheben, indem er postuliert, der Geschmack erwarte hier keine Ähnlichkeit, sondern beurteile die Nachahmung »nach einem idealen Muster«. So definiert er den Inhalt der Idylle als »die sanften Empfindungen einer glückseligen Lebensart, denen eine einfache, weder heroische noch lächerliche, sondern natürliche Handlung zum Grunde liegt; und die in der für sie gehörigen Scene, in der reizenden Scene der Natur, aufgestellet werden«. Schlegel benutzt das Boileau-Batteuxsche Nachahmungsprinzip dazu, die von ihm erstrebte verfeinerte Schäferpoesie zu motivieren: es gibt eine kombinatorische Art der Imitation, wie sie zu den Fabelgestalten geführt hat; mit ihrer Hilfe kann der Dichter die angenehme Gesittung der Stadt mit dem Reiz des Landlebens vereinen. In der Schätzung des Verfeinerten geht Schlegel weiter als seine deutschen Vorgänger: er lobt Gressets Vergilkorrekturen und die »feinen Empfindungen« von Fontenelles Schäfern, die sonst schon als Exempel der Unnatur galten. Die 1. Ausgabe nennt als antikes Vorbild nur Vergil. Wie stark dieser entschiedene Traktat auf das Urteil der Zeit einwirkte, zeigen die fast ängstlichen Entschuldigungen, mit denen Gellert den Neudruck seines Schäferspiels »Das Band« begleitet.

Die Ansätze zu einer wirklichkeitsnäheren Hirtendichtung stehen der idealistischen Theorie nicht als geschlossene Front gegenüber, sondern sind eher Abweichungen innerhalb ihrer selbst. Neben Schlegels Batteux-Ausgabe tritt die von Ramler (1756/58), die gleichfalls mit eigenen Zusätzen des Übersetzers versehen war. Ramler ersetzte Batteux' kurze Bemerkungen über die Schäferdichtung durch die längeren Ausführungen in dessen »Cours de belles lettres« von 1747 und ergänzte die Beispiele durch deutsche Werke. Batteux' Definition des Schäfergedichtes als »Nachahmung des Landlebens, mit allen Reizungen vorgestellt, die ihm möglich sind«, hält sich ebenso an die idealistische Tradition wie das Lob Fontenelles, Segrais' und der Deshoulières; davon hebt sich aber ab die positive Einstellung zu Theokrit. Im Gegensatz zu Fontenelle werden Moschus, Bion und selbst Vergil gegenüber Theokrit abgewertet. Ramler verstärkte diese Tendenz. Ein erwachendes Theokritinteresse bekundete sich in diesen Jahren darin, daß wie Ramler sich mehrere Autoren an der Übersetzung seiner Gedichte versuchten. Die erste vollständige deutsche Ausgabe veröffentlichte Lieberkühn 1757; ihre Fehler und ihr metrisch-stilistisches Ungeschick forderten indes Lessings harte Kritik heraus.

Bei *Bodmer* und *Breitinger* läßt sich eine gewisse, wenn auch nicht klare Entwicklung zu Theokrit hin beobachten. Nicht nur Fontenelles »vernünftigen und delicaten Discurs« rühmen die ›Discourse der Mahlern‹ (II, 5), sondern auch seine sonst meist geringschätzig behandelten Eklogen. Sie schließen sich seinen Kriterien an, wenn sie Prunk, Manierismus und Grobheit an der zeitgenössischen Schäferdichtung verurteilen. Die ›Neuen Critischen Briefe‹ von 1749 bringen dann verschiedene Äußerungen zum Thema der Schäferpoesie. Mehrere Briefe berichten die Geschichte der römischen Dichtergesellschaft Arkadia, deren poetische Überformung der Wirklichkeit nun schon als etwas Fremdes, zu Erläuterndes dargestellt wird. Der Vergleich motivähnlicher Gedichte von Pope und Fontenelle (36. Brief) ergibt kein allgemeineres Urteil über die beiden Idealisten. Es ist die Prüfung Gressets, die zu den entschiedensten Forderungen des neuen Geschmacks führt. Der Vergleich paralleler Stellen bei Theokrit, Vergil und Gresset zeigt, daß meist schon Vergil die Kraft und Anmut des Griechischen nicht hat wiedergeben können, Gressets Ausmerzung der vermeintlich anstößigen Stellen aber den Schäfer zum Hofmann verunstaltet. Herrscht wirklich noch ein Geschmack, der solche Verzärtelung fordert? »Wie wenn das, was sie *bäurische Grobheit* nennen, nichts anders als die lautere Einfalt des Landlebens wäre?« Schon kommt historische Interpretation zu Hilfe: was an Theokrit befremdet, kann die Altertumskunde aus seiner Zeit erklären. Diese Kritik fordert noch keinen sinnlichen Realismus; sie fordert die »edle Einfalt«, die die Zeitgenossen einige Jahre später endlich von Gessner als Geschenk empfingen.

Literatur:

Abhandlungen und Vorreden:

Hieronymus Vida: Poeticorum ad Franciscum... libri tres. 1520/ 27. – *Julius Cäsar Scaliger:* Poetices libri septem. Genf 1561.
Martin Opitz: Buch von der Deutschen Poeterey. Breslau 1624; hrsg. v. R. Alewyn. 1963. (Neudrucke dt. Literaturwerke. NF 8). – *Georg Philipp Harsdörffer:* Poetischer Trichter... Teil 2. Nürnberg 1648. – *Sigmund von Birken:* Teutsche Rede-bind- und

Dicht-Kunst. Nürnberg 1679. – *Daniel Georg Morhof:* Unterricht von der Teutschen Sprache u. Poesie. Kiel 1682. – *Magnus Daniel Omeis:* Gründliche Anleitung zur Teutschen accuraten Reim- und Dicht-Kunst. Nürnberg 1704.

René Rapin: Dissertatio de Carmine Pastorali. In: Eclogae. Nova ed. Paris 1723. – *Nicolas Boileau-Despreaux:* L'art poétique. Par Brunetière. Paris 1894. – *Bernard de Fontenelle:* s. S. 62. – *Charles Genest:* Dissertation sur la poésie pastorale ou de l'Idylle et de l'Eglogue. Paris 1707. In: Divers Traités sur l'Eloquence et sur la Poésie. Amsterdam 1717. – *Rémond de St. Mard:* Oeuvres. Amsterdam 1749. – *Jean-Francois Marmontel:* Oeuvres complètes. 1819/20. – *Pope:* s. S. 62.

The Guardian. London 1713. – Der Aufseher, oder Vormund. Aus. d. Engl. v. L. A. V. G[ottschedin]. Leipzig 1745.

Johann Christoph Gottsched: Critische Dichtkunst. Leipzig 1730 ([2]1737, [3]1742, [4]1751; fotomech. Neudruck der 4. Aufl. 1962). – Der Biedermann. 1728, Leipzig 1729, Neudruck Stuttgart 1975 (vgl. das. 65., 67., 69. Blatt). – *Christlob Mylius:* Gedanken über die Verbesserung der Schäferpoesie. In: Bemühungen zur Beförderdrung der Critik u. des guten Geschmacks. 15. Stück, Bd. 2, 1746, S. 641–647. – *Christian Friedrich Zernitz:* s. S. 60. – Neue Beyträge zum Vergnügen des Verstandes und des Witzes. Bd. 1, Stück 1, 1744, S. 97–99: Der verzweifelnde Schäfer; Bd. 1, Stück 5, 1745, S. 611–614: Die Mitleidige Schäferinn; S. 614–620: Schreiben der Phyllis an den Verfasser der mitleidigen Schäferinn; Bd. 2, Stück 2, 1745, S. 234–240: Antwortsschreiben des Verfassers der mitleidigen Schäferinn . . .; S. 240–244: Die Auferweckten.

[*Johann Adolf Schlegel:*] Vom Natürlichen in Schäfergedichten wider die Verfasser der Bremischen neuen Beyträge verfertigt vom Nisus, einem Schäfer in den Kohlgärten einem Dorfe vor Leipzig. Zürich 1746. – [*Charles Batteux:*]Traité des beaux arts réduits à un même principe. 1746; Herrn Abt Batteux Einschränkung der Schönen Künste auf einen einzigen Grundsatz; aus d. Französ. übers. u. mit verschiednen eignen damit verwandten Abhandlungen begleitet v. Johann Adolf Schlegeln. Leipzig 1751 ([2]1759, [3]1770); Einleitung in die schönen Wissenschaften. Nach d. Französ. d. Herrn Batteux, mit Zusätzen vermehrt v. K. W. Ramler. Leipzig 1756/58.

Christian Fürchtegott Gellert: Vorbericht in: Gellerts Lustspiele. 1747 (Neuausg. als Bd. 3 der Sämmtl. Schriften, 1774; Faks.-Neudr. d. Ausg. v. 1747 erschien 1966). – Die Discourse der Mahlern: s. S. 62; vgl. Teil 1: Disc. VII u. XIX, Teil 2: Disc. V. u. I. – Der Mahler der Sitten, 2 Bde. Zürich 1746. – Neue Critische Briefe: s. S. 61; vgl. Brief 5, 8, 15–18, 36, 37, 44, 48, 70. – *Jean Baptiste Dubos:* Réflexions critiques sur la poésie et sur la peinture. Utrecht 1732.

Übersetzungen: Christian Gottlieb Lieberkühn: Die Idyllen The-
krit's, Moschus' u. Bions'. Berlin 1757; Die Hirtengedichte des
Publ. Vergilius Maro. Berlin 1758. (vgl. Lessing: Sämtl. Schriften,
hrsg. v. Lachmann/Muncker, ³1891, Bd. 7, S. 84–103 ([E in: Bibl.
d. Schönen Wiss. u. freyen Künste. 1758, Bd. 2, Stück 2, S. 366–
396].) – *Friedrich Grillo:* Idyllen aus d. Griech. des Bion u. Moschus. Berlin 1767.

Darstellungen: Br. Markwardt: Geschichte der dt. Poetik. Bd. 1:
Barock u. Frühaufklärung. 1758; Bd. 2: Aufklärung, Rokoko,
Sturm u. Drang. 1956. – *O. Netoliczka:* s. S. XIII; *N. Müller:* s.
S. XIII; *J. E. Congleton:* s. S. XI – *S. Bing:* Die Naturnachah-
mungstheorie bei Gottsched u. den Schweizern u. ihre Beziehung zu
der Dichtungstheorie der Zeit. Diss. Köln 1934.
Ch. Hogsett: On Facing Artificiality and Frivolity. Theories of
Pastoral Poetry in Eighteenth 'Century France. In: Eighteenth
Century Studies 4, 1971, S. 420–436.

2. Gessner und sein Umkreis

A. Gessner

Worin die befreiende Wirkung von *Gessners* »Idyllen«
(1756) lag, darauf führt sehr deutlich die Würdigung, die
ihm *Mendelssohn* in seiner Rezension des Schlegelschen Trak-
tats (1760) zuteil werden läßt. An seiner Erwiderung interessiert die Wandlung der kritischen Methode, die *Herder* in
seiner eigenen – Schlegels Ausführungen als »Supplemente
zu einer Theorie, die keine Theorie ist«, vernichtenden – Be-
sprechung (1772) hervorhebt: »Der Eine [*Mendelssohn*] sucht,
nach den mehresten und besten Datis von Idyllen eine Ab-
straktion des Idyllenartigen überhaupt: der zweite [*Schlegel*]
hat Paradies, und ursprüngliche Menschheit und Glückseligkeit
im Sinne; und liest mit diesem Wegweiser unter den besten
Idyllendichtern das aus, was für ihn dient«. *Mendelssohn* kann
das induktive Verfahren wählen, da er sich nun außer auf die
antiken Modelle auch auf ein überzeugendes deutsches Beispiel
stützen darf. Mit Hinweisen auf Theokrit, Vergil und Gessner
bekämpft er die Ansicht, die Idylle müsse »sanfte« Empfindungen und »reizende« Naturszenerie bieten. Seine eigene Theorie gründet sich auf den Begriff der »kleineren Gesellschaften«
als Gegenstand des Schäfer- wie des Landgedichts. »Das Land-
volk, Schäfer, Jäger, Fischer u. d. g., sind Leute, die als Familien und Freunde unter einander leben, keine höhere gesellschaftliche Verhältnisse kennen, und wenn sie auch durch geheime Bande mit einem großen Staate verknüpft sind, so sind

diese Bande doch so versteckt, daß sie der Dichter unsern Augen völlig unsichtbar machen kann.« Die Poesie kann nun entweder die Lebensweise oder aber die Empfindungen dieser kleinen Gesellschaften schildern, und zwar beide wiederum entweder nach der Natur oder nach dem Ideal. So entstehen vier Arten von Gedichten, deren vierte die »wahre Idylle« ist, nämlich »der sinnlichste Ausdruck der höchst verschönerten Leidenschaften und Empfindungen solcher Menschen«. Das Geheimnis der wahren Idylle sieht Mendelssohn darin, daß der Dichter zwar die *Empfindungen* der Personen veredelt, aber ihrer Lebensform die *vestigia ruris* läßt. Darin eben ist Gessner vorbildlich, dessen Hirten erhabene Gesinnungen mit ländlicher Natürlichkeit vereinen.

In der Terminologie eines noch unter dem Druck der Tradition stehenden Systems spricht sich hier aus, was Gessners Idyllen von den früheren Versuchen des 18. Jhs. unterscheidet, wodurch es ihm gelingt, aus den Trümmern der fragwürdig gewordenen bukolischen Dichtart eine neue Gattung zu schaffen. Theorie und Praxis dieser Dichtart waren in den vorangehenden Jahrzehnten von der Spannung zwischen Fiktion und Realität bestimmt. Die Theorie erhob die Forderung nach einem idealen Schäfergedicht, für das man teilweise realistische Züge wünschte. Für ein idealistisches Schäfergedicht gab es jedoch kein bedeutendes Beispiel, wie es etwa die Engländer bei Pope finden konnten, sondern die dichterische Praxis schwankte zwischen allegorisch-spielerischer Erfindung und ephemeren realistischen Ansätzen; eine Natürlichkeit, die sich dem idealen Grundzug vermählen konnte, kannte nur das lehrhafte Landgedicht. Gessner nun befriedigte beide Bedürfnisse, das nach Idealität wie das nach Natürlichkeit, indem er beide Gattungen verschmolz, vor allem aber, indem er für den Charakter der Idylle ein neues Kriterium fand: nicht mehr der poetologische Kanon des »Schäfermäßigen« ist es, an dem er sich orientiert, sondern das *Empfinden.* Die Verlagerung des Wahrheitskriteriums ins Subjektive deutet sich in der Vorrede an: die Gemälde aus dem goldenen Weltalter, aus der unverdorbenen Natur gefallen, »weil sie oft mit unsern seligsten Stunden, die wir gelebt, Ähnlichkeit zu haben scheinen«: nämlich mit den Stunden einsamer Naturentzückung. Der Glaube an die Konstanz der Natur als einer »milden Mutter«, die in der Urzeit unbeschränkt herrschte und der man sich auch heute noch nähern kann, kommt Gessners Idyllen in doppelter Weise zugute. Er hebt die grundsätzliche Distanz zwischen idealer und realer Welt auf. Auch Gessner wagt sich in seiner Vorrede, deren Verwandtschaft mit Gottscheds Ausführungen man oft bemerkt hat, kaum aus den Grenzen der idealistischen Tradition. Er verbannt den Landmann der Gegenwart aus der Idylle und hält es allenfalls für möglich, in seiner Denkart und seinen Sitten »sonderbare Schönheiten« zu finden, denen der Dichter jedoch »ihr Rauhes zu benehmen wissen« muß, »ohne den ihnen eigenen Schnitt zu verderben«. Doch die Berufung auf das *Naturgefühl* als oberste Instanz läßt diese Probleme, über die Gessner im übrigen unterschiedliche Ansichten geäußert hat (vgl. seinen Brief an Gleim vom Nov. 1754), als akzidentell erscheinen. Zugleich verleiht es den Idyllen jene innere Überzeugungskraft, durch die sie das Publikum gewinnen. Die Landschaft bietet dem neuen Naturenthusiasmus Nahrung, die Menschen zeugen von jenem »Natürlich Guten«, an das zu glauben man sich eben anschickt: was so in der Seele widerklang, mußte dem Leser als »natürlich« erscheinen und die alten Fragen, ob dieser oder jener Umstand »hirtenmäßig« sei, vergessen lassen. »Einfalt der Natur«, »Natur und die Empfindungen der Unschuld« – das ist auch das Leitmotiv von Gessners Bekenntnis zu Theokrit, dessen Entschiedenheit ihn am stärksten von seinen Anregern unterscheidet. Als Gessner 1754 seinen Schäferroman »Daphnis« schrieb, nannte er außer Longos noch beide antiken Idyllendichter als seine Vorbilder: jetzt ist von Vergil nicht mehr die Rede. Auffallend ist, daß Gessner zwar an Theokrit Naturnähe und Einfalt rühmt, ihn aber dennoch nicht als Vertreter einer naiven Poesie sieht, sondern als Künstler, der die Naivität seiner Hirten bewußt erzeugt hat: »er hat die schwere Kunst gewußt, die angenehme Nachlässigkeit in ihre Gesänge zu bringen, welche die Poesie in ihrer ersten Kindheit muß gehabt haben«. Der Blick für das Artifizielle in Theokrit zeigt, daß Gessners Glaube, ihm nachzufolgen, nicht ganz so unbegründet war. Auch bei ihm ist das konstitutive Merkmal der Gattung, das Spannungsverhältnis von Naivität und Bewußtsein, deutlich spürbar, wenngleich schwierig zu bestimmen.

Wenn die sentimentalische Wurzel der arkadischen Sehnsucht bei den meist Idyllendichtern unschwer aus ihren Lebensbedingungen, ihren seelischen Anlagen, den Zeitumständen zu deuten ist, so ist sie in Gessners Biographie schwieriger aufzuspüren. Vielmehr scheint sein Leben ein seltenes Beispiel fast bruchloser Übereinstimmung von Wunsch und Verwirklichung. (Vgl. dazu aber die Gegenargumente von *E. Th. Voss* und *M. Bircher,* die ein grundsätzliches

Spannungsverhältnis zwischen Gessner und seiner Umwelt annehmen.) Die Harmonie zwischen der Welt von Gessners Idyllen und seinem Lebenskreis hat schon die Zeitgenossen frappiert. Eine idyllische Epoche erlebte der Knabe in Berg am Irchel, wo sich der auf dem Gymnasium gescheiterte Patriziersohn notdürftig ausbildete und mit der ländlichen Natur vertraut wurde. Fruchtbar verlief aber auch sein Aufenthalt in Berlin, wo er bei Spener den Buchhandel erlernen sollte, sich aber stattdessen der Malerei und der Literatur ergab. Glücklich war sein weiteres Leben in Zürich, wo er sich als Verleger und Graphiker betätigte, sein eigentliches Interesse aber in einem ausgedehnten, lebendigen Freundeskreis fand. Mehrere städtische Ämter vermochte er zur Zufriedenheit zu verwalten, darunter das eines Aufsehers über den Sihlwald, das seine späteren Sommer mit idyllischer Szenerie umgab: die Familie verlebte sie im dortigen Forsthaus, das die Besucher als »romantische Einsiedeley« in »wahrhaft arcadischer Wildniß« rühmten; die Familie selbst hatte das Bewußtsein eines »Idyllenlebens«. Der wirtschaftliche Zusammenbruch, der aus Gessners Beteiligung an der Porzellanfabrik in Schooren entstand, traf die Familie ganz erst nach seinem Tode.

Deutlicher begründet sich das Ineinander von Naivität und Bewußtsein aus Gessners geistiger Struktur. Die biographischen Zeugnisse weisen auf einen Mangel an intellektueller Begabung, die den Dichter indes ebenso wenig kümmerte wie sein finanzielles Ungeschick. Über das Dilettantische seiner Malerei war er sich zwar durchaus im Klaren und versuchte es durch späte Schulung zu verbessern, doch war es ihm kein Anlaß zu verzweifelter Bemühung. Gessner beherrschte zwar das Französische, bedauerte aber, die Engländer nicht im Original lesen zu können; die lateinischen Dichter las er mühsam, die griechischen gar nicht. Andererseits aber war er in einem subtilen Sinne gebildet, indem er, namentlich durch das Medium seiner Freunde, Literatur und Kunst mit großer Sensibilität assimilierte. In Berlin verkehrte er, außer bei Sulzer, in einem von dem Zürcher Theologen Schulthess gegründeten Klub, wo man sich mit Malerei und Poesie beschäftigte. Wichtig wurde für Gessner der dichtende Ästhetiker Ramler. Durch ihn wohl wurde Gessner mit Theokrit vertraut; er soll es gewesen sein, der dem noch mit dem Dialekt kämpfenden Schweizer riet, »seine Verse in eine wohlgefügte, harmonische Prose umzugießen« (Hottinger). Durch Ramler und Schulthess kam Gessner in den Bannkreis der anakreontischen Dichtung. Deren Meister, Gleim und Hagedorn, besuchte er auf der Rückreise in die Schweiz (1750). In Zürich schloß er sich dann jenen jungen Leuten an, die Klopstocks Besuch geprägt hatte. Auch hier bildete sich ein Klub, die ›Dienstags-Compagnie‹, die sich kritisch-literarisch in der Zeitschrift ›Crito‹ erprobte (1751). Bodmer protegierte sie, obgleich er dem Kreis nicht ohne Distanz gegenüberstand. Zu ihm gehörten Schinz, Werdmüller, Tobler und vor allem J. C. Hirzel, der sich mit wissenschaftlichem Interesse dem Landleben zuwandte: das Mustergut des Jacob Guyer (Kleinjogg) schilderte er als »Wirthschaft eines philosophischen Bauers« (1761). Bodmer, dessen Werke der Kreis verehrte, gewann Gessner durch die »naive Unschuld« seines »Daphnis«; 1757 durfte er ihn mit Wieland zu einem ländlichen Aufenthalt in die »föhrene Hütte« des Arztes Zellweger in Trogen begleiten; auf seinen Wunsch ließ er 1768 den Idyllen im »Tod Abels« eine Art Patriarchade folgen. Am wichtigsten wurde die persönlich vermittelte literarische Rezeption für Gessner, als 1752 E. v. Kleist als Werbeoffizier nach Zürich kam. Durch ihn sah sich Gessner auf die Thomsonsche Linie hingewiesen; in dem neuen, moralisch vertieften Naturgefühl fand sich ein Element, das die Anmut des Longos, die Natürlichkeit Theokrits, das anakreontische' Spiel und den hieratischen Ton Klopstocks und der Bibel zu einer schwebenden Einheit zusammenzufügen vermochte. Die genaue Untersuchung der künstlerischen Mittel, durch welche die verschiedenartigen Stiltendenzen der Epoche versöhnt werden, könnte am tiefsten in das Verständnis Gessners hineinführen. Sie müßte insbesondere von den sprachlichen Elementen ausgehen, die jene subjektive Gefühlslage erzeugen, in der das objektiv Widerstrebende zusammenfließt. Indem er sich nach dem Schäferroman der epischen Kurzform der Idylle zuwandte, hatte Gessner auch in anderer Hinsicht seine gemäße Ausdrucksform gefunden. Die legitime Armut der Idyllenhandlung ermöglichte es ihm, sich ganz dem räumlichen Charakter zuzuwenden, durch den die Gattung seine dichterisch-malerische Doppelbegabung anzog. Gestützt auf die Schweizer Poetiker, bekannte er sich, auch nach dem Erscheinen des »Laokoon« (1766), unbefangen zu der Verwandtschaft von Malerei und Poesie (vgl. den Brief an Ramler, 18. 4. 1772). Seine Gedanken über die bildende Kunst entwickelt Gessner im »Brief über die Landschaftsmalerei« und in Briefen an seinen Sohn Conrad.

Die Veränderungen, die das theokritische Modell bei Gessner erfährt, lassen sich etwa an der Idylle »Idas. Mycon.« ablesen. Mit Theokrits Id. I teilt sie das »bukolische Lagerungsmotiv«, den locus amoenus, das eingelegte Lied, den Preis für den Gesang. (Zum »Sängerwettstreit« vgl. »Lycas und Milon«.) Hügel, Schatten, Blumen, Felswand kennzeichnen auch diesen Anmutsort, doch ist er zum geweihten vertieft: die schattenspendende Eiche ist ein heiliger Baum, gepflanzt von einem Hirten als Zeichen der Dankbarkeit für Pan, der ihm die Herde gemehrt, damit er sie mit seinem armen Nachbar teilen kann. Dieses moralische Motiv ist das Zentrum der Idylle, die darin gipfelt, daß »des Redlichen Taten« mehr noch entzücken als die Schönheiten der Natur. Was hier rational unterschieden wird, fließt an anderen Stellen zusammen: Klopstocksche Wendungen drücken ein »heiliges Entzücken« aus, das aus der Natur empfangen wird, aus einer Natur, deren ständige Krümmung und Wölbung zu Lauben und Grotten, deren Schlängeln und Umwinden in Bächen, Laub und Kränzen andererseits die sinnliche Vertraulichkeit des Rokoko bewahrt. So hat man Gessner für diesen Stil in Anspruch nehmen wollen – eine Zuordnung, die wegen der deutlichen klopstockisch-religiösen Komponente, die das empfindsame Moment des Rokoko übersteigt, nur für einen Teil seiner Poesie gelten kann. Wichtig für diese Komponente ist die Idylle »Damon«. Daphne«, in der ein liebendes Paar angesichts einer Landschaft nach dem Gewitter seine Entzükkung stammelt. Die Korrespondenz von Seele und Natur bestimmt auch das »schauernde Entzücken«, mit dem der melancholische Liebhaber unter schwarzen Tannen und zerrissenen Felsen umherirrt (»Der veste Vorsaz«). Die Verwandlung der einbezogenen anakreontischen Staffage wird im Gespräch der »Zephyre« sichtbar. Die antiken Götter sind moralisiert, ohne doch ihre Lebenslust zu verlieren: Pan, der als göttlicher Beschützer der Redlichkeit und Unschuld fungiert, gebärdet sich an anderen Stellen antikisch als Verfolger der Nymphen. Wie die Mythologie, so verbindet auch die Landschaft verschiedene Elemente zur Einheit: die Reste mediterraner Idyllenlandschaft fügen sich bruchlos an die nördlichen, aus Gessners eigener Anschauung entnommenen Ansichten. Die rokokohafte Vorliebe für das Kleine und Zierliche vereinigt sich mit detaillierter Naturbeobachtung, die sich von Brockes' Vorbild durch den Sinn für das Maß poetischer Genauigkeit unterscheidet (»Als ich Daphnen auf dem Spaziergang erwartete«). Die neue Schulung des Blicks zeigt sich in der Wiedergabe der winterlichen Atmosphäre (»Daphnis«), die sich jedoch mit dem Topos vom rauhen Winter als Freund der Liebe verschlingt. Die Untersuchung solcher Spannungen bietet der Einzelinterpretation von Gessners Idyllen noch viele Möglichkeiten, wie auch die Analyse des Aufbaus, der Sukzession der Bilder, der Motivauswahl und der Landschaftsformen. Zu erörtern wäre auch das Verhältnis, in dem Gessners so oft als »Schattenwesen« getadelte Personen zur Naturauffassung der Idylle stehen. Ihr Mangel an Individualität scheint nicht nur aus der vereinheitlichenden Moralisierung zu entspringen, sondern auch mit der bei Gessner stark betonten Geschichtslosigkeit der Idylle zusammenzuhängen. Mannigfach kehrt bei ihm die Parallelisierung des menschlichen Lebens mit dem Kreislauf der Natur wieder (»Palemon«, »Tityrus. Menalkas«). Eine Untersuchung des für die Idylle so wesentlichen Verhältnisses zwischen Zeit, Raum und Bewegung müßte hiervon ausgehen. Wichtig für dieses Problem wäre auch Gessners Gestaltung der von Theokrit übernommenen Kunstbeschreibungen (»Der zerbrochene Krug«) und seine Vorliebe für die von der ovidischen Sagenelegie angeregten Aetiologien (»Der erste Schiffer« u. a.).

Die Versöhnung von Realität und Fiktion erweist sich darin, wie mühelos der Dichter sein eigenes Leben in die Welt seiner Idyllen einbeziehen kann. »Der Wunsch« gliedert das Schema des horazischen Landgedichtes der Idylle ein: auf dem Hintergrund der bekannten Invektiven gegen die Stadt und gegen unsinnige Formen des Landlebens malt sich der Dichter sein kleines Landhaus aus, seinen Garten, seine Spaziergänge, seine Unterhaltung mit den Landleuten, seine Lektüre und geistige Tätigkeit. Das eigene Leben, hier unmittelbar genannt, wird im »Herbstmorgen« durch griechische Namen und literarische Motive wie »Hütte« und »Leier« verkleidet. Daß aber dieser Unterschied vor dem Gemeinsamen dieser poetischen Welt völlig zurücktritt, zeigt, worauf sich ihre Einheit gründet: auf die Wahl der Naturausschnitte und der ihnen korrespondierenden »Naturformen« des menschlichen Lebens, die in jeder Umwelt und damit auf jeder literarischen Ebene gültig sind.

B. Die Wirkung Gessners

»L'on cherche le point d'équilibre où la pastorale recevrait les vives couleurs de la réalité tout en conservant son ciel limpide; l'on poursuit l'image d'un univers où toutes choses seraient régies par une fondamentale confiance« (J. Starobinski). Dieser Sehnsucht des 18. Jhs. verdankt Gessner die schwärmerische Verehrung seiner Zeitgenossen. Von ihr sprechen die zahlreichen Übersetzungen in fast alle europäischen Sprachen, das Walisische, Sizilianische, Serbische eingeschlossen. Die Zeugnisse dieser Begeisterung sind in der Gessner-Literatur zusammengestellt; es mag genügen, an Winckelmann zu erinnern, der sich am Golf von Salerno durch einen Reisegefährten die Idyllen vorlesen ließ, und an Rousseau, der trotz heftiger Krankheit das ihm übersandte Buch in einem Zuge durchlas und sich noch einen Frühling wünschte, um mit Gessners »charmants pasteurs« seine Einsamkeit zu teilen (1761). Im Namen Rousseaus ist die geistige und seelische Strömung bezeichnet, von der Gessner getragen wurde und zu der er sich selbst in der Vorrede zu den Idyllen bekennt: »Sie [die Bewohner des Idyllenlandes] sind frey von allen den Sclavischen Verhältnissen, und von allen den Bedürfnissen, die nur die unglückliche Entfernung von der Natur nothwendig machet . . .«

Diese Worte sind noch ohne Kenntnis von *Rousseaus* Schriften verfaßt; erst die »Nouvelle Héloise« (1761) fand im literarischen Zürich starken Widerhall. Ihre Schilderung des Mustergutes auf der Insel von Clarens ist von großem Interesse für das Verhältnis von Idylle und Utopie, wie St. Preux' Reise durch das Wallis für die Geschichte des Naturgefühls. Das erste große Beispiel einer ganz vom subjektiven Bewußtsein getragenen Idylle ist dann die 5. der »Rêveries d'un promeneur solitaire« (1777; E 1782), die das einsame Leben des Flüchtlings auf der Petersinsel im Bielersee beschreibt.
Es war der durch Rousseau vorbereitete französische Geist, der Gessner zuerst Verständnis entgegenbrachte. Als erstes Werk wurde in Frankreich »Der Tod Abels« bekannt, von *M. Huber* in Zusam-

menarbeit mit dem Finanzminister Turgot übersetzt: im gleichen Jahr (1760) wurden drei Auflagen notwendig. (Dieses Werk war es auch, durch das Gessner starken Einfluß auf das englische Publikum gewann, dem es schon 1761 durch die Übersetzung von Mrs. M. Collyer zugänglich wurde.) Den gleichen Beifall fand Hubers Wiedergabe der Idyllen (1762). In der ›Correspondance Littéraire‹, einem handschriftlich verbreiteten Journal, das die europäischen Höfe über das Pariser literarische Leben unterrichtete, lobte *M. Grimm* außer den Vorzügen der douceur, fraîcheur, délicatesse und sensibilité die sittliche Wirkung der Idyllen. Ähnlich urteilte *Florian*, der seine Hirtenromane »Galatée« und »Estelle« dem »Daphnis« nachbildete. Positive Kritiken erschienen im ›Mercure de France‹, im ›Avancoureur‹, in der ›Année Littéraire‹. Durch den Übersetzer der zweiten Idyllensammlung, *H. Meister,* bat *Diderot* den Dichter, zwei eigene Erzählungen im gleichen Band erscheinen lassen zu dürfen. Wie fundamental aber die Diderotsche Spielart der Ursprünglichkeitssehnsucht von der Gessnerschen unterschieden ist, zeigt sein 1775 verfaßtes »Supplément au Voyage de Bougainville«, das den utopischen Zustand vollkommner erotischer Freiheit, den ein utilitaristisches Fruchtbarkeitsprinzip rechtfertigt, als Unschuld einer Südseeinsel maskiert. Die Kreise der lettrés, die den Ton der französischen Gessnerbegeisterung angaben, waren die gleichen, bei denen einige Jahre später der von Rousseaus Freundin, Mme de Houdetot, protegierte Auswanderer *Crèvecoeur* Beifall fand. Seine »Letters from an American Farmer« (1782) verherrlichen die Frische des Lebens, das Natur und demokratische Lebensform den Siedlern des neuen Kontinents gewähren. Dem Geschmack der Salons schloß sich eine Reihe von Literaten und Dilettanten an, die sich einer eigentümlichen Übung hingaben: Gessners (wie auch Hallers und Thomsons) Werke wurden frei wiedergegeben, umgestaltet, in Verse gebracht. Die bekanntesten dieser Gessner-Imitatoren sind *Léonard* und *Berquin,* die sich der Versform, *Maréchal, Leclerc* und Mlle *Levesque,* die sich der Prosa bedienten. Alle diese Dichter empfanden sich als »modern« gegenüber der konventionellen Schäferpoesie im Sinne von Fontenelle, die indessen noch zuweilen nachklang. Das »Moderne« bestand in dem neuen Gefühlsreichtum, der sich aber nur auf die Tugend, kaum, wie bei Gessner, auf die Natur richtete. So wird bei Léonard die Schilderung des reizenden Badeplatzes in »Daphne und Chloe« auf die Feststellung seiner Verborgenheit reduziert. Nur Mlle Levesque, die sich von der Bindung an bestimmte Gessnersche Vorlagen löst, versucht sich in der Kunst kleiner Naturzeichnungen. Auch in der französischen Idylle findet sich eine punktuelle Hinwendung zur ländlichen Wirklichkeit. Diese kann sich allerdings auch mit der älteren Tradition verbinden: so benutzt Berquin das Motiv der Aussaugung durch die Steuerbeamten zur Huldigung gegenüber Turgot, der dem geplünderten Paar helfen wird. Ähnlich treten Laterna magica und Fernrohr als moderne Requisiten neben Hirtenstab und Blumenkörbchen, dienen aber konventionellen Themen. Interessant ist an diesen puristisch stilisierten Hirtendichtungen ein Bewußtsein des Abschieds. Léonard fleht in einem Epilog die Götter an, ihm die »illusion champêtre« zu lassen, muß aber erkennen, daß der Mensch in Stadt oder Land gleich hinfällig sei: »Son bonheur que j'ai peint, n'était que dans mes vers. / Et le monde à mes yeux rentre dans le néant.« – Die Zerstörung der Idylle beherrscht dann diejenigen französischen Werke, in denen, bedeutender als in diesen Variationen der Gattung, ihr Geist fortlebt: in *Bernardin de St. Pierres* »Paul et Virginie« (1788) und in *Lamartines* »Jocelyn« (1836). Bernardin de St. Pierre verlegt den idyllischen Raum aus der fiktiven in die geographische Ferne: auf der Ile de France (Mauritius) läßt er zwei Kinder in unschuldiger Liebe heranwachsen. Das junge Mädchen, nach Europa berufen, kann sich dem Zwang der Konvention nicht beugen und wird trotz der stürmischen Jahreszeit zurückgeschickt. So verliert es in einem Schiffbruch sein Leben, und alle Angehörigen sterben ihm nach. Im »Jocelyn« fällt die Idylle der Liebenden, in deren Hintergrund die Revolution steht, der Religion zum Opfer. Erst im 19. Jh. (ab 1819) wurden jene französischen Eklogen bekannt, die, obgleich auch von ihm angeregt, im Gegensatz zu der von Gessner ausgelösten Welle empfindsamer Idyllik ganz dem antiken Modell folgten: ihr Verfasser war der junge, 1794 auf der Guillotine gestorbene Dichter *A. Chénier*. Seine klassische Sprache evoziert eine griechische Hirtenwelt von strenger Höhe.

Wenn M. Grimm sich über die vielen jugendlichen Gessnernachahmer entrüstete (Corr. Litt. VIII, S. 241), so gelten seine Worte auch für Deutschland. »Die idyllische Tendenz verbreitete sich unendlich. Das Charakterlose der Gessnerschen, bei großer Anmut und kindlicher Herzlichkeit, machte jeden glauben, daß er etwas Ähnliches vermöge«, sagte Goethe rückblickend (»Dichtung und Wahrheit«, 2. Teil, 7. Buch). Ein Zeugnis dieses Idylleneifers ist die von *K. Schmidt* herausgegebene Sammlung »Idyllen der Deutschen« (1774/75), die Werke von Gessner, Rost, Grader, Blum, Gleim, Collins, Willamov, Gerstenberg, Hagedorn, K. Schmidt, J. F. Schmidt, Götz, Wernike, Schröder und der Karschin enthält. Aus der Einleitung, die, wie häufig bei Idyllendichtungen, an eine Dame gerichtet ist, spricht einerseits doch der galante Geist der vorgessnerschen Bukolik, andererseits der Gessnersche Tugendernst. Diesem Übergangsgeschmack gemäß werden Kleist und Rost in einem Atem genannt. *Kleist*, den Gessner im »Wunsch« als Lieblingsautor anruft, widmete dem Freund die bedeutendste seiner zarten, meist schwermütigen Idyllen, den »Irin«: Die Lehren des alten Fischers, der an einem schönen Sommerabend seinem Sohn auf einer Kahnfahrt seine Lebensweisheit vermacht, zeigen die Gessnersche Korrespondenz von Humanität und schöner Natur.

Von den eigentlichen Nachahmern Gessners ist der weitaus interessanteste *F. X. Bronner*. Sein Leben, über dessen erste Hälfte er in drei sehr lesenswerten Bänden berichtet hat, spiegelt den Kampf zwischen Aufklärung und Katholizismus, wie er sich in Süddeutschland vollzog. Auf der Jesuitenschule, wo man noch kaum deutsche Bücher las, aber noch konventionelle Schäferspiele veranstaltete, erhielt er den »Tod Abels« als Prämie und wurde durch die Lektüre einiger Idyllen zu eigenen Versuchen angeregt. In Zürich schloß er Freundschaft mit Gessners Sohn Heinrich, der ihn ermutigte, seine Idyllen Gessner vorzulegen, der dann die erste Sammlung mit einem Vorwort versah und verlegte (1787). An Bronners zahlreichen Idyllen fällt die Fixierung auf ein einziges Thema, das Fischerleben, auf, um das auch die nach langer Pause folgenden »Lustfahrten ins Idyllenland« (1833) kreisen. Bronner selbst hat diese Fixierung zu begründen gesucht: aus seiner Klosterzelle blickte er auf eine Flußlandschaft, die er – einzige Ausflucht aus der Oede seines Daseins – durch Phantasien belebte. Eine objektive literarische Rechtfertigung unternahm sein »Versuch einer kurzen Geschichte des Fischergedichtes« (Schriften, Bd. II), der die poetischen Möglichkeiten des Fischerberufs gegen Fontenelle verteidigt. Seine Argumente kommen jedoch nicht als Erklärung für die Faszination auf, die das Wasser als Element auf diesen Geist ausübt. Mitunter regt sie die Sprache zu subtiler Ausdrucksfähigkeit an, so im »Traum«, in dem eine Göttin dem Dichter das Panorama seines ganzen poetischen Wasserreiches entrollt. Im übrigen suchen naturwissenschaftliche und historische Kenntnisse mit den von Gessner ererbten Landschaftsbildern und humanen Empfindungen einen Bund einzugehen, doch gelangen im Unterschied zu Gessner die verschiedenen Schichten dieser Welt, in der sich aufklärerisches Programm und versteckte Sinnlichkeit überkreuzen, nicht zur Einheit. So sind Bronners Gedichte – und das gilt für die ganze Gessnerschule – mehr seelengeschichtlich als poetisch interessant. Viele seiner Idyllen tragen autobiographische Züge, die er in der Lebensbeschreibung aufdeckt. Das macht sie zwiefach aufschlußreich. Die nur noch subjektive Überformung der Wirklichkeit zeigt eine Tendenz zur Mythisierung des Individuellen. Zum anderen läßt der enge Wirklichkeitsbezug die Eigentümlichkeit der Landschafts-Erfassung deutlicher beobachten (»Die Wanderer auf den Berg«). Umgekehrt bergen die Erinnerungen eine Fülle von Zeugnissen für die Einwirkung der Literatur auf die Wahrnehmung (»Fragment meiner Winterreise«).

Den sich an Gessner anschließenden Idyllikern ist die Ehrfurcht vor ihm gemeinsam. Er gehört zum Kanon der Schriftsteller, deren Lektüre das erträumte Landleben bereichert. Eine feinere Form der Huldigung führt ihn in die Idyllen selbst ein: »Seinen Gessner in der Hand«, hört ein väterlicher Gutsherr in den »Neuen Idyllen eines Schweizers« den Lobgesang seiner Bauern. Bei Gruber liest ein Reisender einem Hirten am Gotthard aus den Idyllen vor, der über ihre Wahrheit entzückt ist. Freilich kann seine Poesie auch als Kupplerin dienen, wie in Schreibers »Tagebuch meines Freundes«. Solche Beispiele beleuchten den zwiegesichtigen Charakter dieser Epigonendichtung, in der nicht nur Gessners neue Sensibilität, sondern auch reichen »Bukolischen Erzählungen« des weimarischen Hofmanns G. A. v. Breitenbauch (1763) stehen trotz der Berufung auf Gessner ganz in der Tradition höfischer Allegorie, wenn sie die Gestade Elmions [der Ilm] und die Nymphe Anna Amalia verherrlichen und Geburtstag, Reise, Feuerwerk in einer am Französischen geschulten, von Gessnerscher Melodie erhöhten Sprache umformen. J. Ch. Blum unterscheidet bei einem Gang durch die Landschaft der Dichtung die Matten des Tityrus vom Tal Anakreons, Gleims und Uzens, aber seine eigenen, in Madrigalversen gehaltenen Idyllen (1773) sind eher in diesem Tal zu Hause: die Najade hascht nach dem schönen Schlittschuhläufer, und noch den Greis verwundet der Pfeil der Liebe. K. Chr. Reckert verfaßte Idyllen (1771), die nach Sulzers Urteil »gar nicht lesbar seyn würden, wenn er nicht zuweilen ganze Stellen aus dem Gessner abgeschrieben hätte«. In der Tat wiederholt schon die Widmung »An Phillis« fast wörtlich Gessners »An Daphnen«, und die meisten Gedichte können nur als Zeugnis für die Rezeption Gessnerscher Empfindungsweise betrachtet werden. Ein Bewußtsein vom illusionären Charakter dieses Empfindens wird bei A. W. Schreiber (1793) deutlich. Beim Anblick der Heuernte versetzt er sich als Landmann in eine Patriarchenwelt, um schließlich »den Abend auf einem Balle zuzubringen – und Morgen – über Kopfweh zu klagen.« Wie Bronner und Reckert, so versucht auch der junge H. W. v. Günderrode (1771), Gessners additive Landschaft und die zarte Bewegtheit seiner Prosa weiterzubilden. Den Dichtungen des Gymnasiasten ist die Antike gegenwärtiger als den übrigen Gessner-Nachfolgern. Das ätiologische Moment hat den jungen Poeten besonders angezogen; die »Erfindung des Punsches« durch einen kunstreichen britischen Satyr erzählt er mit einer Ironie, die in diesen Zweig der Idyllendichtung einen wohltätigen neuen Ton bringt. Auch bei anderen Gessner-Nachfolgern stechen einige Versuche aus der Mischung von Scherz und Tugendsinn hervor. In den »Neuen Idyllen eines Schweizers« (1780), deren Autor sich – angeblich aus Bescheidenheit – an der vorgessnerschen Idylle orientiert, lebt Rosts Geist wieder auf, wenn die Tochter klagt, daß Damöt ihr etwas geraubt habe, und die Mutter ihr in kunstvoll gesteigerter Angst entlockt, daß es nur ein Band war. Dieser Geist kann Gessners neue Sensibilität wieder umkehren: die Stimmung vor dem »Ungewitter« wird in seinen Tönen beschworen; dann aber treibt es Phillis in das Efeuhüttchen, das ihrer Tugend zum Verhängnis wird. Ein völlig anderer Stil aber bestimmt die letzte Idylle »Der Selbstmord«, die schon an den Einfluß Mahler Müllers denken läßt. Der Österreicher C. A. v. Gruber (1800) folgt Gessner, dem er sich nicht im Detail, aber im Stil anschließt, auch bei seinem einzigen Versuch, in die reale Hirtenwelt überzugehen, dem »Hölzernen Bein«.

Ein bedeutenderes Denkmal der »idyllischen Tendenz« ist *F. L. Stolbergs* Roman »Die Insel« (1788). Der Idealstaat, den im ersten Teil der weise Sophron im Gespräch mit seinen Freunden entwirft, trägt regressive Züge, die ihn eher idyllisch als utopisch erscheinen lassen. Die selige Insel wird weder Städte noch Wissenschaft und verfeinerte Bildung kennen. Die »Schattenbilder« der »einfältigen und edlen Inselpoesie«, die den zweiten Teil bilden, sind Idyllen, deren klopstockischer Ton und deren Motive sich einer besonderen Form der Gattung, der biblischen Idylle, nähern. Die Identifikation von Goldenem Zeitalter und biblischer Patriarchenwelt, die Gessner in seinem Vorwort sanktioniert hatte, sowie lateinische und englische Vorbilder (Rapins Marien-Idyllen, Pope, Rowe) ermutigten zu einer idyllischen Poesie, die Milton und Klopstock verkleinert spiegelte. Ihr Bahnbrecher war *J. F. Schmidt,* der 1759 »Poetische Gemählde und Empfindungen aus der heiligen Schrift« erscheinen ließ. Sie weihen sich dem unerreichbaren Vorbild Klopstock, doch ihre Form, die kleine Erzählung in rhythmischer Prosa, verdanken sie Gessner, wie auch das Zärtliche der Empfindung, die Feinheit der Charaktere. Überlieferte Formen wie der Wechselgesang, die eingelegte Erzählung, die Landschaftsschilderung, die Ätiologie verbinden den neuen Schauplatz mit der Tradition der Idylle. Der arkadische Quell fließt nun als Brunnen, der Labung schenkt und Gemeinschaft stiftet. Den »höhern Ton« Klopstocks stimmt der Dichter in der »Himmelfahrt Elias« an. So unvollkommen dieser Versuch sein mag, so bedeutsam ist er als Hinweis auf eine Möglichkeit, welche die Idylle in ihrer biblischen Variante gewinnt: sie zielt nun auf Zukunft und Vollendung, als eine geistliche Form der »mündigen« Idylle, die Schiller fordern wird. Reifer gestaltet sind diese Ansätze in den »Patriarchalischen Idyllen« (1774/76) des Pfarrers *Brückner,* der durch seinen Freund Voss dem Hainbund nahestand. Was eine große Möglichkeit ahnen läßt, ist der Gottesverkehr, der die »Unschuldswelt« durchdringt. Er zeigt sich in der liebenden Eintracht des Volksfestes wie besonders in den Szenen der Entzückung, wenn die Auserwählten von Gottes Feuer verzehrt werden. Die gleichen Motive kehren bei Stolberg wieder, wo der Gewittertod die von der großen Familie begangene fünfzigjährige »Hochzeitsfeier« eines glücklichen Paares besiegelt. Die Vorliebe für diese Motive, die allerdings hier die Sprache nicht zu gestalten vermag, ist als Vorbereitung für Hölderlin bedeutsam (vgl. auch S. 118 f.). – Anerkennung fand Brückner mit seinen pädagogischen »Kinder-Idyllen«. *Breitenbauchs* »Jüdische Schäfergedichte« (1765) trugen zur biblischen Idylle mehr quantitativ bei.

Ein religiöser Ton charakterisiert auch einen anderen Zweig der Gessner-Nachfolge, der indessen zur Realität hinleitet. Für die Erziehung der Wahrnehmung durch die Literatur enthalten die als Dokument der Epoche so aufschlußreichen Reisebeschreibungen von Friederike *Brun* sprechende Zeugnisse. Was sie auf ihrer Reise durch Frankreich und die Schweiz (1791) erblickt, ist vorgeprägt durch

Petrarca, Rousseau, Haller, Gessner u. a. Der literarische Hintergrund ihres Erlebens ist der Schriftstellerin durchaus bewußt; eine
Thunersee-Landschaft mit Felsen, Quell, Hütte und Herde empfindet sie selbstverständlich als »Gessnersche Idylle«. Der doppelte Stern
der Freundschaft und Naturbegeisterung, unter dem ihre Reise steht,
wird vom frühen Entzücken an »Gessners Hirtenwelt« hergeleitet. Er
läßt die Dichterin auch die Alpenbewohner in hallerisch-gessneri-
scher Perspektive auffassen: sie begeistert sich für den »griechisch-
schönen Kopf« einer Hirtin und erquickt sich an den »einfachen Bildern eines ruhigen, im Arm der Natur und Unschuld verrinnenden
Lebens«. So quartiert sich auch Madame de Genlis auf einem hol-
steinischen Bauernhof ein, dessen Bewohner sämtlich »de véritables
bergers des plus élégantes églogues« sind: der junge Sohn, der Flöte
spielt und Gedichte verfaßt, fährt auf seine Felder wie ein anderer
Apollon. Am Genfersee spürt Fr. Brun dem Schicksal der »Nouvelle
Héloise« nach; auf der Petersinsel besucht sie mit einer das Religiöse streifenden Andacht Rousseaus Lieblingsplätze. Religiös ist ihr
Empfinden für die Alten und damit für die ganze Schweiz. »Ich habe
durchgeblickt in den Tempel der heiligen Natur!« Mit diesem Gefühl
erfüllt sie auch ihre umfangreichste Idylle »Cyane und Amandor«, die
wie Gessners »Erster Schiffer« die in der Einsamkeit aufgewachsene
reine Jungfrau besingt. Mit diesem Virginitätsideal ist zugleich ein
wichtiges Motiv der Idylle des 19. Jhs. angeschlagen. Dem Jung-
frauenkult widmet sich ein ganzes »idyllisches Epos«: die »Parthenais« (1803) des zum Teil in deutscher Sprache schreibenden Dänen J.
Baggesen. Drei blühende junge Schweizerinnen werden vom Dichter
Nordfrank zu ihrem alpinen Symbol, der Jungfrau, geleitet. Die An-
fechtungen von Hermes und Eros, die wie die übrigen olympischen
Götter auf das Schweizergebirge übergesiedelt sind, füllen die 12 Gesänge mit Abenteuern. Hat so die Idylle starken Anteil an der das
Ende des 18. Jhs. charakterisierenden »Schweizerbegeisterung«, so
führt sie in der Schweiz selbst zur Beschäftigung mit den Vorzügen
des Heimatlandes. Es entstehen Taschenbücher wie ›Die Brieftasche
aus den Alpen‹ (1780) und Almanache wie die ›Alpenrosen‹ (1811
bis 1830). Fr. Brun war befreundet mit *K. V. v. Bonstetten,* der einige Idyllen verfaßte, für die das Thema der Unsterblichkeitsgewißheit
wesentlich ist; doch hat der bernische Landvogt von Rougemont
auch die Wirklichkeit des idyllischen Landes geschildert: in den
»Briefen über ein Schweizerisches Hirtenland« (1781) untersuchte er
Geographie, Volkswirtschaft und Gebräuche des Saanenlandes. Zu
seinem Freundeskreis gehörte Matthisson, der, wie Salis-Seewis, die
neuen Hochgebirgsmotive wie die alten Topoi von Stadtflucht, Einsamkeit und Kindheitsflur besang, jedoch nicht im idyllischen Vertrauen auf Beständigkeit der Natur, sondern im elegischen Bewußtsein des Verlustes. Bei *J. R. Wyss* d. J., dem Herausgeber der ›Alpenrosen‹, färbt sich die Alpenbegeisterung mit dem erwachenden
Nationalgefühl des 19. Jhs. Die Verarbeitung von heimatlichen Sa-

gen und Sitten soll in seinen Idyllen (1815) das »Heimische«, »Vaterländische« erzeugen. Wyss glaubt, im Gegensatz zu Gessner ein »Idyll der Wirklichkeit« zu schaffen, dessen Schutzgeister die »Volksdichter« Goethe und Voss sind. Dieses Bemühen zeugt von der Wandlung, welche die Auffassung der Idylle in den vorangehenden Jahrzehnten durchgemacht hatte.

C. *Idyllentheorie und Gessnerkritik*

Die schülerhafte Kompilation des Freiherrn von *Penkler* (1767) referiert noch die Anschauungen der vorgessnerschen Idyllentheorie; sie erwähnt zwar den Streit zwischen Schlegel und Mendelssohn, stellt aber im übrigen die Argumente der Fontenelle-Schule zusammen. Der Überblick über die Autoren erkennt Gessner den ersten Platz zu, ohne ihn wesentlich von Neukirch oder Rost zu scheiden. *Sulzer,* dessen große, lexikalisch angelegte »Allgemeine Theorie der Schönen Künste« 1770/74 erschien, bietet von allen einschlägigen Abhandlungen des 18. Jhs. die umfassendste; sie berichtet über die Geschichte der Hirtendichtung in allen europäischen Literaturen und enthält eine reiche Bibliographie. Die einleitenden Ausführungen über Ursprung, Inhalt und Form der Hirtengedichte stehen in der idealistischen Tradition und verwerfen sogar die Allegorie nicht; in der Charakterisierung der Hirtenwelt aber tritt die Idee der Natur stark hervor. In Sulzers Artikel eingeschoben sind die »Gedanken über die Idylle« von einem »unsrer berühmtesten und größten Dichter«, die Wieland zugewiesen werden. Diese Gedanken kreisen um eine Konzeption der Natur, in der idealer Ursprung und Wirklichkeitsnähe versöhnt sind. »Was wir Idyllen heißen, sind blos Nachahmungen jener ursprünglichen Waldgesänge, welche die Natur selbst ihren Kindern eingab.« Daher muß der Idyllendichter in der Lebensart und Empfindung seiner Geschöpfe »die nakte Natur ohne alle Kunst, Verstellung, Zwang oder andere Verderbniss zeigen ...«; dazu aber kann er nicht durch Regeln, sondern nur durch die Natur selbst und durch gute Muster angeleitet werden, welche »die schöne Einfalt der Natur« zu schildern verstehen. Solche Muster sind Theokrit und Gessner. Sulzer rühmt bei der näheren Beurteilung Gessners besonders die Vereinigung von Idealität und Natürlichkeit. Die Wandlung, die Mahler Müller und Voss brachten, wirkt auf die grundsätzliche Darstellung in der 2. Aufl. (1786) nicht ein, sondern wird als persönliche Eigenart der beiden Dichter interpretiert.

Auf Mendelssohns Definition (vgl. S. 50) stützen sich die Aufklärer *Eschenburg* und *Engel.* In Eschenburgs »Theorie und Literatur der schönen Redekünste« (1783) faßt der Abschnitt über das »Hirtengedicht« Mendelssohn bündig dahin zusammen, es sei »die dichterische Darstellung veredelter Handlungen, Sitten, Leidenschaften und Empfindungen solcher Menschen, die in kleinen, in keine künstliche Verhältnisse verflochtenen, und gewöhnlich ländlichen, Gesellschaften beisammen leben«. Zum gleichen Ergebnis gelangt *Engel* in dem nun »Idylle« überschriebenen Kapitel seiner Poetik (1783). Die Idylle kennt nicht nur Hirten, ihr Himmel ist nicht immer blau, es gibt in ihr Leiden, Armut und Eifersucht: was bleibt als Gemeinsames? Ihre Menschen sind »noch *in keinen Staat* zusammengetreten«. So hat die Idylle eine politisch-moralische Funktion: »... daß sie uns ein angenehmes Gefühl der *Einfalt, Freiheit* und *Unschuld,* im Gegensatze zu der jetzigen Thorheit, Unterjochung und Verderbniss, verschaffe«. Dieser Zweck kann nur durch Arbeit nach einem Ideal erreicht werden, das indes jetzt ausdrücklich als historisch wandelbar bezeichnet wird. In solcher auf die Kultur der Epoche bezogenen Idealisierung war Gessner Meister. Für ihn hatte sich Engel schon früher eingesetzt, in einer Antikritik der ›Neuen Bibliothek‹ (1772), die sich gegen die berühmte Gessner-Rezension der ›Frankfurter Gelehrten Anzeigen‹ (1772) wandte. Diese Kritik des jungen *Goethe* war der zweite Stoß gegen Gessners Idyllenkonzeption. Den ersten hatte *Herder* schon 1767 in seinem Vergleich »Theokrit und Gessner« geführt. Er würdigt Gessners Vorzüge durchaus: »... die frohe Unschuld, die sanftesten Empfindungen der Menschheit, die heiterste Tugend und die stillsten Freuden singt seine Flöte, wie sie nicht Theokrit, nicht Moschus, nicht Bion sang... Ich preise also Gessner jedem an, der – ich weiß nichts Höheres zu sagen – seine Seele veredeln will«. Aber gerade das, wozu ihn das Schlagwort erhebt, kann er nicht sein: Theokrit. Zum erstenmal wird hier die »Naturwahrheit« dem arkadischen Ideal klar gegenübergestellt. Herder entwickelt seinen Anti-Idealismus in der Auseinandersetzung mit der Definition Mendelssohns, an der ihm die Klausel von den »höchst verschönerten Empfindungen und Leidenschaften« mißfällt. »Ein Schäfer mit höchst verschönerten Empfindungen hört auf, Schäfer zu seyn, er wird ein Poetischer Gott...« Herder verlegt den Akzent auf Mendelssohns zweite Bedingung, die Sinnlichkeit des Ausdrucks. Sinnlichkeit und Verschönerung müssen darauf zielen, daß der Leser selbst augenblicklich ein Schäfer werden möchte. Illusion ist also der Zweck der Idylle, nicht moralische Besserung. Das Vollkommenheitsideal bewirkt nur poetische Armut, ein Mangel, der sich auch bei Gessner finden läßt. »... je näher ich der Natur bleiben kann, um doch diese Illusion und dies Wohlgefallen zu erreichen; je schöner ist meine Idylle: je mehr ich mich über sie erheben muß, desto Moralischer, desto feiner, desto artiger kann sie werden, aber desto mehr verliert sie an Poetischer Idyllenschönheit.« Demgemäß wird die idealistische Wertskala Theokrit-Vergil-Gessner-Fontenelle umgekehrt. Die neue Rangordnung wird genetisch begründet. Herders Geschichtsdenken lehnt die Theorie von der goldenen Schäferzeit ab und sucht den Ursprung der ländlichen Poesie in »Porträten« der Natur. Im Übergang von den Empfindungen zu den Beschäftigungen als Gegenständen der Schäferpoesie äußert sich ein Verfallsprozeß, der in der »todten Malerey« endet. So ist der starke Anteil der Schilderung ein gefährlicher Zug der Gessnerschen Dichtung. Auf den

Vorwurf der »malenden Poesie« konzentriert sich dann der Angriff des jungen Goethe. Er räumte ein, daß die Idyllen sich vom malerischen Gesichtspunkt aus »mit inniger Freude« betrachten lassen; die Oberhand in der dialogisch aufgebauten Kritik behält aber der Feind der beschreibenden Poesie, der das »wahre Interesse« der Personen aneinander vermißt. Die Kritik trifft ein Grundprinzip der in Gessner gipfelnden Land- und Idyllendichtung: die Addition. Die eben sich entfaltende organische Kunstauffassung sucht vergebens den »Geist, der die Theile so verwebt, daß jeder ein wesentliches Stück vom Ganzen wird«. Mit diesem Vorwurf verbindet sich der des mangelnden Realismus. Die »Empfindungen, die aus der bürgerlichen Gesellschaft in die Einsamkeit führen«, lassen vom Land »nur wie bey einer Visite die schöne Seite der Wohnung sehn«. Eine rühmliche Ausnahme macht die Schweizeridylle. »... dieser treuherzige Ton, diese muntre Wendung des Gesprächs, das Nationalinteresse! das hölzerne Bein ist mir lieber, als ein Dutzend elfenbeinerne Nymphenfüßchen.; Ein Irrweg hat Gessner ins Land der Ideen geführt, »woher er uns nur halbes Interesse, Traumgenuß herüber zaubert«. Solche Kritik bekämpfte Engel als Ausdruck eines neuen Dogmatismus, in dessen Hintergrund der verabsolutierte Shakespeare stehe. Mit liebevoller Gründlichkeit versucht er den Vorwurf der poetischen Malerei wie den der Wirklichkeitsferne zu widerlegen. Die Verteidigung gegen den Vorwurf mangelnder Naturwahrheit beruft sich auf Gessners eigene Bemerkung von der Ähnlichkeit der Idyllenwelt mit »unsern seligsten Stunden«. Insofern er Grundzüge des Seelenlebens ausdrückt, die auch dem modernen Menschen eigen sind, gibt Gessner Wahrheit. »Ein Gessnerischer Schäfer also ist ... das, was wir selbst entweder sind oder gewesen sind; er führt uns in die süßesten Augenblicke unsers Lebens wieder zurück: und wir sollten nicht Theil an ihm nehmen?« Solche Argumentation gründet sich auf ein Verständnis des Menschen, mit dessen Veränderung die Empfänglichkeit für Gessners Dichtung absterben mußte. Herder war es, der ganz zu Anfang des 19. Jhs. die neuen Erwartungen an die Idyllendichtung energisch formulierte. Obgleich er in der Zwischenzeit sein Urteil über Gessner revidiert hatte und ihm in den »Briefen zur Beförderung der Humanität« (1796) nachrühmte, daß er »bei der feinsten Kunst Einfalt, Natur und Wahrheit« gebe, fordert das Programm, das er in seinem Aufsatz über das »Idyll« (in »Adrastea«) entwickelt, daß für diese Dichtungsart neue und der alltäglichen Realität nahe Schauplätze gesucht werden sollen. In seinem Überblick über die Geschichte der Gattung betont Herder, daß Theokrits Idyllen über die Hirtenwelt hinausgriffen; ebenso betont er den legitimen Anteil von Kampf und Schmerz an der Idylle. Dieser begründet sich aus ihrer Naturnähe. »Thätigkeit ist die Seele der Natur ...«, und aus der Anerkennung ihrer Rauheit und ihrer Gefahren entsteht das »männliche« Idyll, dem Herders Sympathie gilt. Wenn er jetzt die Idylle definiert als »Darstellung oder Erzählung einer menschlichen

Lebensweise *ihrem* Stande der Natur gemäß, mit Erhebung derselben zu einem Ideal von Glück oder Unglück«, so zeigt schon der letzte Begriff, daß »Ideal« hier nicht zu verstehen ist als »ein Utopien«, das er vielmehr ausdrücklich ablehnt. Gerade an den Stätten modernen Lebens, die am wenigsten im alten Sinne »idyllisch« scheinen, sollen idyllische Momente entdeckt werden: in der Kanzlei, im Kramladen, sogar im Irrenhaus. In seinen etwas assoziativen Gedankengängen, die auffallenderweise den expliziten Bezug auf die zeitgenössische Idyllendichtung, etwa die vossische, aussparen, treten zwei auf das 19. Jh. vorausweisende Tendenzen hervor: die Relativierung und die Subjektivierung der Idylle. Es liegt in der Eigenart der neuen Schauplätze, daß sie nicht als ganze idyllisch sein können, sondern das Idyllische als Teilelement in sich enthalten. Dem entspricht formal, daß sich die »Idyllenscenen« allen möglichen Gattungen, von der Fabel bis zu Drama und Oper, eingliedern lassen. Zugleich wird dem Bewußtsein die Aufgabe und die Fähigkeit zugesprochen, gegenwärtige Welt zur Idylle zu gestalten. »Hier ist Arkadien; vor Dir, um Dich, es sei nur in Dir!«

Literatur:

Salomon Gessner:

Grundlegend ist die Arbeit von P. Leemann-van Elck: S. G. Sein Lebensbild (150 S. mit 48 Abb.) mit beschreibenden Verzeichnissen seiner literarischen [die Zürcher Originalausgaben Nr. 501 –555, Nachdrucke Nr. 556–625, Übersetzungen Nr. 626–1029] und künstlerischen [Radierungen Nr. 1–470] Werke. Zürich 1930.
Erstausgaben: Die Nacht. 1753. – Daphnis. 1754. – Idyllen von dem Verfasser des Daphnis. 1756. – Der Tod Abels. 1758. – Inkel und Yariko, 2. Theil. 1756. (Fortsetzg. e. Erzählg. v. Bodmer.) – Gedichte. 1762 (Enthält u. a. die Spiele »Evander u. Alcimna« u. »Erast«, ferner 6 neue kleine Idyllen, die große Idylle »Der erste Schiffer«, die Szene »Ein Gemähld aus der Syndfluth«, »Die Nacht« u. »Lied eines Schweizers an sein bewafnetes Mädchen«) – Moralische Erzählungen von Diderot u. S. G. 1772. (Enthält auch den »Brief über die Landschaftsmalerey«.) – I. Gesamtausgabe: Schriften, 4 Theile. 1762, [9]1788, [21]1839 (alle Zürich).
Ausgaben: Idyllen. Kritische Ausgabe. Hg. v. E. Th. Voss. Stuttgart 1973 (mit Lesarten, Bibliographie und Zeittafel; für die Beschäftigung mit G. unerläßlich). – Sämtliche Schriften in 3 Bd. Hg. v. M. Bircher. Zürich 1972/74. (Bd. I Reprint des 1. und 2. Teils der »Schriften« von 1762; Bd. II Reprint des 3. und 4. Teils der »Schriften« von 1762; Bd. III Reprint des 5. Teils der »Schriften« von 1772 und der vermischten Schriften).
Zur Umwelt: J. J. Hottinger: S. G. Zürich 1796. – H. Schöffler: Das literar. Zürich. 1700–1750. 1925. – M. Wehrli: Das geistige

Zürich im 18. Jh. In: Schweiz. Mh. 22, 1942/43, S. 475–487. – G. Finsler: Zürich in der 2. Hälfte des 18. Jhs. Zürich 1884. – R. Faesi: Die ›Dienstags-Compagnie‹. In: Zürcher Taschenbuch 1918. – *R. Zürcher:* Geist und Schönheit im Zürich des 18. Jh. (Über Gessner S. 105–166). Zürich 1968.
Studien (nur soweit sie für die Idylle wichtig sind): H. Wölfflin: S. G. Frauenfeld 1889. – F. Bergemann: S. G. 1913. – E. Th. Voss: S. G. In: Dt. Dichter des 18. Jh. Hg. v. B. v. Wiese. Berlin 1977. – J. Hibberd: S. G., his creative achievement and influence. Cambridge 1976. – Gedenkbuch. Zürich 1930. (Mit Beiträgen von Ermatinger, Wartmann, Bernoulli, Baldensperger, Wölfflin, Rychner, Weisz, Frei). – E. Schmidt: S. Gs. rhythmische Prosa. In: ZfdA 21, 1878, S. 303 ff. – R. Strasser: Stilprobleme in Gessners Kunst und Dichtung. Diss. Heidelberg 1936. J. Hibberd: Gs idylls as prose poems. In: Modern Language Review 68, 1973, S. 569 bis 576. – U. Fülleborn: Das dt. Prosagedicht. München 1970 (über G. S. 35–37). – Ferner: A. Langen, H. Meyer (s. S. X). – A. Anger: Deutsche Rokokodichtung. Ein Forschungsbericht. 1963; ders.: Literarisches Rokoko. ²1968 (Sammlung Metzler 25). – D. Roskamp: S. G. im Lichte der Kunsttheorie seiner Zeit. Diss. Marburg 1935. – P. Usteri: Inkle und Yariko (bei Steele und Gessner). In: Archiv für das Studium der neueren Sprachen und Lit. CXXII, 1909, S. 353–360. – G. Hoffmeister: Gessners »Daphnis« – das Ende des europäischen Schäferromans. In: Studia neophilologica 44, 1972, S. 127–141. – G. de Reynold: G. et le sentiment de la nature. In: Mercure de France 19, 1908, S. 44 ff. – J. Benrubi: G. und Rousseau. In: NZZ Nr. 2035, 1916. – F. Ernst: Turgot und G. In: Essays Bd. III. Zürich 1946. S. 124–141. – W. E. Delp: Goethe und G. In: Modern Language Review 20, 1925, S. 333–337. – *H. Kesselmann:* Die Idyllen S. Gs im Beziehungsfeld v. Ästhetik u. Geschichte im 18. Jh. (angekündigt).
Wirkungsgeschichte: J. Starobinski: L'idylle impossible. In: L'Invention de la liberté. Genf 1964, S. 159–161. – H. Broglé: Die frz. Hirtendichtung in der 2. Hälfte des 18. Jhs., dargestellt in ihrem bes. Verhältnis zu S. G. Diss. Leipzig 1903. – A. Rauchfuss: Der frz. Hirtenroman am Ende des 18. Jhs. und sein Verhältnis zu S. G. Diss. Leipzig 1912. – B. Reed: The Influence of S. G. upon English Literature. Philadelphia 1905. – J. Hibberd: G. in England. In: Revue de litt. comparée 47, 1973. – P. van Tieghem: Les idylles de G. et le rêve pastoral. In: Le préromantisme, tom. II. Paris 1930. – F. Baldensperger, s. o. und: G. en France. In: Revue d'histoire littéraire de la France 10, 1903, S. 437–456. – E. Guitton: Folklore ou pédantisme: les vicissitudes de la pastorale française dans la 2e moitié du 18e. In: Société franç. de litt. comp. Actes du 6 congrès national. 1966. – G. Horloch: L'opera litterari di G. et la sua fortuna in Italia. 1906. – H. Heiss: Der Übersetzer u. Vermittler Michael Huber. 1908. – B. Fitger: Fr. M.

Grimm u. s. ›Correspondance littéraire‹, Diss. Köln 1955; W. Mönch: Fr. M. Gr. u. d. ›Corresp. litt.‹. In: Formen der Selbstdarstellung. Festgabe f. F. Neubert, 1956, S. 261–278. – B. Croce: S. G. e un suo ammiratore italiano. In: Quaderni della critica 1950, S. 118–125. – J. L. Cano: S. G. en España. In: Revue de litt. comp. 35, 1961, S. 40–60.

Jean Jacques Rousseau: Œuvres complètes, tom. 1–3. Paris 1959/64. Chr. Mc.Donald Vance: The extravagant shepherd. A study of the pastoral vision in Rousseau's »Nouvelle Héloise«. Banbury (Voltaire Foundation) 1973. – *M. J. Temmer:* Rs Idylle des Cerises. In: Art and Influence of J. J. Rousseau. Chapel Hill 1973. S. 17–40. – *Denis Diderot:* Supplément au Voyage de Bougainville [E: 1775]. In: Œuvres, par A. Billy. Paris 1951; dt.: Nachtrag zu ›Bougainvilles Reise‹, 1965; H. Hinterhäuser: Utopie u. Wirklichkeit bei Diderot, Studien zum »Supplément«. 1957. – *Hector St. John de Crevecœur:* Letters from American Farmer, ed. by W. B. Blake. London 1962. – Œuvres choisies de S. G. et Poésies diverses de l'Allemand en vers françois. Zürich 1774. – *Armand Berquin:* Idylles. Paris 1774; Idylles et Romances. Paris 1777. – *Nicolas Germain Léonard:* Idylles morales. Paris 1766; Idylles et poèmes champêtres. Paris 1775; Œuvres, publ. par Campenon, 2 vol. Paris 1798. – *Sylvain Maréchal:* Bergeries. Paris 1770; L'Age d'Or, par le Berger Sylvain. Paris 1782. – *Jean Baptist Leclerc:* Mes promenades champêtres ou poésies pastorales. Paris 1786; dt. v. *K. H. Heydenreich:* Gemählde aus dem goldenen Zeitalter. Leipzig 1788. – *Marie Louise Rose Levesque:* Idylles ou contes champêtres. Paris 1786; dt. v. K. Reinhard: Idillen u. ländl. Erzählungen. Helmstedt 1796. – *J. P. de Florian:* Œuvres. Paris 1820/24. – *Bernardin de St. Pierre:* Paul et Virginie, par P. Trahard. Paris [1959]. – *H. Hudde:* B. de St. Pierre: P. et V. München 1975; *G. Pinkernell:* Die Aristokratie als oppressive u. destruktive Macht in B. de St. Pierres ›P. et V.‹ GRM N. F. 25, 1975, S. 32–46. – *Alphonse de Lamartine:* Œuvres. Paris 1885/87. – *André Chénier:* Œuvres complètes, par G. Walter. Paris 1958 (dort Angabe der Einzelausgaben der Idyllen). ·

Karl Wilhelm Ramler: Der Mai, eine musikal. Idylle. Berlin 1764; – G.s auserlesene Idyllen, in Verse gebracht. Berlin 1787; G.s episches Schäfergedicht »Der erste Schiffer« in Verse gebracht. Berlin 1789. – *Ewald von Kleist:* s. S. 61. – *Franz Xaver Bronner:* Fischergedichte u. Erzählungen. Zürich 1787; Schriften, 3 Bdchen. Zürich 1794; Lustfahrten ins Idyllenland, 2 Bdchen. Aarau 1833; Fr. X. Bronners Leben, von ihm selbst beschrieben, 3 Bde. Zürich 1795/97; Th. Mundt: Bronners »Lustfahrten ins Idyllenland«. In: Jb. f. wiss. Kritik 1833, S. 123 ff.; H. Radspieler: F. X. Bronner. Leben u. Werk bis 1794. 1963. – *Georg August von Breitenbauch:* Bukolische Erzählungen u. vermischte Gedichte, Frankfurt u. Leipzig 1763; Jüdische Schäfergedichte. Leipzig 1765; Neue Sammlung

vermischter Gedichte... Altenburg 1767. – *Joachim Christian Blum:* Idyllen. Berlin 1773; auch in: Sämmtl. Gedichte. Leipzig 1776, ²Karlsruhe 1781. – *Karl Christian Reckert:* Vermischte Schriften, Th. 2 1771. (Darin: Idyllen.) – *Aloys Wilh. Schreiber:* Launen, Erzählungen u. Gemälde. Frankfurt 1793. – *Hektor Wilh. von Günderrode:* Versuch in Idyllen. Karlsruhe 1771. – [Anonym:] Neue Idyllen eines Schweizers. (o. O.) 1780. – C. *Anton von Gruber:* Idyllen. Wien ²1800.
Kleinere Autoren: Johann Sigmund Manso: Damoet und Phillis. Eine Schäfererzählung. Bielefeld 1762. – *Karl Heinrich Höffer:* Idyllen u. Erzählungen. Leipzig 1777. – *Graf Alexander Christiani:* Der Sommertag in vier poetischen Betrachtungen. Wien 1764. –*Johann Daniel Glummert:* Elmire und Ernst. Eine Idylle. Danzig 1763; Lykas oder der erhörte Schäfer. Eine Idylle. Danzig 1766. – *Christoph Georg Ludwig Meister:* Die Abendzeiten, in vier Meister-Gesängen. Quedlinburg 1766. – *Karl Samuel Slevogt:* Versuch eines poetischen Gemäldes vom Herbste. Eisenach 1771. – *Johann Heinrich Weissman:* Idyllen. Leipzig 1772. – *Friedrich August Clemens Werthes:* Hirtenlieder. Leipzig 1772. – *Andreas Grader:* Idyllen. Riga 1773. – *Johannes Krauss:* Versuche von Schäfergedichten. Mainz 1773. – *Johann Heinrich Bücking:* Idyllen. Frankfurt 1775. – *Johann Christoph Krauseneck:* Gedichte. Bayreuth 1776. – *Traugott Christiane Dorothee Löberin:* Idyllen u. Lieder. Dresden 1784. – *Sophie Albrecht:* Das Band. In: Gedichte u. Schauspiele, Bd. 1, ²1791. (Vgl. auch: Goedeke IV 1, S. 99–105).

Utopische und biblische Idylle: Friedrich Leopold Graf zu Stolberg: Die Insel. Leipzig 1788. (Dt. Neudr. Reihe Goethezeit 1966.); (Lit. im Neudruck). – *[Jacob Friedrich Schmidt:]* Poetische Gemählde und Empfindungen aus der heiligen Geschichte. Altona 1759; Idyllen, nebst einem Anhange einiger Oden. [Übersetzungen aus: Poésies diverses de M. Desforges-Maillard. Amsterdam 1759, mit 6 deutschen Beigaben]. – *Johann Christian Lossius:* Moses in Midian. Erfurt 1763. – *Ernst Theodor Johann Brückner:* Gedichte. Neubrandenburg 1803; G. Lampe: E. Th. J. Brückner u. d. Göttinger Dichterbund. In: Meckl.-Strel. Geschichtsbl. 5, 1929, S. 39 –105; E. Metelmann: E. Th. J. Brückner u. d. Göttinger Dichterbund. In: Euph. 33, 1932, S. 341–420 (Neudr.: Zur Geschichte des Göttinger Dichterbundes 1772/1774. 1965). – *Friederike Brun:* Prosaische Schriften, 2 Bde. Zürich 1799. – *Mme. de Genlis:* Mémoires. Paris 1885. S. 319 f. – *Karl Victor von Bonstetten:* Schriften, hrsg. v. F. Matthisson. Zürich 1793, ²1824; Briefe an Fr. Brun, hrsg. v. F. Matthisson. Frankfurt a. M. 1829; Briefe an Matthisson, hrsg. v. Füssli, Zürich 1827; K. Morell: Karl v. Bonstetten. Winterthur 1861. – *Jens Baggesen:* Parthenais, oder die Alpenreise, Hamburg u. Mainz 1803; K. Müller: J. Baggesen u. sein

Alpengedicht »Die Parthenais«. In: Schweizer Mh. 24, 1944/45, S. 800–807. – *Johann Rudolf Wyss* d. J.: Idyllen, Volkssagen, Legenden u. Erzählungen aus der Schweiz. Bern 1815; [Mit C. J. Kuhn u. F. Meissner:] Die Alpenrosen. Almanach. 1811–1830. – *A. Ludin:* Der schweizerische Almanach »Alpenrosen« und seine Vorgänger (1780–1830). Diss. Zürich 1902. – *Friedrich Matthisson:* Gedichte, hrsg. v. G. Bölsing. BLVS 1912. – *Johann Gaudenz von Salis-Seewis:* Gedichte. Zürich 1839. – [*Johann Ludwig Ambühl:*] Die Brieftasche aus den Alpen. Zürich 1780. – *E. Ziehen:* Die dt. Schweizerbegeisterung in den Jahren 1750–1815. 1922. – *E. Ermatinger:* Dichtung und Geistesleben der deutschen Schweiz. 1933 (s. bes. V, 3: Bürgerliche und bäuerliche Idylle). – Anthologien: *Klamer Eberhard Karl Schmidt:* Idyllen der Deutschen, 1774/75; *Johann Joachim Eschenburg:* Beispielsammlung zur Theorie u. Literatur der schönen Wissenschaften. 1. Bd. 1788; *F. Bramigk:* Ländliche Gesänge dt. Dichter. 1790.

Theorie und Kritik: Joseph von Penkler: Abhandlung vom Schäfergedichte. Augsburg 1767. – *Johann George Sulzer:* Allgemeine Theorie der schönen Künste. 2. Theil. [2]Leipzig 1786. – *Christoph Martin Wieland:* Gedanken über die Idille. In: Gesammelte Schriften (Akademie-Ausg.) Abt. I, Bd. 4, 1916, S. 702–704. – *Johann Joachim Eschenburg:* Entwurf einer Theorie u. Lit. d. schönen Redekünste. [3]Berlin u. Stettin 1805. – *Moses Mendelssohn:* Briefe, die neueste Literatur betreffend. 5. Theil. Berlin 1760. 85. u. 86. Brief, S. 113–136: Über Schlegels »Von dem eigentlichen Gegenstande der Schäferpoesie«. – *Johann Gottfried Herder:* Theokrit und Gessner. In: Sämmtliche Werke, hrsg. v. Suphan, Bd. 1 1877, S. 337–350 (E: Eine Beilage zu den Briefen, die neueste Litt. betreffend. 1767); Rezension von: Batteux »Einschränkung ... übers. v. J. A. Schlegeln«. [3]Leipzig 1770; Suphan, Bd. 5, 1891, S. 278–290 (E: A. D. Bibl. 1772. XVI/1, S. 17–31). Idyll. Suphan Bd. 23, 1885, S. 298–306 (E: Adrastea, 1801/03). – *Goethe:* Rezension von »Moralische Erzählungen u. Idyllen von Diderot u. S. Gessner. Zürich 1772«, in: Gedenkausg. Bd. 14, S. 154–157 (Frankf. Gelehrte Anzeigen, 25. 8. 1772). – *Johann Jakob Engel:* Rezension von »Salomon Gessners Schriften. Bd. 5. Zürich 1772«, in: Neue Bibl. d. schönen Wiss. u. d. fr. Künste. Bd. XIV, 1772, 1. St., S. 80–105 (jetzt in: J. J. E.: Über Handlung, Gespräch und Erzählung. Hrsg. v. E. Th. Voss. ›Sammlung Metzler. 37‹, 1964, S. 118–131); Anfangsgründe einer Theorie der verschiedenen Dichtungsarten. Berlin 1783. (Später in: Schriften. Bd. 11: Poetik. 1806.)

Zum Kontext der Epoche:

B. Dedner: Vom Schäferleben zur Agrarwirtschaft. Poesie und Ideologie des »Landlebens« in der dt. Lit. des 18. Jh. In: Jb. d.

Jean-Paul-Gesellschaft 7, 1972, S. 40–83; *ders.:* Wege zum »Realismus« in der aufklärerischen Darstellung des Landlebens. In: Wirkendes Wort 18, 1968, S. 303–319. – *H. Schlaffer:* Das Schäfertrauerspiel. In: Jb. der Jean-Paul-Gesellschaft 1, 1966, S. 117–149. – *W. Flemming:* Der Wandel des dt. Naturgefühls vom 15. zum 18. Jh. Halle 1931. – *B. Lecke:* Das Stimmungsbild. Musikmetaphorik und Naturgefühl in der dichterischen Prosaskizze 1721–1780. Göttingen 1967. *H. Jäger:* Naivität (s. S. X). – *H. W. Jäger:* Politische Kategorien in Poetik und Rhetorik der 2. Hälfte des 18. Jhs. Stuttgart 1970. *E. A. Runge:* Primitivism and Related Ideas in Sturm und Drang Literature. Diss. Baltimore 1946.

3. Die realistische Idylle

1783 erschien »The Village«, ein Gedicht des in einem ärmlichen Küstendorf aufgewachsenen Pfarrers *Crabbe*. »Truth« und »Nature« sind die Leitsterne seiner Verse, die, in Popes klassischem Stil gehalten, um so wirkungsvoller sich gegen das idealistische Hirtengedicht wenden. Dieser Dichter, der sich den fronenden Armen verantwortlich fühlt, setzt der literarischen Tradition die Wahrheit entgegen: den ländlichen Spielen den Schmuggel, der Gesundheit die Zerrüttung durch die Arbeit, dem friedlichen Alter das Elend im Armenhaus. »Can poets soothe you, when you pine for bread, / By winding myrtles round your ruined shed?« – Einen solchen radikalen Umbruch kennt die Geschichte der deutschen Idylle nicht. Zwar konstatieren die Poetiker die Differenz zwischen dichterischer Verklärung und kläglicher Wirklichkeit, doch nur, um den Schluß zu ziehen, diese sei für die Gattung nicht oder nur beschränkt tauglich. Mitunter wird ein humanes Bedauern gegenüber dem geplagten Landmann spürbar, doch führt es niemals zu einem Gefühl der Verpflichtung, dem erkannten Übelstand literarisch Rechnung zu tragen. In England dagegen waren schon lange vorher innerhalb der Landdichtung herbe Töne hörbar gewesen. In Herricks »Hock-Cart« (1648) wird das Verhältnis der Landarbeiter zum Lord trocken dahin zusammengefaßt: »Feed him ye must, whose food fills you«, und am Anfang des 18. Jhs. läßt Stephen Duck beim ländlichen Fest die Arbeiter darüber nachdenken, daß dieses in Wirklichkeit nur Intervall der endlosen Mühsal ist: »But the next morning soon reveals the Cheat, / When the same Toils we must again repeat ...« Solche Deutlichkeit war in Deutschland offenbar unmöglich. Als *J. von Sonnenfels* in seinem

›Mann ohne Vorurtheil‹ die arkadische Vorstellung vom Landleben mit Schmutz und Armut der Fronbauern konfrontierte, zwang ihn das erregte Mißfallen, das Thema abzubrechen. Freilich wurden einmal innerhalb der deutschen Grenzen Bilder bäuerlichen Lebens geschaffen, die an kruder Wirklichkeitsnähe (wie auch an einer ganz nüchternen Sinnlichkeit) ihresgleichen suchen, aber charakteristischerweise in einer anderen Sprache: der ostpreußische Dorfpfarrer Kr. *Donelaitis* schrieb in litauischen Hexametern seine »Metai« (Jahreszeiten), in denen Arbeit, Gespräche, Streit, Sorgen und Feste der litauischen Bauern geschildert werden. Dieses Werk ist offenbar ganz unabhängig von der Entwicklung der deutschen Idyllendichtung entstanden und knüpft an die Tradition Hesiods und der »Georgica« an. Hier werden deutliche Worte gewagt: »Alle wissen wir doch, wie die Herren brülln, wenn sie fluchen ...«; die Bedrängnis durch Scharwerk und Pachtzins steht durchaus im Vordergrund: aber die Stimme des vernünftigen, frommen und auch humorvollen Dorfbewohners, die hier zu sprechen scheint, hält unangefochten an der lutherisch-patriarchalischen Grundordnung fest. So hat offenbar das Werk, auch als es in deutscher Übersetzung erschien, keinen Anstoß, freilich aber auch kein Aufsehen erregt.

Erst im folgenden Jh. entsteht in *Fr. Reuters* Versepos »Kein Hüsung« (1858) ein Werk, das sich an Bitterkeit mit Crabbes Gedicht vergleichen läßt: die Geschichte eines Paares, dem der mecklenburgische Gutsherr das Wohnrecht und damit die Möglichkeit zur Heirat verweigert. Zwar gab es schon in den siebziger Jahren ein Aufbegehren gegen die Verklärung des Landlebens, doch es hatte andere Quellen als den Protest gegen das Unrecht, oder dieser wurde alsbald entschärft. Das erste geschah bei *Mahler Müller*, das zweite bei *Voss;* die Denkstruktur des dritten großen Realisten, *J. P. Hebel,* schloß die Fragestellung von vorneherein aus.

A. Mahler Müller

In Mahler Müllers Werk findet sich heftige Abwehr gegen den alten Idyllengeist, und zwar gegen sein Rokokoelement. »Gleims Idyllen, gott bewahre mich für dem gedanken, das sind Dinger wie die jezige französische mahler vieh malen ...« (Fragm. einer dt. Idylle). Die »Schafschur« ist zum großen Teil literarische Auseinandersetzung. In der Gestalt des Schulmeisters werden Gelehrsamkeit, Regeltreue und Lebensferne der modernen Poesie lächerlich gemacht; der Bauer verteidigt dagegen die alte Volkspoesie und das

Dichterische des wirklichen Lebens. In diesem Zusammenhang wird auch speziell gegen die Gessnersche Idylle polemisiert. In einem Brief schreibt der junge Dichter, der selbst in diesem Stil begonnen hatte (»Lied des Schäfers Amyntas«, »Der Frühling« u. a.): »Ha, wie ganz anders sind die Menschen auf dem Lande. Welch ein Unterschied – Wenn man sie aus unsren Opretten und Idyllen besiht – und dann – die Bedürfnisse des menschlichen Lebens, Natur-Triebe – Eygennutz, der gleich einer Reihe durch die gantze Natur gezogen ist – und der mächtige Trieb der Selbsterhaltung hervorbringt alles – ...« (Heuer I, S. LII f.). »Natur-Triebe« ist das Schlüsselwort zu Müllers Idyllen. Was bei Gessner harmonische Entsprechung von Mensch und Natur war, ist hier Identität, und das Gesetz dieser Natur ist nicht Ordnung, sondern ein irrationales Fortzeugen. Zu einer Auffassung der Natur, die nichts Moralanaloges mehr in ihr wahrnimmt, hatte Müller seine Jugend erzogen. Nach dem frühen Tod seines Vaters, eines Kreuznacher Wirts und Bäckers, mußte er das Gymnasium verlassen und seiner Mutter in der Wirtschaft helfen. Wie bei Gessner spielte daher die autodidaktische, durch Freunde angeregte Ausbildung eine große Rolle. Die Beobachtung der ländlichen Wirklichkeit und die malerische Anlage waren zwei Triebfedern zur Idyllendichtung. Sie begann in Zweibrücken, wo man ihm ein Malstudium ermöglicht hatte. Durch seinen in Göttingen studierenden Freund Hahn kam er mit dem Hainbund in Berührung. In Mannheim dann, wo er das Malstudium an der Akademie fortsetzte, lernte er Dalberg, Gemmingen, Lessing, Klinger, Merck, Goethe kennen. Der Antikensaal regte den bisherigen Landschafter und Tiermaler zur Historienmalerei an, den Idyllendichter zum Drama »Niobe«. Eine Pension erlaubte ihm, nach Rom zu gehen. Bekannt ist das Schicksal, das den Eigenwilligen dort traf: mit großen historischen Gemälden, mit ebenso großen poetischen Stoffen beschäftigt, wurde er als Maler kaum anerkannt, als Dichter vergessen. Er reflektierte über Kunst und Literatur, erläuterte Fremden die römischen Kunstdenkmäler. Vereinsamt starb er 1825.

Der Hintergrund der ungeheuren Entwürfe deutet darauf hin, daß die Naivität auch dieser, so offenbar am Leben selbst genährten, mit einer bisher unerhörten Sinnlichkeit dargestellten idyllischen Bilder nicht spannungslos ist. Spannung ist hier schon in der Dynamik der Naturidee angelegt, welche die Idylle poetisch bewegt, aber auch stets zu übersteigen droht. Seinen wesentlichen Ausdruck findet dies Natur-Prinzip in der Sprache, deren mitreißende Leidenschaft, deren Wuchern und Quellen hauptsächlich auf der eigentümlichen Syntax, insbesondere der Wortstellung, beruht. Das Rauschhafte, Elementarische, aber auch Warme und Herzliche dieses Stils verleiht Müllers Idyllen ihre Einheit. Man pflegt sie nach ihren Stoffen in drei Gruppen einzuteilen: die biblischen (»Adams erstes Erwachen u. erste selige Nächte«; den »Erschlagenen Abel« nannte Müller selbst eine »Skizze«); die griechischen (»Bacchidon und Milon«, »Der Faun Molon«, »Der Satyr Mopsus« sowie einige Fragmente); die Pfälzer Idyllen (»Die Schafschur«, »Das Nußkernen«, »Der Christabend« und einige Ansätze). Die Forschung hat oft auf diese Unterscheidung Wert gelegt: die älteren Arbeiten loben die realistische Tendenz der Pfälzer Bauernidyllen, die dann später als »volksdeutsche Dichtung« begriffen werden, in denen die Idylle gar zur »heldischen Feier« werden kann (Möllenbrock); der an George geschulte Blick wiederum richtet sich auf das »Neuheidentum« der griechischen (Gundolf, Alewyn). Jedoch liegen schon die Entstehungszeiten der Idyllen aller drei Gruppen, soweit sie sich noch erschließen lassen, offenbar eng beisammen. Trotz der Verschiedenheit der Szenerie bemühen sich die Idyllen gleichmäßig, die charakteristischen Züge der Gattung zu wahren: durch eingelegte Lieder und Erzählungen, Beschreibung von Kunstwerken, Dialog, räumliche Schilderungen. In der Adam-Idylle, nach mündlicher Überlieferung einer der frühesten, kann sich Müllers Sprachkraft besonders stark entfalten. Der einleitende Hymnus, Adams allmähliches Erwachen mit der Schöpfung, sein Erlebnis der Tiere, der Sonne, der Nacht – das sind Höhepunkte der deutschen Idyllendichtung. Der große Stil dieser Idylle zeigt sich schon darin, daß das Tragische stärkere Schatten wirft als bisher: die Rahmenerzählung schildert die Urfamilie in einem fragilen Glückszustand zwischen der Vertreibung aus dem Paradies und dem Brudermord. Leitmotive sind die Erinnerung an das Paradies und Kains düstere Melancholie. Die Verwendung gliedernder Motive ist wichtig für die Frage nach dem Kompositionsprinzip von Müllers Idyllen, die den Anschein bewußtloser Unmittelbarkeit erwecken, aber doch Anhaltspunkte für planende Anordnung verraten und so wiederum zwischen Naivität und Bewußtsein schwanken. Die Veränderung, welche die Gattung hier gegenüber Gessner erfährt, zeigt sich zunächst als Veränderung des Raumes: das Zarte, Geordnete von Gessners Landschaft wird durch kühne Dimensionen ersetzt, die Freude an der Miniatur durch die an handfester Konkretion, die sanften Bewegungen durch jähe Stöße (vgl. dazu Langen und Anger, s. S. X). Die stärkere Bewegung ist vom Gesichtspunkt der Gattungstheorie aus besonders bedeutsam, insofern hier das der Gattung fremde Element der Zeit in sie einzudringen und sie zu sprengen droht (so wird in »Adam« nicht mehr der paradiesische Zustand geschildert, sondern sein Werden). In ihm aber sind Mensch und Geschöpf eins: die Brükke der einfühlenden Betrachtung wird durch eine radikalere geschöpfliche Gemeinsamkeit abgelöst. Im Zuge dieser Subjektivierung wird der Mensch zugleich plastischer, individueller. Dieser Adam, jauchzender Erdgeborener und sorgenumschatteter, aber noch von sinnlicher Liebe erfüllter Patriarch, ist eine greifbare Gestalt. Ist die ursprüngliche Daseinslust, die den Grund von Müllers Idyllen bildet, hier auf den Ton biblisch-klopstockischer Hymnik gestimmt, so wird sie in den griechischen Idyllen zu einer Vertraulichkeit mit der Physis, die Gemeinschaft zwischen Autor, Personen und Leser stiftet.

Doch gehört zu ihr auch eine illusionslose Kenntnis der egoistischen Beschaffenheit der »Natur-Triebe«. Insofern haben die griechischen den gleichen Realitätsgrund wie die Bauern-Idyllen, und in der Tat sprechen die Faunen und Satyrn die gleiche herzhafte, dialektgefärbte Sprache wie die »rheinländischen Bauren«, deren »Mützen« sie tragen (Vorwort zu »Bacchidon und Milon«). Dennoch hält der Dichter auf den antikischen Charakter des Werkes: »Die Idylle ist so griechisch – so griechisch, daß man sie für ein Original eines alten Griechen geben könnte...«. Daß er »mit Fleiß« das »Costüm« verletzte, ist Ausdruck eines neuen Antikebildes wie auch des Protestes gegen eine Literatur, die über dem antiken Dekor den griechischen Geist vergaß. Aus der Spannung zwischen antiker Szenerie und bäuerlicher Sprache ergibt sich die Ironie, die dieser Idyllengruppe besonderen Reiz verleiht. Der »Satyr Mopsus«, ein neuer »Kyklops«, malt der schnippischen Quellnymphe in pfälzischen Tönen das künftige Eheglück aus. Der Zyklus vom »Faun Molon« erzählt die Odyssee eines armen und einfältigen Fauns, der sich in die Grotte des junkerlichen Kentaurs Pantharus verirrt. Hier nun wird ein gewisser sozialer Protest deutlich, der tiefer greift, als es in der unverhüllten Realität der pfälzischen Idyllen möglich ist. Die neugewonnene Individualität der Charaktere entfaltet sich dann in der Umwelt des Dorfes, am deutlichsten in der Figur des Bauern Walter, dessen Familie mit ihren Freunden und Nachbarn das Personal aller drei deutschen Idyllen stellt. Mit der erwachenden Individualität hängt das Verhältnis dieser Idyllen zur Zeit zusammen. Die Anlässe für die weitschweifenden Dialoge, nämlich die regelmäßig wiederkehrenden ländlichen Arbeiten und Feste, halten sich an die für die Idylle grundlegende statische Zeitordnung, doch das menschliche Leben beginnt sich schon als geschichtliches, unwiederholbares zu verstehen. Namentlich Walter, der an der eigenen wie an der historischen Vergangenheit hängt, gibt davon Zeugnis. Mit der Schwärmerei für Burgen und Ruinen zieht die Mittelalterbegeisterung in die Idylle ein; in »Ulrich von Cossheim« formt sie sich zum selbständigen Idyllentypus aus. Im »Nußkernen« und besonders im »Christabend« werden dagegen Probleme der Gegenwart ergriffen; ein willkürlich regierender Amtmann wird vom heimgekehrten Landesherrn entlarvt und bestraft. Gerade aber, wo die Gewalt gegeißelt wird, gelangt der Protest an eine frühe Grenze: das patriarchalische Verhältnis gehört zu den Bedingungen jenes Gefühls von Heimatlichkeit der Welt, auf dem die Idyllen Mahler Müllers beruhen. In den pfälzischen Idyllen hat er in der konkreten Gegenwart den Ort gesucht, an dem dieses Gefühl sich in ursprünglichen Lebensformen verwirklichen könnte, und ihn in einem vertrauten Weltausschnitt gefunden.

B. Voss

Vossens Idylle beginnt mit einem sozialen Protest. Seine anfängliche Liebe zu einer klopstockisch getönten Idyllendichtung hatte zu den beiden gefühlsreichen Gedichten »Der Morgen« und »Selmas Geburtstag« geführt; seine eigene Stimme aber erhob sich, mit eindrucksvoller Rauheit, zuerst in der Anti-Idylle »Die Pferdeknechte« (1775). Für die Idyllengattung brachte Voss äußerlich ähnliche, doch anders erlebte Voraussetzungen mit wie Müller. Auch er, in Penzlin als Sohn eines Wirts und Zolleinnehmers aufgewachsen, kannte das Land aus eigener Anschauung. Aber der mecklenburgische Feudalismus durchsetzte die Erfahrungen des Freigelassenen-Enkels mit Bitterkeit. Infolge des Siebenjährigen Krieges verarmte sein Vater völlig; der Sohn mußte als Hauslehrer auf einem Gut eine Zeit der Demütigungen ertragen, ehe ihm ein Stipendium das Studium in Göttingen erlaubte. Dieses philologische Studium wirkte auf die poetische Produktion entscheidend ein: es führte zu genauer Kenntnis der antiken Vorbilder, begünstigte aber auch eine Lehrhaftigkeit, die tief in die Struktur seiner Poesie eindrang. Die Anschauung des Landlebens konnte sich während Vossens Mannesalter fortsetzen; er lebte in Claudius' Nähe in Wandsbek, dann in Otterndorf (Land Hadeln) und schließlich als Schulrektor in Eutin. Wie das Gessnersche, so wurde auch sein Haus zum Sinnbild gelebter Idylle, freilich mit dem Unterschied, daß Voss eine streitbare, kompromißlose Natur war, deren Dasein durch das unbequeme Amt und das Zerwürfnis mit Stolberg getrübt wurde. Auf die Anfänge von Vossens Idyllendichtung wirkten freundschaftliche Anregungen ein. Er war eng mit Brückner befreundet; Hölty fand an den beiden Idyllen über die Leibeigenschaft etwas Theokritisches und regte dadurch den Dichter, der nur die in Ramlers »Batteux« abgedruckten Theokrit-Idyllen kannte, zum Studium der antiken Bukoliker an. *Hölty* selbst schrieb einige wenige Idyllen, von denen »Der arme Wilhelm«, der »Elegie auf den Tod eines Landmädchens« und dem »Auftrag« verwandt, den eigensten Ton hat. Von den übrigen Hainbunddichtern versuchte sich vor allem *Miller* in der Gattung wie auch in der sonstigen Gestaltung idyllischer Motive. Um durch die Anschauung urtümlicher Lebensformen den Geist Theokrits, Hesiods und Homers zu erfassen, wollten Hölty und Voss zu Fuß den Apennin durchwandern. Die Bekanntschaft mit Theokrit führte auch bei Voss zu der schon traditionellen Reaktion gegenüber Vergil und Gessner, die er mit der ihm eigenen Schärfe formulierte (an Brückner, 20. 3. 1775). (Trotzdem hat er später fast das gesamte Werk Vergils übersetzt.) Die literarische Wendung zur Wirklichkeit verbindet sich mit der sozialpädagogischen. Das Programmatische seiner Wirklichkeitsschilderung aber schränkt den Protest ein. »Die Pferdeknechte«, von überzeugender Nüchternheit, klagen den Gutsherrn an, der dem leibeigenen Knecht Hochzeit und Freiheit versprochen hat, sie aber verweigert, weil ihm das mühsam ersparte Geld zum Loskauf nicht genügt. Aber alsbald stellte Voss seiner Anti-Idylle eine positive gegenüber: im »Ährenkranz« (1775) preist ein glückliches Paar das Gedeihen des Dorfes, dem der väterlich regierende Baron die Freiheit geschenkt hat. Diesen Akt schilderte Voss später noch in einem Mittelstück »Die Erleichterten« (1800). (Einen ähnlichen lehrhaften Ausgleich zeigen Herders »Neger-Idyllen«). So zieht das ausgetriebene Ideal unter der Maske realistischer Staffage wieder in die Idylle ein. Zu seiner Herrschaft trägt nicht wenig die Wahl des Hexameters bei: indem er bestimmte Redeformen nahelegt, leistet er der Neigung Vorschub, die Sprache der Personen, soviel sie sich auch authentischer Redensarten bedienen, ins Homerisch-Zeitlose zu entrücken. Auch die Art, wie Voss den in zwei Idyllen (»De Winterawend«, »De Geldhapers«) eingeführten Dialekt versteht, entspricht der Tendenz zum Allgemeingültigen: zwar bemühte er sich zunächst, die holsteinische Mundart getreu wiederzugeben, bei der Überarbeitung aber wollte er kein »verwahrlosetes Plattdeutsch, aus dem niedrigen Leben aufgerafft« mehr vortragen, sondern einen »schüchternen Nachhall der sassischen Buchsprache«. So riet er auch Hebel, wenigstens für sich als Erzähler das Alemannische archaisierend zu veredeln. Wie sich Voss für den Gebrauch des Dialekts natürlich auf Theokrits Dorisch berief, so ahmte er auch eine Reihe von Motiven des von ihm übersetzten Dichters nach, als dessen deutscher Statthalter er Gessner in den Augen des Publikums ablöste (»De Winterawend«, »Das Ständchen«, »Der Riesenhügel«). Antike Topoi suchte Voss mit gegenwärtigem Leben zu füllen: der Gegensatz von städtischer und ländlicher Kost steigert sich im »Abendschmaus« zu einer Lust an der häufenden Aufzählung von Speisen, die, in der »Luise« wiederholt, zu einem Signum der bürgerlichen Idylle wird. Die Stelle der Satyrn und Faunen versehen groteske Teufel, die zum Blocksberg reisen (»Der bezauberte Teufel«). In Idyllen wie »Die Bleicherin«, »Die Kirschenpflückerin« oder »Die Heumad« ist das pädagogische Programm weniger ausdrücklich; es wird aber um so deutlicher in der Sprache der Dialoge, an denen Voss erproben wollte, »wie weit man die Sprache der Landmädchen veredlen kann, ohne unnatürlich zu werden«. Am markantesten aber erscheint Vossens lehrhafte Idealisierung in der Typisierung seiner Gestalten. Diese unterscheiden sich von den gleichfalls nicht individuellen Personen Gessners, insofern sie nicht literarischen Traditionen, sondern der Anschauung entnommen sind; aber sie stehen repräsentativ für eine Gruppe, eine Lebensform. Die Überzeugungskraft dieser typisierten Gestalten wird größer, wenn Voss zum Raum seiner Idylle nicht die bäuerliche, sondern die bürgerliche Welt wählt, wie im »Siebzigsten Geburtstag« (1780) und »Luise« (1783/84). Beide Idyllen haben autobiographische Hintergründe. Die Züge dieser Dichtungen sollten eine ganze poetische Schule stiften, dem Bürgertum zum freundlichen Spiegel dienen und im In- und Ausland als Symbol des Deutschen gelten. Im Gegensatz zur Tradition tritt in ihnen – wie auch in den übrigen vossischen Idyllen – die Landschaft durchaus zurück; auch wo sie, wie in der »Luise«, recht ausführlich geschildert wird, ist sie auf den Menschen bezogen. Im Familienspaziergang zum Aussichtspunkt, an dem Kaffee gekocht und unter behaglichen Gesprächen getrunken wird, erschafft die »Luise« einen Topos der Idyllik des 19. Jhs. An die Stelle der Landschaft tritt der Innenraum, der jetzt als poetischer Gegenstand entdeckt wird. Es wäre zu prüfen, in welcher Beziehung er zur Raumbeschreibung des realistischen Romans steht. In der detaillierten Schilderung des Lehnstuhls, des Schrankes, der Pfeife, die den »Siebzigsten Geburtstag« berühmt gemacht haben, überkreuzt sich ein funktionaler Gebrauch der Dinge, die den Charakter der Personen spiegeln, mit einer autonomen Freude an ihrer Existenz. Aber sie gilt weniger ihrer Eigenart als ihrer Musterhaftigkeit. Die homerische Gewohnheit der stehenden Beiwörter bestärkt einen Blick, der *den* ehrwürdigen Pfarrer, *das* Mütterchen und *das* glänzende Wachs wahrnimmt. Solche oft konstatierte Statik erscheint erst in ihrer vollen Bedeutung, wenn man sie als Ausgangspunkt für die Ontologie des bürgerlichen 19. Jhs. versteht. Zu ihr gehören der Kult der Häuslichkeit, die Überzeugung, gewissen Lebensaltern seien gewisse Verhaltensweisen angemessen, das Arbeitsethos, das patriarchalische Verhältnis zwischen Adel und Bürgern einerseits, zwischen Bürgern und Dienstboten andererseits. Eine Inkarnation solcher Ideale ist Luise, unschuldig, mildtätig, bescheiden, in steter Tätigkeit begriffen – ein Ideal, an dem der betonte Zug des Unbewußten besonders aufschlußreich ist. Die epische Tendenz, von der die Vorliebe für das Detail zeugt, spricht sich bei Voss auch in der Neigung zur Aufschwellung aus. Bekanntlich gewannen die Idyllen bei den häufigen Umarbeitungen an Umfang. Die letzte Fassung der »Luise« zählt 2731 Hexameter. Solche quantitative Überschreitung der idyllischen Beschränkung ist zugleich eine qualitative: die Idylle nähert sich dem Epos, zu dem sie der Hexameter und die homerische Sprache ohnehin in Beziehung gesetzt hatten. »Luise« selbst, jeder Handlung bar, da sie die Stufen einer völlig unbehinderten Liebe schildert, blieb grundsätzlich von der größeren Gattung geschieden; doch sie deutete eine neue Möglichkeit an, diese in der Gegenwart zu verwirklichen.

C. Hebel

Die Bestimmung, die realistische Idylle suche für ursprüngliche Lebensformen einen konkreten Ort, trifft auch auf Hebels Dichtung zu. Wie Mahler Müller fand er ihn in einer ländlichen Welt, die er in seiner Kindheit erfahren hatte. Hebel, als Sohn eines aus dem Hunsrück stammenden »Herrendieners« in Basel geboren, wuchs teils in seiner Geburtsstadt, teils in der Heimat seiner Mutter, dem Wiesental im Schwarzwald, auf. Nach den Studien in Karlsruhe und Erlangen verbrachte er dort mehrere Jahre als Lörracher »Präzeptoratsvikar«. Daß Hebel erst in Karlsruhe, wo er zum Gymnasialdirektor und Prälaten aufstieg, seine »Alemannischen Gedichte« verfaßte (1799/1802; e 1803), wirkt wie ein allzu korrektes Beispiel für den sentimentalischen Ursprung der Idylle. Volkserzieherische Absicht und aufgeklärte Gesinnung verbinden den Kalendermacher Hebel mit Voss. Dennoch hat das Lehrhafte, zu dem sich seine Gedichte in deutlicher Auslegung oder aufmunternd angehängter Ermahnung bekennen, ihren inneren Bau weit weniger geprägt. Gerade daß sich bestimmte Lehren aus dem Ganzen formulierbar herauslösen, bewahrt der dargestellten Welt ihre Individualität: sie braucht nicht zum Idealtypischen hin stilisiert zu werden, sondern darf sich in ihrer Endlichkeit zeigen. Hebel ist in gewissem Sinne mit Mahler Müller enger verbunden als mit Voss – durch eine Daseinsfreude, die allerdings einem sehr anderen Temperament unterstand. Für die lebendige Individualität von Hebels Welt ist der Dialekt sehr wichtig: die innige Kommunikation, die alle ihre Angehörigen, Sterne, Tiere, Menschen, verbindet, lebt nur dank einer Spache, die zumindest die Erinnerung an eine solche Einheit bewahrt. So ist der Titel der Sammlung tiefer begründet. Sie vereinigt längere Erzählungen und Schilderungen in Hexametern oder Blankversen mit strophischen Gedichten. Sie alle gehorchen der Idee der Idylle; dem Gattungsmodell am nächsten stehen »Die Feldhüter«. Diese idyllische Welt, zu welcher Schmelzofen, Marktweiber, Spinnen und Kirchhof gehören, wird in einem für die Gattung extremen Maße von der Zeit regiert. Und zwar tritt sie in zwei verschiedenen Formen auf: einmal als die kreisförmig sich wiederholende Zeit, die der Zuständlichkeit der Idylle von je entsprach, zum anderen aber als lineare, geschichtliche, die jedoch von Mahler Müllers Ansätzen durch ihren eschatologischen Charakter geschieden ist. Der geistige Hintergrund dieser Doppelheit ist der Einfluß der antiken Naturphilosophie einerseits, die Bindung an das Christentum andererseits. Die von Gott eingesetzte unverrückbare Zeitordnung der Natur zeigt sich im Wachstum des Haferkorns, in der Korrespondenz zwischen der Entfaltung der Kirschblüten und den Bedürfnissen der Insekten. Solche Übereinstimmung herrscht auch zwischen der Natur und dem Menschen, der mit Morgenstern, Vogel und Glocke gemeinsam den Tagesbeginn erlebt. Die Bedeutung dieser Zeitordnung spricht aus der Rolle, die immer wiederkehrenden Zeitpunkten zuerkannt wird: den Festtagen, dem Sonntag, dem Neujahrstag. »Der Geist in der Neujahrsnacht« verschmilzt die beiden Zeitvorstellungen zu paradoxer Doppelheit. In den Idyllen »Die Vergänglichkeit« und »Der Wächter in der Mitternacht« offenbart sich die eschatologische Zeitordnung als die gültige. In »Die Vergänglichkeit« entwirft der Vater seinem schaudernden Knaben die Vision des Untergangs der ganzen heimatlichen Welt, vom eigenen Haus bis zur Stadt Basel. Mit der apokalyptischen Schilderung kommt in die Idylle eine fremde Größe, die um so eindrucksvoller ist, als sie sich nicht wie in jenen früheren Versuchen einer religiösen Idylle klopstockscher Flügel bedient, sondern in ruhiger Nüchternheit verharrt. Sie verdankt sich der Gewißheit, die der »Wächter in der Mitternacht« ausspricht: die Ordnung der Natur ist Abbild einer ewigen. – Wenn die wiederkehrende Zeit sich in lebendigen Figuren verfestigt wie dem Januar, der sich seiner Kraft rühmt, so zeigt sich jene Kunst anthropomorpher Gestaltung, die von jeher an Hebels Dichtung hervorgehoben worden ist. Sie ersetzt die verlorene Mythologie. Vor dies Problem sieht sich die ganze Gattung gestellt, seit die antiken Halbgötter bei Mahler Müller ihren parodistischen Abschied nahmen: im verkleinerten Maßstab steht die Idylle vor der gleichen Schwierigkeit wie das moderne Epos. Goethe charakterisierte Hebels Anthropomorphismus in berühmt gewordenen Sätzen: »Wenn antike oder andere durch plastischen Kunstgeschmack gebildete Dichter das sogenannte Leblose durch idealische Figuren beleben und höhere göttergleiche Naturen, als Nymphen, Dryaden und Hamadryaden, an die Stelle der Felsen, Quellen, Bäume setzen, so verwandelt der Verfasser diese Naturgegenstände zu Landleuten und verbauert auf die naivste anmutigste Weise durchaus das Universum...« Charakteristisch ist das Motiv des »Schaffens«, das diese ganze Natur durchzieht. Das Verhältnis von Raum, Zeit und Mythologie prägt sich am bedeutsamsten in der »Wiese« aus, deren Lauf von der Quelle am Feldberg bis zur Mündung in den Rhein als Wanderung und Entwicklung eines Bauernmädchens dargestellt wird. Das Problem der Verbindlichkeit dieser modernen Allegorik steht im Zusammenhang mit der gerade in dieser Epoche sich schärfer kristallisierenden Frage nach der Beziehung zwischen Mythos und metaphorischem Sprechen. Ergänzt wird die Ersatz-Mythologie durch die Reste einer alten: in Wald und Nacht wandern Engel und Geister. Diese aber bekennen einen moralisch-allegorischen Charakter. So beruht die Einheit auch dieser idyllischen Welt auf Spannung. Die Unverstelltheit des anthropomorphisierenden Spiels, das doch mehr als Spiel ist, teilt der Dichtung einen ironischen Geist mit. Er hat seinen Ursprung zugleich in der Weite des Blicks, der die Idylle sub specie aeternitatis schaut. So wiederholt sich hier die Perspektive der Kalendergeschichten, die das Kleine in unmittelbaren Bezug zum Großen setzt. Wie dort das einzelne Schicksal zu den Weltbegebenheiten, so verhält sich hier das Wiesental zum Universum, das, wie sehr auch verbaut, doch der Idylle ihr Maß gibt.

Literatur:

George Crabbe: The Life and Poetical Works, ed. by his son. London 1901.

Joseph von Sonnenfels: Ges. Schriften, Bd. 2. 1783, S. 175 ff., 195.

Kristijonas Donelaitis: Die Jahreszeiten. (Übersetzung mit hist. Kommentar von H. Buddensieg.) München 1966.

Fritz Reuter: Werke in 3 Bd. Hg. v. K. Batt. Berlin/Weimar 1974. – H. C. Christiansen: Die Handschrift zu Rs »Kein Hüsung«. In: Carolinum 40, 1974, S. 10–14. G. Schmidt-Henkel: Zwei Kapitel

F. R. Episodisches und bildhaftes Erzählen. Niederdt. Lit. zwischen bürgerlicher Idylle u. Leidensgeschichte. In: Germanistische Streifzüge. 1974. S. 222–237.

Mahler Müller: Idyllen. Vollst. Ausg. in 3 Bd. unter Benutzung des hs. Nachlasses, hg. v. O. Heuer. Leipzig 1914. – Idyllen. Nach den Erstdrucken revidierter Text. Hg. v. P.-E. Neuser. Stuttgart 1977. (Enthält: Der Faun; Der Satyr Mopsus; Bacchidon und Milon; Die Schaaf-Schur; Das Nuss-Kernen; Adams erstes Erwachen und erste seelige Nächte; Ulrich von Cossheim). (Nur die Ausgaben von Heuer und Neuser bieten authentischen Text.) – Mahler Müllers Werke. 3 Bd. Heidelberg 1811. 1825. – Dichtungen von M. M. Hg. v. H. Hettner. Leipzig 1868. Nachdruck Bern 1968. – KDNL Bd. 81: Stürmer und Dränger III. Maler Müller u. Schubart. Hg. v. A. Sauer. Berlin/Stuttgart o. J. – M. Ms. Werke, Volksausgabe. Hg. v. M. Oeser. Mannheim/Neustadt 1918. – Sturm und Drang. Hg. v. H. Nicolai. Darmstadt 1971. In Bd. II: Auswahl aus Ms Werken, komm. v. U. Schweikert. – F. Meyer: M. M.-Bibliographie. Leipzig 1912. Nachdruck Hildesheim 1974. – B. Seuffert: M. M. Im Anhang: Mitteilungen aus Ms Nachlaß. Berlin 1877. (Titel-Ausgabe 1881 ohne diesen wichtigen Anhang). – F. Gundolf: Shakespeare und der deutsche Geist. Berlin 1911, S. 264–269. – L. Fränkel: M. Ms Auferstehung. In: Beiträge zur Literatur- und Theatergeschichte. Festgabe L. Geiger. Berlin 1918, S. 75–100. – R. Alewyn: M. Ms heidnische Landschaft. In: Neue Schweizer Rundschau 1928. Auch in: Probleme und Gestalten, Frankfurt 1974, S. 251–254. – W. Oeser: M. M. Neuwertung seines Schaffens. Mannheim 1928. – W. Schaefer: M. Ms Bedeutung in der Geschichte des dt. Hellenismus. Diss. Leipzig 1928. – F. Denk: Friedrich Müller, der Malerdichter und Dichtermaler. Veröffentlichungen der pfälzischen Gesellschaft zur Förderung der Wissenschaften. Bd. IX. Speyer 1930 (Abbildungen). – K. Unverricht: Die Radierungen des M. M. Ebda Bd. XII. Speyer 1930 (Abbildungen). – K. Möllenbrock: Die Idyllen des M. M. In: Dichtung und Volkstum (Euph.) Bd. 40, 1939, S. 145–156. A. Langen (s. S. IX). – A. Schneider: Le motif de Genoveva chez le peintre Müller. Diss. Sorbonne 1950. – U. Dönnges: M. Ms Prosastil, aufgezeigt an seinen Idyllen. Diss. Tübingen 1960 (masch.). – H. Jäger (s. S. X) S. 188–196. – G. Kaiser: Wandrer und Idylle (s. S. X), S. 30–37. R. Böschenstein: M. M. In: Dt. Dichter des 18. Jh. Hg. v. B. v. Wiese. Berlin 1977.

Johann Heinrich Voss: Der Göttinger Dichterbund, Hg. v. A. Sauer. Bd. I = KDNL Bd. 49, 1885. Nachdruck 1966 (gibt den Text der Erstdrucke mit Anmerkungen und ausgewählten Varianten). – Idyllen. Königsberg 1801. Faksimiledruck Heidelberg 1968 (Dt. Neudrucke) (gibt den Text der abgeschlossenen Idyllensammlung – ohne »Luise« –, dazu Angaben zur Text- und Entstehungsgeschichte, Zeittafeln, Bibl. und ein wichtiges Nachwort). – Werke in einem Bd. Hg. v. H. Voegt (enthält: Wie ward Fritz Stolberg ein Unfreier?). ²1972. – Idyllen und Gedichte. Hg. v. E. D. Bekker. Stuttgart 1967. – Gedichte. Bd. I Hamburg 1785; Bd. II Königsberg 1795. – Sämtliche Gedichte. Auswahl der letzten Hand. Königsberg 1825. – Luise. Königsberg 1795; mehrere erweiterte Auflagen bis 1823.

Übersetzungen: Virgil. Landbau. Eutin/Hamburg 1789. – Über des Virgilschen Landgedichts Ton und Ausdruck. Altona 1791. – Vergil. Zehn Erlesene Idyllen. Altona 1797. – Theokritos, Bion und Moschos. Tübingen 1808.

Briefe: Briefe. Hg. v. A. Voss. 3 Bd. Halberstadt 1829–33. Neudruck Hildesheim 1971. – Briefe an Brückner: s. Metelmann (s. 92). Vossische Hausidylle. Briefe von Ernestine Voss an H. Ch. u. S. Boie. Bremen 1925. – Briefwechsel zwischen J. A. P. Schulz und J. H. V. Kassel 1960. – Briefe F. G. Grafen zu Stolberg .. an J. H. V. Münster 1891. – J. H. V. u. F. L. Stolberg. 9 bisher unveröffentlichte Briefe. In: Jb. d. Freien Dt. Hochstifts 1965, S. 49 –87. – F. L. Stolberg: Briefe. Hg. v. J. Behrens. Neumünster 1966. – Briefe an Goeckingk. Hg. v. G. Hay. München 1976.

Zur Umwelt: B Schubert-Riese: Das literarische Leben in Eutin im 18. Jh. Neumünster 1975. – R. Bäsken: Die Dichter des Göttinger Hains und die Bürgerlichkeit. Berlin/Königsberg 1936. – »Ich war wohl klug, daß ich dich fand.« H. Chr. Boies Briefwechsel mit L. Mejer. Hg. v. I. Schreiber. München 1963. – Mme de Stael: De l'Allemagne. Nouv. Edition Paris 1958, S. 165–170 (II, 2, XII). Goethes Voss-Rezension vgl. S. 115.

Darstellungen: W. Herbst: J. V. 2 Bd. Leipzig 1872/76. Neudruck Darmstadt 1968 (immer noch wertvoll). – L. Benning: J. H. V. und seine Idyllen. Diss. Marburg 1925. – H. A. Stoll: »Ein Mann wie Voss...« In: Sinn und Form 26, 1974, S. 164–180. – G. Kaiser: Idyllik und Sozialkritik bei J. H. V. In : Literaturwissenschaft u. Geschichtsphilosophie. Festschrift W. Emrich. Berlin/New York 1975, S. 302–319. Auch in: Wandrer und Idylle (vgl. S. X). – H. J. Schneider: Bürgerliche Idylle. Studien zu einer lit. Gattung des 18. Jh. am Beispiel von J. H. V. Diss. Bonn 1975; ders.: J. H. V. In: Dt. Dichter des 18. Jh. Hg. v. B. v. Wiese. Berlin 1977. – A. Herting: Zu Vs. Idylle »Der 70. Geburtstag«. In: ZfdU 14, 1900, S. 723–725. – E. Schwentner: Vs Wortschatz. In: Niederdt. Jb. 44, 1918, S. 51–56. – E. Merker: Zu den ersten Idyllen von J. H. V. In: GRM 8, 1920, S. 58–61. – Th. Nissen: Vs plattdt. (Vierländer) Idyllen u. Theokrit. In: Nordelbingen 12, 1936, S. 218 –251; E. M. Voigt: Die Wahl der Mundart in Vs Vierländer Idyllen. In: Die Antike 19, 1943, S. 77–80. – E. Engel-Lanz: Vs »Luise«. Diss. Zürich 1959. – W. Rabeler: J. H. V. im Werdegang der plattdt. Lit. In: Niederdt. Jb. 89, 1967, S. 161–169. – U. Bichel: Über Urfassung und Spätfassung der plattdt. Idyllen von J. H. V. und deren Bedeutung für die Mundartlit. In: Jahresgabe der Klaus-Groth-Gesellschaft 1973/74, S. 84–97.

Chr. L. H. Hölty: Sämtl. Werke. Kritisch u. chronol. hrsg. v. W. Michael, 2 Bde. 1914/19. – In den von Voss u. Stolberg 1783 und von Voss allein 1804 hrsg. Gedicht-Ausgaben Höltys sind die Texte stark überarbeitet.

Johann Martin Miller: Gedichte. Ulm 1873. – Der Göttinger Dichterbund, hrsg. v. A. Sauer, Bd. 2: Hölty u. Miller. In: KDNL Bd. 50, 1892/93, fotomech. Neudruck 1966.

Johann Gottfried Herder: Neger-Idyllen. In: Briefe zur Beförderung der Humanität. Werke, hrsg. v. Suphan, Bd. 18, 1883, S. 224 –234. – Ph. A. Shelley: Crèvecoeur's contribution to Hs »Neger-Idyllen«. In: JEGPh. 37, 1938, S. 48–69.

Johann Peter Hebel: Gesamtausgabe. Hg. v. W. Zentner. 4 Bd. Karlsruhe 1959–1972. – Allemannische Gedichte. Karlsruhe 1803. – Sämtl. Werke, 8 Bde. 1832/34; Werke, 3 Bde., hrsg. v. O. Kleiber, 1958/59; Ges. Werke, 2 Bde., hrsg. v. Eb. Meckel. 1958; Poetische Werke. 1961. – Briefe. Gesamtausg., hrsg. v. W. Zentner. 1939. – Goethes Hebel-Rez. s. u. S. 115. – W. Oltwegg: JPH. 1935; W. Benjamin: JPH zum 100. Todestag. In: Schriften, Bd. 2, 1955, S. 279–283; E. Bloch: H., Gotthelf u. bäurisches Tao. In: Verfremdungen I. 1962, S. 186–210; H. G. Oeftering s. S. 63 (darin Erstdruck des Hymnus »Ekstase«); S. Löffler: JPH. 1944; E. Wolf Vom Wesen des Rechts in dt. Dichtung. 1946, S. 181–221; W. Zentner: JPH. 1948, [2]1965; W. Rehm: Goethe u. JPH. In: W. R.: Begegnungen u. Probleme. 1957, S. 7–39; W. Weber: Hebels »Zeit«. In: NR 71, 1960. S. 273–280; F. Schmitt: Hebel-Bibliographie. In: H. u. seine Zeit, Festschr. z. 200. Geb., hrsg. v. W. Zentner. 1960; H. Pross: JPH 1960; Ein bibliograph. Bericht. 1964; C. I. Burckhardt: H., seine Gestalt u. seine Dichtung. In: Universitas 15, 1960, S. 1067; Hebeldank (Reden von Th. Heuß, Heidegger u. a.). 1964; R. Minder: H. u. die französ. Heimatliteratur. In: R. M.: Dichter in der Gesellschaft. 1966, S. 108–139. K. Fehr: JPH und die Bukolik. NZZ 4. 1. 1973 (Nr. 512).

4. Die Idylle bei den klassischen und den romantischen Dichtern

Das Verhältnis zur Idylle ist für *F. Strich* eines der Kriterien, an denen sich Klassik und Romantik scheiden. Ziel der poetischen Darstellung ist für die Klassiker »das geschichtslose Idyll, das Dasein nach ewigen Gesetzen, der vollendete Zustand« – bei Goethe als ewige Naturform gefaßt, bei Schiller als eine Kultur, welche die Geschichte durchlaufen hat und wieder Natur wird. Die Romantiker dagegen, für die als Geschichte nur das unendlich Offene, das Unwiederholbare zählt, müssen der Idylle fremd gegenüberstehen (S. 16 ff.). Inwiefern diese absolute Bestimmung der Korrektur bedarf, wird sich bei der Prüfung der romantischen Texte zeigen, die zur Idylle in Beziehung stehen.

A. Goethe

Aus einer tiefen Neigung zum »ewig naturhaften Sein« erklärt Strich einleuchtend das erstaunende Wohlwollen, mit dem Goethe idyllische Dichtungen würdigte. Die Rezensionen der Gedichtsammlungen von Voss, Hebel und dem Nürnberger Dialektdichter Grübel atmen jene eigentümlich goethische Vorliebe für das Geordnete, Rechtlich-Tüchtige, bei der oft eine geheime Grenze spürbar wird, wo sie in Parodie ihrer selbst umschlägt. Dies gilt vor allem von der Voss-Kritik, deren Lob A. W. Schlegel als Ironie verstanden hat, die aber eher an jener grundsätzlicheren Ambivalenz teilhat. Sie tritt besonders in dem idyllischen Gedicht »Die glücklichen Gatten« (1802) hervor, dessen lesebuchartigem Glücksentwurf man die ernsthafte Intention gern absprechen möchte; Goethe selbst indes äußerte sich positiv darüber zu Eckermann (16. 12. 1828). Während Goethe Hebels Gedichte mehr literarkritisch beurteilt, nimmt der erste Teil der Voss-Kritik selbst den Charakter einer kleinen Idylle an. Die Rezension behandelt nicht die Idyllen selbst, sondern die »Lyrischen Gedichte« (in der Ausgabe von 1802), faßt aber gerade deren idyllische Züge zum Porträt des Dichters Voss zusammen. Es ersteht ein Bild der vossischen Welt, der von ihm dargestellten »Zustände«, um ein in allen drei Rezensionen auftauchendes Lieblingswort Goethes zu gebrauchen. Bedeutsam für Goethes Verständnis der Idylle ist es, daß diese Skizze in der Frage endet, ob nicht dieses heitere Leben »öfter von außen bestürmt, verletzt und zu leidenschaftlicher Bewegung aufgeregt« werde. Im Falle Vossens findet sich die Bedrohung in der Auseinandersetzung seines freiheitlich-aufklärerischen Geistes mit der starren Umwelt. Zugleich sind solche Schatten aber eine Konstante von Goethes Auffassung der Idylle, die deren Zerstörung stets einzuschließen scheint. Partielle Zerstörung, bei der die idyllische Welt im ganzen erhalten bleibt, steht in der Mitte jener Szenen, in denen – neben dem Arkadien des »Faust II« – Goethes idyllische Poesie ihren Gipfel, einen Gipfel einsam-träumerischer Altersdichtung, erreicht: der Beschreibungen zu »Wilhelm Tischbeins Idyllen«. In ihnen gipfelt zugleich die Doppelnatur der Gattung.

Schon in Rom hatten die beiden Künstler erkannt, »daß die Gegenstände ... von der Art sind, daß weder dichtende noch bildende Kunst, jede für sich, zur Darstellung hinreichend wären ...« (»Ital. Reise«, 20. 11. 1786). Erst viel später, um 1820, wurde der Plan gemeinsamer idyllischer Produktion ausgeführt. Tischbein sandte Goethe 1821 eine Mappe mit aquarellierten Skizzen in klassizistischer Manier, zu denen Goethe Verse und Prosakommentare verfaßte. Die XVI (später unbedeutend erweiterten) Szenen enthalten eine Reihe

der vornehmsten Idyllenmotive, die in dem nachdenklichen Glanz
einer von Reflexion und plastischer Anmut gleichermaßen erfüllten
Sprache vielleicht zum ersten und einzigen Mal in der deutschen
Idyllendichtung eine Vorstellung von der symbolischen Tiefe geben,
deren sie fähig sind. Die erste Szene legt das Fundament einer idyllischen Welt im Stile des von Goethe geliebten C. Lorrain: sie stellt
das Verhältnis von Geschichte und Natur anhand der »Substruktio-
nen zerstörter, ungeheuerer Lust- und Prachtgebäude« dar, »deren
Ruinen durch Vegetation wieder belebt« werden. Das Vertrauen auf
eine Natur, welche die Zerstörung überwindet, in ihrer Gleichgültigkeit aber auch erschreckt, verschlingt die Pole von Goethes Leben: er selbst verweist auf das dem gleichen Motiv gewidmete Ju-
gendgedicht: »Der Wanderer« (1772). Der eigentümliche und problematische Begriff einer auch die Geschichte umfassenden Natur muß
im Zentrum einer Deutung von Goethes Idyllendichtung stehen.
So wiederholen sich auf Tischbeins Zeichnungen »einzelne Vorfallen-
heiten der leblosen Natur« wie eine »Geschichte«. Unter ihnen hebt
sich als Idyllenmotiv der einzelne Baum hervor, hier eine alte Eiche,
inmitten eines Waldteichs, »in düsterer Umgebung erleuchtet, in der
Wüste sich selbst bespiegelnd«. Bemerkenswert sind die Übergänge
zwischen Wirklichkeit, Symbol und Allegorie; so bei der »niederen
Mythologie« der Faunen, Kentauren, Nymphen. Die Faunen haben
teil an den ehrwürdigen Urverhältnissen, die im Mittelpunkt der
Idylle stehen: »Mutterarm ist Kinderwiege,/ Vaterflöte spricht ans
Ohr...« Aus ihnen kristallisiert sich die goethische Idyllendefinition
(vgl. S. 13). Das Feuer vor der Höhle, die Milch der Ziege bilden
den archaischen Hintergrund für »Urformen« des Lebens, die indes
das Biologische überschreiten: zu ihnen gehören auch Kunst und
Freundschaft (II, VII). Diese goethische Idylle ist aber auch um
einen zweiten und geheimeren Punkt angelegt: den Abschied. Eine
»Scheideszene zwischen Hirt und Hirtin« (IX) hat der Dichter ausdrücklich als »tragische« Situation gekennzeichnet, in einem Verständnis des Begriffs, in dem man einen Schlüssel zu Goethes Auffassung des Tragischen überhaupt gefunden hat (Szondi). Die Erfahrung des Tragischen gehört mit zu den »Urformen« menschlicher
Existenz; wie bei den antiken Dichtern ist die Idylle weit entfernt
von einem reinen Glückszustand. So kann Goethe auch die Laokoon-
gruppe eine »tragische Idylle« nennen (1798). »Alexis und Dora«
ist ganz auf die Situation des Abschieds konzentriert (vgl. Schiller
an Goethe, 18. 6. 1796; G. an Sch., 22. 6. 1796). So entsteht ein Beispiel der Gattung, in dem ihr Zeitverhältnis aufs eigentümlichste
verkehrt wird: in der Rückschau des Seefahrers, in dem erst beim
Abschied die Liebe zur lange gekannten Nachbarin aufsprang, ver-
dichtet sich die Zuständlichkeit der Idylle zum Augenblick; dessen
kunstvolle Dehnung aber macht den Prozeß des Gedichtes aus. Die
Gewalt, mit der Schmerz und Eifersucht den einzigen Moment der

Liebe umklammern, ist zwar der Gattung Corydons und der thessalischen Zauberinnen nicht fremd, läßt aber doch die Idylle sehr stark im Licht ihrer Fragilität erscheinen. Eine wichtige Frage bei der Untersuchung der goethischen Idylle ist es nun, inwieweit die charakteristische Gefährdung von innen oder von außen (d. h. aus der Geschichte) entspringt. Erscheint in »Tischbeins Idyllen« der Riß als Bestandteil der idyllischen Welt selbst, so zieht sich andererseits der Widerspruch zwischen den am archaischen Urbild orientierten »natürlichen« Lebensformen und dem modernen Weltzustand durch eine Reihe von Werken. Ein erstes großes Beispiel ist »Werther« (1774). In »Dichtung und Wahrheit« (3. Teil, 12. Buch) hat Goethe das Wetzlarer Sommerleben als »eine echt deutsche Idylle« geschildert, die unter dem Einfluß von Gessners Radierungen und Goldsmith' »Deserted Village« bewußt als solche erlebt wurde. Viele Motive des Romans knüpfen an die Idyllentradition an. Ein an Gessner geschulter Blick lenkt sich auf das »Wimmeln der kleinen Welt zwischen den Halmen«; der Brunnen vor der Stadt verbindet die Gegenwart mit der homerischen und biblischen Urzeit, und namentlich Werthers Leben in Wahlheim, das bis ins Detail von der Idylle geprägt ist, gewährt »Züge patriarchalischen Lebens« (Briefe vom 10. 5., 12. 5., 26. 5., 21. 6., 18. 8.). Die kontrapunktische Zerstörung dieser Einzelzüge macht einen wichtigen Teil der Romanstruktur aus. Zudem wird hier die Idylle als Gattung wie als Idee relativiert, indem sie, inselhaft aufgesplittert, zum bloßen Teil eines größeren Zusammenhanges wird. In diesem verwandelnden Gebrauch der Idylle geht »Werther« einer Reihe von Werken des 19. Jhs. voran. In ihm ist die Zerstörung der Idylle jedoch nur teilweise und indirekt durch die Geschichte bedingt. Auf metaphorischer Ebene werden die statische Ordnung der Idylle und die Dynamik des geschichtlichen Prozesses konfrontiert am Ende der Faustdichtung. Die Reihe der idyllischen Szenen, die in dieses Werk eingefügt sind, vom Osterspaziergang über die »Anmutige Gegend« zum Arkadien Fausts und Helenas, münden in die Zerstörung der Idylle, als das kleine Besitztum des Paares Philemon und Baucis dem Omnipotenzwunsch des Kolonisators Faust zum Opfer fällt. Mit tiefer Ironie hat Goethe hier die Idylle gerade durch jene Intention vernichten lassen, die mit ihr dialektisch verbunden ist: die utopische. Die konkrete Auseinandersetzung zwischen einer idyllischen Konzeption des Daseins und einem geschichtlichen Zustand, der diese in Frage stellt, geschieht in »Hermann und Dorothea« (e 1796/97). Sie bedingt zugleich die Doppelnatur der Gedichtgattung, die sich zwischen Epos und Idylle bewegt. Goethe bezeichnet das sich entwickelnde Gedicht zunächst als »bürgerliche Idylle«, dann als »große Idylle«, schließlich als »episches Gedicht« und als »idyllisch-episches« Gedicht. Aus seinen Briefen und Äußerungen sowie aus der begleitenden Elegie »Hermann und Dorothea« geht hervor, daß zwei Anregungen zusammenkommen mußten, um Goethe zur epischen Form zu ermutigen: das Beispiel der »Luise« und

Wolfs Homeridentheorie, die einen Versuch im epischen Feld nicht mehr als vermessenen Wettstreit mit Homer erscheinen ließ. Vom Epos aus gesehen, bedeutet der neue Weg die Reduktion des ehemals heroischen Gegenstandes auf den Lebenskreis kleinstädtischer Bürger. Die Notwendigkeit dieses Schritts beschäftigt die zahlreichen ästhetischen Reflexionen, zu denen das Werk anregte. Bei *W. v. Humboldt*, der ihm eine längere, den Unterschied zwischen moderner und antiker Poesie grundsätzlich erwägende Schrift widmete, wie bei *A. W. Schlegel* findet sich die Einsicht, die dann *Hegel* so formuliert hat: »der ganze heutige Weltzustand hat eine Gestalt angenommen, welche in ihrer prosaischen Ordnung sich schnurstraks den Anforderungen entgegenstellt, welche wir für das echte Epos unerläßlich fanden«. Notwendig ist es für das Epos, daß sich die sittliche wie die praktische Ordnung des Lebens noch nicht zu einer vom Individuum unabhängigen Allgemeinheit verfestigt haben, wie es gerade im Apparat des modernen Staates der Fall ist. So erkennt auch Humboldt, daß der einzelne nicht mehr imstande ist, große Wirkungen hervorzubringen, da er »immer durch Massen handeln, sich immer in eine Maschine verwandeln« muß (Kap. 95). Mithin ist es unmöglich, daß noch Völkerschicksale durch Individuen gelenkt werden wie in den homerischen Epen; Humboldt stellt daher der alten heroischen eine »bürgerliche Epopöe« zur Seite. »Die epische Poesie hat sich deshalb aus den großen Völkerereignissen in die Beschränktheit privater häuslicher Zustände auf dem Lande und in der kleinen Stadt geflüchtet, um hier die Stoffe aufzufinden, welche sich einer epischen Darstellung fügen könnten« (Hegel). Daß diese Reduktion bewußt vollzogen wird, davon zeugen die Verse der Elegie, das Gedicht führe »in die stillere Wohnung,/ Wo sich, nah der Natur, menschlich der Mensch noch erzieht«. Diese Formel könnte als Definition der realistischen Idylle überhaupt gelten: sie wäre der Ort innerhalb der Welt, an dem sich das individuelle menschliche Leben ungestört von fremden, anonymen Gewalten entfalten darf.

Die so begründete Doppelnatur des Gedichtes wirkt sich dahin aus, daß die sonst selbstgenügsame idyllische Zuständlichkeit einer überlegenen Komposition und Handlungsführung dienstbar gemacht wird. Die idyllische Wurzel dagegen bedingt die maßvollen Proportionen von Raum, Zeit und Personal. Ihr entstammen viele einzelne Motive: der Weinberg, der große Baum, der Blick über die Landschaft, der Brunnen, das Gegenbild des Kunstgartens. Der Idylle fremd ist aber die hohe Kunst, die den gezeigten Dingen stets eine Funktion für das Ganze anweist: wie den unbehauenen Platten des Laubgangs, auf denen Dorothea ausgleiten wird. Auch die Gestaltung der Zeit kennt idyllische Motive; so wird der linearen Zeitauffssung des Apothekers vom Pfarrer die Überwindung des Todes durch den von Jugend und Alter gebildeten Zeitkreis entgegengehalten; dadurch werden zugleich die Gestalten charakterisiert. Diese nun zeigen eine Vereinigung von individuell-realistischer mit typisierend-idealistischer Darstellung, wie sie in der Gattung so lange gesucht worden war. Die Art der Typisierung variiert von der an die Karikatur grenzenden Figur des Apothekers bis zur nahezu idealischen Gestalt der Dorothea. Eine Analyse dieser Momente in der Charakterzeichnung würde tiefer in das Verhältnis des Dichters zur rechtlichen Ordnung hineinführen. Angesichts der »wohlgezimmerten Scheunen und des »würdigen Burgemeisters«, angesichts der ganzen Vorliebe des Gedichts für den gnomischen Ausdruck muß man fragen, in welchem Sinne der Dichter den von den Auslegern früh bemerkten, aber verschieden gedeuteten Kontrast von homerischer Sprache und moderner Welt verstanden wissen will: das ist, mit anderen Worten, die oben schon angedeutete Frage nach dem Anteil der Ironie. Für die Geschichte der Gattung ›Idylle‹ sind die Charaktere von besonderer Bedeutung, weil sich von ihrer humanen Gestaltung, die auch den Helden Schwächen zuspricht, die verhängnisvoll erstarrende Idealisierung des 19. Jhs. besonders deutlich abhebt. Eins aber unterscheidet die Gestalten grundsätzlich von denen anderer Idyllen: erst unter der Einwirkung der Geschichte können sie ihr Wesen ganz entfalten. Überhaupt ist, von der Idylle her, der Anteil der Geschichte das entscheidende Kennzeichen des Werkes. Sie ermöglicht nicht nur die Handlung, sondern bleibt vor allem ständig als drohender Horizont gegenwärtig und bringt so die Idylle erst zum Bewußtsein ihrer selbst. »Ich habe das reine Menschliche der Existenz einer kleinen deutschen Stadt in dem epischen Tiegel von seinen Schlacken abzuscheiden gesucht, und zugleich die großen Bewegungen und Veränderungen des Welttheaters aus einem kleinen Spiegel zurück zu werfen getrachtet« (an Meyer, Dez. 1796). Dem »Weltschicksal« wird sogar die Aufgabe zuerkannt, die verlorene Mythologie zu ersetzen. Doch der idyllische Charakter bedingt, daß die Geschichte nicht anders erscheint denn als Rückschau und Reflexion. Ambivalent stehen sich am Schluß die Erkenntnis fundamentaler Erschütterung der Welt und der Entschluß zum Beharren gegenüber, und die Reduktion des menschlichen Wirkungskreises auf das idyllische Maß erscheint in einem fast tragischen Licht. »Alles regt sich, als wollte die Welt, die gestaltete, rückwärts/ Lösen in Chaos und Nacht sich auf und neu sich gestalten.« Auf dem Grund solcher Einsicht wird die Idylle zum Willensakt. »Wir wollen halten und dauern,/ Fest uns halten und fest der schönen Güter Besitztum.« Die Idylle als letzte Zuflucht menschlichen Daseins rückt in die Nähe der »Natürlichen Tochter« (1803), die den gleichen Schritt vollziehen muß: der Totalität zu entsagen und durch Beschränkung auf den bürgerlichen Zirkel sich Leben und Tätigkeit zu erkaufen. Über die geschichtliche Dimension hinaus aber zeigt sich die Idylle als Frucht einer Einsicht, welche die Versöhnung mit dem beschränkten Empirischen als Bedingung menschlicher Existenz erkannt hat. Die Entsagung, die darin liegt, ist in »Hermann und Dorothea« stets gegenwärtig. Im 19. Jh. wird es zum Schicksal der Idylle, daß die darge-

111

stellte bürgerliche Welt diesen Hintergrund vergißt und sich selbst genügt.

B. Schiller

Eben das der Idylle eigene Moment der Beschränkung fällt bei Schiller dahin. Ihre Idee wird auf einen Gipfel geführt, auf dem sie sich selbst transzendiert und daher in der Sprache nicht mehr zu verwirklichen vermag. Es ist nicht die poetische Gattung der Idylle, von der Schiller in seiner Abhandlung »Über naive und sentimentalische Dichtung« (e 1795) handelt, sondern eine »Empfindungsweise«; diese steht aber dem nahe, was wir die »Idee der Idylle« nannten. Trotz der grundsätzlichen Unterscheidung bezieht sich Schiller ständig auf Beispiele aus der Gattung. In seiner Theorie erscheint die Idylle als eine der drei möglichen Positionen des sentimentalischen Dichters. Kriterium der Unterscheidung ist das Verhältnis des Dichters zur Natur, mit der er entweder als naiver im Einklang steht oder die er als sentimentalischer wiederzugewinnen sucht. Da der naive Dichter mit der Wirklichkeit noch harmonisch übereinstimmt, kennt er keinen anderen künstlerischen Weg als ihre Nachahmung. Der sentimentalische, dem der Widerspruch zwischen der Unendlichkeit des Ideals und den Grenzen der Wirklichkeit vor Augen steht, kann entweder als Satiriker die Wirklichkeit in ihrer Schwäche schildern oder als Elegiker das erträumte Ideal vorführen. Die zweite Haltung differenziert sich wiederum in zwei Möglichkeiten: die eigentlich elegische, die die Abwesenheit des Ideals beklagt, und die idyllische, die es als wirklich vorstellt. Die poetische Evokation des Ideals aber stößt auf künstlerische Schwierigkeiten, deren Überwindung erst der Idylle höchste Bedeutung geben würde. Für Schiller sind die meisten Idyllendichter einen Irrweg gegangen; da die »poetische Darstellung unschuldiger und glücklicher Menschheit« sich in der Wirklichkeit nirgends ansiedeln ließ, wählten sie als Szenerie die archaische Hirtenwelt und lenkten so den Blick zurück, der sich vorwärts richten sollte: denn der ersehnte Zustand der »Harmonie mit sich selbst und von außen« liegt nicht nur in der Vergangenheit, sondern auch in der Zukunft, wo er auch allen Reichtum der Kultur einschließen wird. So fordert Schiller vom Idyllendichter: »Er führe uns nicht rückwärts in unsre Kindheit ...sondern führe uns vorwärts zu unsrer Mündigkeit, um uns die höhere Harmone zu empfinden zu geben, die den Kämpfer belohnt, die den Überwinder beglückt. Er mache sich die Aufgabe einer Idylle, welche jene Hirtenunschuld auch in Subjekten der Kultur und unter allen Bedingungen des rüstigsten, feurigsten Lebens, des ausgebreitetsten Denkens, der raffiniertesten Kunst, der höchsten gesellschaftlichen Verfeinerung aufführt, welche, mit einem Wort, den Menschen, der nun einmal nicht mehr nach Arkadien zurückkann, bis nach Elysium führt.« Aber wie soll sich die über einem solchen Werk liegende

Vollendungsruhe mit der künstlerisch notwendigen Bewegung vereinigen? Vor diesem Problem sah sich Schiller selbst beim Entwurf
eines Gedichts, über das er *W. v. Humboldt* berichtet (29. 11. 1795).
Die »Elegie« (später: »Der Spaziergang«) und »Das Reich der Schatten« (später: »Das Ideal und das Leben«) sollten darin aufgehen. »Der
Spaziergang« folgt in einem außerordentlichen Wechsel von Anschauung und Reflexion dem Weg von den vorgeschichtlichen ländlichen Daseinsformen zur lebendigen Vielfalt der Stadt, deren Kultur
indessen im Chaos endet: nur die Gesetzlichkeit der – symbolisch
verstandenen – Natur kann wieder Halt und Richtschnur geben.
»Das Reich der Schatten« bereitet den idyllischen Zustand vor, indem
es dazu aufruft, sich aus den Banden der Wirklichkeit zum Ideal
aufzuschwingen. Daran sollte das neue Gedicht anschließen: Herakles, am Ende des ersten Gedichts in den Olymp erhoben, soll sich
mit Hebe vermählen. Der »Übertritt des Menschen in den Gott« soll
die notwendige Belebung in das sonst schon ins Göttliche entrückte
»Gemählde« bringen. »Denken Sie sich aber den Genuß, lieber Freund,
in einer poetischen Darstellung alles Sterbliche ausgelöscht, lauter
Licht, lauter Freyheit, lauter Vermögen . . .« Mit dieser Ahnung einer
höchsten Gestaltung, mit der sie in der Vollendung der Utopie vernichtet worden wäre, hat sich die Idylle begnügen müssen. Wenn
aber Schiller die für ihn zentrale Idee des Idyllischen, deren Möglichkeiten und Dimensionen er wohl zuerst ganz ermaß, nicht innerhalb der Gattung konkretisiert hat, so umso mehr dort, wo er sie
im Prozeß ihrer jeweiligen historischen Entfaltung zeigen konnte:
in seinen Dramen. Diese bis heute erregende Auseinandersetzung mit
der geistigen und politischen Entwicklung des menschlichen Bewußtseins hat die Forschung der letzten Jahre eindringlich dargestellt (vgl. S. 28 f.).

C. Die Romantiker

Das Moment der Beschränkung ist es wohl, was die von
Strich konstatierte Fremdheit der Romantiker gegenüber der
Idylle bestimmt hat. Die romantische Poesie hat wenig Zeugnisse der Gattung hervorgebracht. Manches, was ihren Namen
trägt, steht ihr typologisch fern. *F. Schlegels* »Idylle über den Müßiggang« ist reine Reflexion. Der junge *Tieck,* der mit den traditionellen Topoi der Gattung experimentiert, drückt in dem orienta-
lisierenden Idyll »Almansur« seine verzweifelte Skepsis aus. Die Schäferdichtung, wie sie *W. v. Schütz* und *A. W. Schlegel* (»Nikon und
Heliodora«) gestalten, steht der Entwicklung der Gattung ganz
fern; die kunstvollen musikalisch-metrischen Spiele ihrer Stanzen und
Sonette knüpfen an die spanische Barockpoesie an. Wie die Brüder
Schlegel die Idylle auffaßten, erhellt aus der Auswahl der von A. W.
Schlegel übersetzten griechischen Beispiele und dem angefügten
Kommentar: wesentlich ist ihnen der »ursprünglich erotische Geist«

und die alexandrinische Zierlichkeit. Füglich steht Theokrit in seiner »unverschönerten und oft widrigen Naturwahrheit« hinter dem durch schalkhafte Anmut und Innigkeit ausgezeichneten Bion zurück. An Gessner tadelte A. W. Schlegel den »völlig aufgehobnen Antagonismus der Kräfte«, der zur Leblosigkeit führt; noch mehr als die »fade Idealität« mißfiel ihm aber Vossens Hingabe an die hausbackene Wirklichkeit. Seine bekannte Rezension im ›Athenäum‹ (1800) ließ ihn mit Matthisson und dem Prediger *Schmidt von Werneuchen* (dessen gutmütige Häuslichkeits- und Naturpoesie ebenfalls in den Kreis der Idylle gehört) zum komischen Wettgesang antreten. Tieck, der Mahler Müller und Hebel schätzte, wünscht im »Phantasus« in die Schäfereien »etwas Wolf«, da »die stille Lieblichkeit an sich leicht ermüde und einschläfre«. Andererseits wird aber diese Lieblichkeit nicht selten zum Kontrapunkt des Abgründigen und Dämonischen, dessen Reiz man eben entdeckt. So darf die Idylle zwar nicht mehr den autonomen Raum der Gattung aufrichten, doch ihre Idee lebt in der romantischen Dichtung inselhaft fort. Den verschiedenen Konstellationen nachzugehen, in denen das Idyllische im romantischen Roman, in der romantischen Erzählung erscheint, ist eine reizvolle Aufgabe. (Vgl. die Waldidylle in Tiecks »Der blonde Eckbert«, das groteske Idyll in Hoffmanns »Die Königsbraut«.)

Neben der kontrapunktischen Funktion kennt aber die romantische Dichtung noch eine tiefere Berührung mit der Idylle. Die Geschichte ist für sie nicht schlechthin Unendlichkeit. Es besteht ein Zusammenhang zwischen der kreisförmigen Zeitstruktur der Idylle und jener romantischen Geschichtsvorstellung, welche die Zeit in ihren Ursprung münden läßt. So vollendet *Novalis* etwas in der Idylle Angelegtes, aber nie Gewagtes, wenn er den »Ofterdingen« (1799, E 1802) mit einer Vermählung der Jahreszeiten schließt. Zu ihr führen mehrere in den Notizen zum 2. Teil verzeichnete idyllische Motive: so der Hinweis auf das – auch von Goethe geliebte – idyllische Drama »Sakuntala«. Die schließlich erscheinende neue Goldene Zeit, die zugleich die Urwelt ist, bleibt zunächst noch dem »Zauber« des »Sonnenreichs« unterworfen. Am Anfang des großen Gedichts, das nach Tiecks Bericht den Roman enden sollte, steht die Erkenntnis, daß die Quelle der Schmerzen in der Trennung der einzelnen Jahreszeiten und Lebensalter liegt. So machen sich der »neue Monarch« und seine Gemahlin auf, um die Zeiten zusammenzuholen. Ein wichtiges Beispiel der romantischen Faszination durch das Zeitstufen-Motiv sind die bekannten, später als Gemälde ausgeführten Zeichnungen von *Ph. O. Runge.* Vom symbolischen Gehalt der anfangs als konventionelle Verzierung gedachten »Arabesken« hat Runge selbst einen Abriß gegeben. Durch *Görres,* der ihnen eine mystische Deutung widmete, lernte sie der Heidelberger Student *Eichendorff* kennen (Tagebucheintragung vom 9. 7. 1807). In der bedeutenden Funktion, die in seinem Werk den Tageszeiten zukommt, wirkt das Motiv fort. Eichendorff ist derjenige romantische Dichter, der zur Idylle in der engsten Beziehung steht. Nicht nur, daß bei ihm die Idee der Idylle am häufigsten sichtbar wird; Eichendorff hat auch versucht, seine poetische Welt in einer Idylle zu kristallisieren. Es finden sich Entwürfe zu einem »Idyll von Lubowitz«, für das zunächst Hexameter, dann reimlose Jamben, dann Reimverse vorgesehen waren. Die Stichworte zu diesem Kindheitsidyll bilden einen Katalog der innersten Eichendorffschen Motive: Wälder, Schloß, Lustgarten, Sommerschwüle, grasende Hirsche, Rauschen, Schauer, das geheimnisvolle alte Lied. Das Bewußtsein der Abgeschlossenheit von der Zeit, »während draußen in Frankreich die Revolution schon ihre Tour beginnt«, vollendet den idyllischen Zustand, in dem Eichendorff den Ursprung seines Dichtens – symbolisiert in der Erscheinung der Muse – erblickt. So müßte sich in seiner Dichtung ein idyllischer Grund aufdecken lassen, der wohl mit der ihm eigentümlichen Verwandlung der Zeit in Raum zusammenhinge.

Als einen Beitrag der romantischen Dichtung zur idyllischen Poesie darf man die Einführung der vorher seltenen Waldszenerie sehen. Der junge Heine malt sie in seiner »Bergidylle« (aus der »Harzreise«, 1824) betont stimmungsvoll aus: Mondschein und Tannenrauschen umschließen die Bergmannshütte, in der der Reisende, von alten und neuen Idyllenrequisiten umgeben (Lehnstuhl und Zither, Spinnrad und Wanduhr), mit dem märchengläubigen Naturkind plaudert. Aber hier wird tief in die Struktur der Idylle eingegriffen. Wenn das »rechte Wort« des Dichters in der Mitternachtsstunde, deren Wiederkehr jeweils die Geschichte aufstehen läßt, den romantischen Zauber bewirkt und die Hütte zum Schloß, die Bergmannstochter zur Prinzessin wird, so hebt dieser scheinbar romantische Akt das romantische Idyll auf: denn der Held, dem nun alles huldigt, ist ein »Ritter von dem heilgen Geist«, der die neue Lehre von Freiheit und Gleichheit bringt.

Literatur:

Goethe: Die in den geläufigen G.-Ausgaben vollständig enthaltenen Werke werden hier nicht besonders nachgewiesen, das gleiche gilt für die leicht zugänglichen Brief- und Gesprächsammlungen.
Rezensionen: Lyrische Gedichte von J. H. Voss. Grübels Gedichte in Nürnberger Mundart. Allemannische Gedichte. In: Jenaische Allg. Lit.-Ztg. 1804, 1798, 1805; alle auch in: Gedenkausg. Bd. 14. 1950.
»Wilhelm Tischbeins Idyllen«, hg. v. H. W. Keiser; München 1970 (mit Goethes Texten, Tischbeins Bildern und dessen eigenem Kommentar); hg. v. E. Trunz. Hamburg 1949, erweitert in: Studien zu Goethes Alterswerken. Hg. v. E. Trunz. Homburg 1970, auch in: Gedenkausg. Bd. 13, 1954 (aus: Über Kunst u. Altertum. 1822); Bd. I d. Hamburg. Ausg. enthält einen Kommentar u. Literaturangaben, druckt aber nur die Verspartien ab; dazu: P.

Szondi: Versuch über das Tragische. 1961, S. 30–32. – Über Laokoon. In: Gedenkausg. Bd. 13. S. 161–174 (aus: Propyläen. 1798). *»Alexis und Dora«:* H. G. Gräf: Goethe über seine Dichtungen, Bd. 7. 1912, S. 208 ff. – Goethe-Handbuch, Bd. I, ²1961, Sp. 132 ff. – F. P. Pickering: Der zierlichen Bilder Verknüpfung. In: Euph. 52, 1958, S. 341–355.

»Tasso«: L. Blumenthal: Arkadien in Goethes »Tasso«. In: N. F. d. Jbb. d. Goethe-Ges. 21, 1959, S. 1–24. – G. Kaiser (s. S. X).

»Faust«: R. Poggioli: Naboth's Vineyard: The Pastoral View and the Social Order; ders.: »Arkadisch Frei Sei Unser Glück!«: Goethe and the Pastoral. Beides in: The Oaten Flute (s. S. XI). – R. Stephan: »L'Arcadie« de Goethe et l'idée d'un monde meilleur. In: E G 31, 1976, S. 258–280.

»Hermann und Dorothea«: Gräf, Bd. 1. 1901, S. 79 ff. – W. v. Humboldt: Ästhetische Versuche, Tl. I: Über Goethes HuD (1797/98); Akademie-Ausg. I I, S. 113–319. 1909; dazu s. W. Müller-Vollmer: Humboldts Dichtungstheorie..., 1967. – A. W. Schlegel: Sämtl. Werke, hrsg. v. Böcking, Bd. II. 1847, S. 183–221; auch in: Kritische Schriften u. Briefe, hrsg. v. E. Lohner, Bd. I. 1962, S. 42 –66. – G. W. F. Hegel: Ästhetik. In: Sämtl. Werke, hrsg. v. H. Glockner. ³1954, Bd. 14, S. 341 f. u. 416 ff. – Untersuchungen zu HuD erschienen: von V. Hehn, 1913; H. Steckner, 1927; M. Gerhardt in: MDU 34, 1942, S. 415 ff.; H. Helmerking, 1948; R. Leroux in: EG 4, 1949, S. 174–186; S. Scheibe, in: Beiträge zur Goetheforschung, 1959, S. 226 f.; R. Samuel, in: PEGS 31, 1961, S. 82–104; M. Lypp: Aesthetische Reflexion und ihre Gestaltung in Gs HuD. Stuttgart 1969; O. Seidlin: Über HuD. In: Klassische und moderne Klassiker. Göttingen 1972. S. 20–37. – Kommentar: Hamb. Ausg. Bd. 2. – E. Busch: Das Verhältnis der dt. Klassik zum Epos, in: GRM 29,1941, S. 257–272; E. Fränkel: Das Epos, in: Dichtung u. Wissenschaft. 1954, S. 25–61; E. Staiger: Goethe, Bd. 2. 1956, S. 222–226 (auch über »Alexis u. Dora« u. verwandte Gedichte); Fr. Strich: Dt. Klassik u. Romantik. ⁴1949; H. A. Korff: Geist der Goethezeit, Bd. 2. ²1954, S. 341–352. Zur Gestaltung des Idyllischen bei Goethe insgesamt vgl. G. Kaiser: Wandrer und Idylle (vgl. S. X).

Schiller: Über naive u. sentimentalische Dichtung. In: National-Ausg. Bd. 21. 1963 (mit ausführl. Kommentar: S. 289–314); Hanser-Ausg. Bd. 5. ³1963. – Briefe, hrsg. v. W. Jonas, 1892 ff. Bd. 4; Briefwechsel zwischen Sch. u. W. v. Humboldt, 2 Bde. 1962; National-Ausg. Bd. 30: Briefe 1790–1800. – W. G. Field: Schiller's Theory of the Idyl and Wilhelm Tell. In: MDU 42, 1950, S. 13–21; Reprint 1973. H. Rüdiger: Schiller u. das Pastorale. In: Euph. 53, 1959, S. 229–251; H. Kraft: Über sentimentalische und idyllische Dichtung. In: Studien zur Goethezeit. Festschrift L. Blumenthal. Weimar 1968; ders.: Über sentimentalische und idyllische Dichtung. 2. Teil: Das Ideal und das Leben. In: Jb. d. dt. Schillergesell-

schaft 20, 1976, S. 247–254. – P. Szondi: Das Naive ist das Sentimentalische. Zur Begriffsdialektik in Schillers Abhandlung. In: Lek-
türen und Lektionen. Frankfurt 1973. S. 47–99. – G. Kaiser: Jo-
hannas Sendung. Eine These zu Schillers »Jungfrau von Orléans«.
In: Jb. d. dt. Schillergesellschaft 10, 1966, S. 205–236; ders.: Wallensteins Lager. Schiller als Dichter und Theoretiker der Komödie.
In: Jb. d. dt. Schillergesellschaft 14, 1970, S. 323–346; ders.: Die
Idee der Idylle in Schs »Braut von Messina«. In: Wirkendes Wort
21, 1971, S. 289–312; ders.: Von Arkadien nach Elysium. Zu G.
Sautermeister (s. u. Z. 14). In: ZfdPH 19, 1972, S. 172–181; ders.:
Idylle und Revolution. Schs »Wilhelm Tell«. In: Dt. Literatur und
Frz. Revolution. Göttingen 1974, S. 87–128. (Diese Aufsätze sol-
len gesammelt erscheinen unter dem Titel: Von Arkadien nach
Elysium.) – G. Sautermeister: Idyllik und Dramatik im Werk F.
Schs. Stuttgart 1971; weitere Literatur bei H. Koopmann: Fr.
Sch., Bd. 2. ²1977, S. 26 f. (Sammlung Metzler. 51.)

Friedrich Schlegel: Idylle über den Müßiggang. In: Kritische Ausg.
der Werke, Bd. 5, hrsg. v. H. Eichner. 1962, S. 25–29. – A.
Heiner: Der Topos »goldenes Zeitalter« beim jungen F. Schl. In:
Toposforschung. Hg. v. P. Jahn. Frankfurt 1972.

August Wilhelm Schlegel: Sämtl. Werke, hrsg. v. Böcking 1846 f.
Darin: Nikon u. Heliodora. Bd. 1, S. 78–81; Übersetzungen:
Thokritos, Bion, Über das Idyll. Bd. 3, S. 161–173; Tasso, Guarini
u. a. Bd. 4, S. 131 ff., 149 ff., 173 ff.; Rezensionen: Bd. 10, S. 232 ff.
(über Hottinger »Salomon Gessner«), Bd. 12, S. 55–92 (Matthisson, Voss u. F. W. A. Schmidt), Bd. 19, S. 331 ff. (Musen-Almanach
f. 1796 u. 1797).

Friedr. Wilh. August Schmidt: Musen u. Grazien in der Mark, hrsg.
v. L. Geiger, 1889.

[*Wilhelm von Schütz:*] Romantische Wälder vom Verfasser des La-
crimas. 1808.

Otto Heinrich Graf Loeben: Gedichte. 1810. (Auswahl in: DLD
Nr. 135.1905.)

Ludwig Tieck: Almansur. In: Schriften. 1828. Bd. 8, S. 259 ff.; Phantasus. In: ebda Bd. 4, S. 417 ff. Vgl. auch »Der Mondsüchtige«,
ebda Bd. 21, S. 123 f. – R. Paulin: The early L. T. and the idyllic
tradition. Modern Language Review 70, 1975, S. 110–124.

Novalis: Heinrich von Ofterdingen. In: Schriften, Bd. 1, hrsg. v.
P. Kluckhohn u. R. Samuel. ³1976. – H.-J. Mähl: s. S. X; vgl.
auch die Idyllenversuche im Anhang: Unveröffentlichte Jugend-
lyrik.

Kalidasa: Sakuntala. Übers. u. erl. v. G. Forster. In: Forsters Werke,
Akademie-Ausg., Bd. 7. 1963 (E 1791); moderne Übers. durch H.
Losch in: Reclams Univ.-Bibl. Nr. 2751/51 a.

Philipp Otto Runge: Über die Tageszeiten. In: Hinterlassene Schriften, Bd. 1. 1840, S. 31–33, 226–236; fotomech. Neudruck 1965.

Joseph Görres: Die Zeiten. In: Heidelb. Jb. 1808, S. 261 ff.; DLE

Reihe Romantik, Bd. 12. 1935, S. 180–192; fotomech. Neudruck
1964.
Joseph von Eichendorff: Idyll von Lubowitz. In: Neue Gesamtausg.,
hrsg. d. G. Baumann u. S. Grosse, Bd. 2, 1957, S. 1077–1086. –
H. Schulhof: Die Idylle Lubowitz. In: Der Oberschlesier 7, 1925,
S. 342–349; G. Lukács: Dt. Realisten des 19. Jhs. 1952, S. 48–65.
H. Heine: Bergidylle. In: Sämtliche Schriften. Hg. v. K. Briegleb.
Bd. I, S. 168–175; Kommentar in Bd. II.

5. Die relativierte Idylle

Bei den meisten bedeutenden Dichtern der Goethezeit läßt
sich ein distanziertes Verhältnis gegenüber der im Publikum
noch durchaus geschätzten Gattung der Idylle beobachten. Die
Französische Revolution prägte dem dichterischen Bewußtsein
Dimensionen ein, die eine Autonomie der idyllischen Haltung
als fragwürdig erscheinen ließen. Die deutsche Dichtung, im
Bund mit der Philosophie auf einen jähen Gipfel gelangt, stellte
an sich selbst den Anspruch einer Totalität, dem eine bewußt
sich beschränkende Gattung zuwiderlaufen mußte. Andererseits
waren die von der Idylle entworfenen Bilder harmonischer Ruhe, waren ihre einzelnen Motive noch so gegenwärtig, daß
sie sich sogleich einstellten, wo die Dichtung einmal ihrer Sehnsucht nach einem Ruhepunkt Raum gab. So entstanden Idyllen
oder idyllenartige Werke, die in verschiedener Weise relativiert
sind: sei es, daß in ihnen der Charakter der Gattung gebrochen
erscheint, sei es, daß sie nur als Teil einem Ganzen eingestaltet
werden, sei es, daß ihre untergeordnete Rolle im Gesamtwerk
des Dichters ihre Bedeutung mindert.

A. Hölderlin

Das Moment der Totalität ist gerade bei der Prüfung von
Hölderlins Verhältnis zur Idylle entscheidend. »Emilie vor ihrem
Brauttag«, ein erzählendes Gedicht in Blankversen, das Hölderlin 1799 für Neuffers ›Taschenbuch für Frauenzimmer‹ schrieb,
wird gemeinhin als Idylle bezeichnet. Dieser Sprachgebrauch hat sich
wohl durch den Titel der Monographie von E. Lehmann eingebürgert; in seiner Arbeit wird jedoch die Zugehörigkeit des Gedichts zur
Idyllengattung nicht näher begründet, sondern es wird nur versucht,
es von der konventionellen Idylle abzugrenzen und als sentimentalische Idylle in Schillers Sinne zu erweisen. Hölderlin selbst, der die
»Dichtart« der »Emilie« in einem Brief an Neuffer (3. 7. 1799) ausführlich erläutert, führt den Begriff der Idylle nicht ein. Die Briefe,
in denen Emilie ihrer Freundin die Geschichte ihrer Verlobung er-

zählt, enthalten allerdings idyllische Momente, jedoch in einer Allgemeinheit, in der sie auch der Lyrik angehören. Mit der sinnlichen Anschaulichkeit fehlt dem Gedicht ganz der Charakter des Räumlich-Zuständlichen; es schildert vielmehr die Geschichte einer Seele. Emiliens geliebter Bruder ist als Freiheitskämpfer in Korsika gefallen; auf einer Reise mit dem trauernden Vater erblickt sie einen ihm auffallend ähnlichen Jüngling, der ihr in die Heimat folgt und ihre Hand gewinnt. Während dieser Erlebnisse wechseln die Stimmungen ihrer Seele nach einem Gesetz, das Hölderlin in seinem Brief als Prinzip einer neuen Dichtart entwickelt. Das »Ideal eines lebendigen Ganzen« und der – bekanntlich als System ausgearbeitete – »Wechsel der Töne« beherrschen das Gedicht; will man Schillers Kategorien darauf anwenden, so läge der im Brief selbst gebrauchte Begriff des Elegischen näher, da das Ideal nur in der Vergangenheit und in der Zukunft in vagen Umrissen erscheint.

Der Wechsel von naivem, heroischem und idealischem Ton läßt in Hölderlins Gedichten das Idyllische in zwiefacher Gestalt aufglänzen: naive Partien nähern sich der empirisch beschränkten, idealische der unbegrenzten schillerschen Idylle. Solche idyllischen Partien enthalten etwa »Mein Eigentum«, »Der Wanderer«, »Der Gang aufs Land«, »Stutgard«, »Heimkunft«, »Die Wanderung«, »Der Rhein«. In den Hymnen-Bruchstücken glimmt der idyllische Geist noch in den Splittern einzelner Motive, die einen idyllischen Assoziationskreis evozieren. In einem einzigen Gedicht wird versucht, eine Idylle als Ganzes zu entwerfen, eine Idylle, die freilich die Totalität der ·Geschichte umspannen würde: in der »Friedensfeier«. Wie Schiller, so hat auch Hölderlin für die utopische Idylle einen symbolischen Schauplatz gewählt; aber auch so wagt er es nicht, die Feier selbst zu zeigen, sondern verharrt erwartend an der Schwelle des Festes. Als Totalität zeigt sich die Idylle erst der Demut des verengten Blicks, den der späteste Hölderlin auf die ihn umzirkende Welt richtet. Die Geschichte des Idyllischen kennt nichts Ergeifenderes als die Zuwendung, mit der das äußerste Leiden »Der Erde Freuden, Freundlichkeit und Güter« rühmt. Die Welt zieht sich in ein Rund zusammen, in dem die Jahreszeiten sich beruhigend aneinanderschließen, das Leben sich in Kindern erneuert, die friedliche Geschäftigkeit in Feldern und Weinbergen dem Dasein der freundlich verbundenen Menschen Sinn verleiht. Die Landschaft mit ihren Hügeln, Bächern und Wäldern zeigt die Harmonie der kreisförmigen Idyllenzeit an: »Und die Vollkommenheit ist ohne Klage.«

B. Kleist

Bei Kleist wird die Relativierung der Idylle bis zu ihrer Zerstörung vorgetrieben. Solche Radikalität entspricht einer tieferen Bindung an ihre Idee, die sich in seiner heftigen Reaktion auf das verzerrte Kunstarkadien im Hameau de Chantilly ebenso ausspricht wie in seinem Gefallen am einsamen Leben auf der Aareinsel bei Thun und in dem berühmten Wunsch, in der Schweiz ein Landgut zu erwerben (vgl. die Briefe vom 16. 8. 1801, 27. 10. 1801, 1. und 20. 5. 1802). Dem episodischen, der Erfüllung sich entziehenden Charakter der gelebten Sehnsucht entspricht die Fragilität, mit der die Idylle im Werk dargestellt ist. Zur Gattung hatte Kleist schon durch seine Freundschaft mit Gessners Sohn Heinrich eine gewisse Beziehung, die ihn aber zu Kontrafakturen der Gessnerschen Idylle führte. So transponiert Frau Marthe Rull, wenn sie das Gericht mit der ausführlichen Beschreibung des zerbrochenen Kruges ermüdet, die Klage des Fauns in Gessners gleichnamiger Idylle. In Gessners und Kleists Ausfüllung des Ekphrasis-Schemas stehen sich Mythologie und Geschichte, relative und absolute Vergänglichkeit gegenüber. Der Faun trennt seine rhythmischen Klagen von der Beschreibung der mythologischen Szenen, die auf dem Weinkrug gemalt waren; sie überleben, während die Darstellung zerstört ist. Bei Kleist, der die Zerstörung jeder einzelnen Person betont, verweist die Sprache nicht nur das Bild, sondern die Person selbst in die Vernichtung. »Hier in der Mitte, mit der heil'gen Mütze , / Sah man den Erzbischof von Arras stehn, / Den hat der Teufel ganz und gar geholt, / Sein Schatten nur fällt lang noch übers Pflaster.«

In der Idylle »Der Schrecken im Bade« (1808) richtet sich die Kontrafaktur auf die ganze Gattung, die durch eine traditionelle Ausstattung mit Alpensee, Lamm und Jäger ausdrücklich berufen wird. Der Topos des im Bade belauschten Mädchens wird dahin abgewandelt, daß sich die Freundin der Badenden, im Gebüsch versteckt, als deren Bräutigam ausgibt. Die sexuelle Perversion in den verschrobenen Scherzen des vermeintlichen Jünglings widerstreitet von Grund auf dem Geist der Idylle als der Darstellung natürlicher Lebensformen. Noch mehr aber tut dies die absolute Entschlossenheit, mit der die Belauschte, da sie sich als geschändet empfindet, die Hochzeit verweigert. Aus dem Motiv spielender Sinnlichkeit wird ein tragisches, eine Dimension, die im künstlich eingefügten mythologischen Modell der von Aktäon belauschten Diana angedeutet wird. In diesem Gedicht löst Kleist die Tragik in einen – freilich in sich selbst zweideutigen – Schein auf; im übrigen Werk verwehrt der Zuschnitt der Probleme eine solche Lösung. Die idyllischen Partien, die schon der dramatische Sprachstil nur flüchtig anzudeuten erlaubt, werden durch das Folgende vernichtet. So findet sich im »Erdbeben in Chili« (1807) die junge Familie nach der Katastrophe im einsamen Tal unter dem Granatapfelbaum, ungekränkt von den Menschen, die das Unglück in den Urzustand zurückversetzt hat: kaum tritt die Gesellschaft in ihre Rechte, als dieser Zustand schon aufs furchtbarste zerstört wird.

C. Jean Paul

Bei Jean Paul wird die Idylle in einer Weise relativiert, die ihr zwar eine Fortexistenz erlaubt, sie aber von grundauf verwandelt. In der berühmten Formel, die im Idyllenkapitel der »Vorschule der Ästhetik« (das 1812 der 2. Auflage eingefügt wurde) die Gattung als »epische Darstellung des Vollglücks in der Beschränkung« definiert, überkreuzen sich zwei Perspektiven: die subjektive und die objektive. Die »Beschränkung« bezieht sich auf die objektiven Gegebenheiten der dargestellten Welt, das »Vollglück« aber auf das Subjekt, dessen Perspektive ihr erst den Idyllencharakter verleiht. Diese letzte Konsequenz ist zwar nicht explizit formuliert, ergibt sich aber aus Jean Pauls eigener poetischer Praxis ebenso wie aus den Vorschlägen, die er für die Gattung macht. Er stellt sie als Ersatz des fehlenden »Freudenspiels« dem Trauerspiel gegenüber und verwirft ihre Einengung auf das farblose Hirtenleben und das nur vermeintlich primitive Goldene Zeitalter, da »für die Idylle der Schauplatz gleichgültig ist, ob Alpe, Trift, Otaheiti, ob Pfarrstube oder Fischerkahn«. Nur die »Menge der Personen« und die »Gewalt der großen Staatsräder« ist auszuschließen, sonst ist auch der Stand der Personen beliebig. »So kann z. B. die Ferienzeit eines gedruckten Schulmannes – der blaue Montag eines Handwerkers – die Taufe des ersten Kindes... kurz alle diese Tage können Idyllen werden...« Daß Jean Paul zu einer Zeit, in der Voss und Mahler Müller schon gewirkt haben, noch diese Freiheit des Schauplatzes betont, rührt daher, daß er sich noch mit den Theoretikern des 18. Jhs. und mit Gessner auseinandersetzen zu müssen glaubt. (Die konventionelle Idylle des 18. Jhs. travestiert er in »Hafteldorns Idylle auf das vornehme Leben«.) Solcher Freiheit in der Wahl des Sujets entspricht es, wenn Jean Paul die Form der Idylle in einer von der Tradition ganz abweichenden Weise bestimmt: als »Nebenblüte« der drei Zweige des Romans. Durch diese Einordnung, zu der ihm die ihm wohlbekannte Gattungsgeschichte wenig Anlaß gibt, zeigt er zunächst, daß ihm die Idee der Idylle wichtiger ist als die Form: für ihn sind auch der »Robinson«, Rousseaus Leben auf der Petersinsel und teilweise der »Landprediger von Wakefield« idyllisch. Vor allem aber hat er so das Recht gewonnen, jene eigenen Werke einzubeziehen, die er als Idyllen empfindet: »Wutz« (e 1790 oder 1791), »Fixlein« (e 1794/95) und »Fibel« (e 1806/11). – Wenn so der Ursprung der Idylle ins Subjekt verlegt ist, so kann sie doch auf allgemeine Resonanz rechnen: die Freude am idyllischen Gedicht verklärt durch eigene Erinnerungen ein Glück, »das immer ein Widerschein eueres früheren kindlichen oder sonst sinnlich engen ist«. Die Bestimmung des Kindlichen ist besonders wichtig. Auch bisher haben Idyllendichter gern aus der Anschauung ihrer Kindheit geschöpft, wie Hebel und Mahler Müller, bei Jean Paul wird aber dieser Anteil der Vergangenheit an der Idylle bewußt bedacht und gestaltet – ein neuer Aspekt der Gattung, der sich in dem Eichendorffschen Idyllenfragment wiederfindet und später die ausgehende Idyllenpoesie um die Wende zum 20. Jh. charakterisieren wird. Der alternde Jean Paul hat in seiner »Selberlebensbeschreibung« (e 1818/19) die Idylle seiner Kind-

121

heit ausgemalt. Als Quelle seiner Vorliebe für die Idylle gibt Jean Paul in dieser Autobiographie eine »eigne Vorneigung zum Häuslichen, zum Stilleben, zum geistigen Nestmachen« an. Sie hat indes ihr Widerspiel in einer Unendlichkeitssehnsucht, die zu einem »närrischen Bunde zwischen Fernsuchen und Nahsuchen« führt. So wird Jean Pauls Idylle schon im Keim von der Ahnung einer Totalität relativiert. Darin deckt die »Selberlebensbeschreibung« auf, was den in Gestalt kleiner Romane ausgeführten Idyllen zugrunde lag. Deren Helden: das Schulmeisterlein Wutz, das sich alle berühmten Bücher, da es sie nicht kaufen kann, selbst schreibt; der zum Pfarrer aufsteigende Konrektor Fixlein; der fiktive Verfasser der sog. »Bienrodischen Fibel«, der sein Leben von einer »biographischen Akademie« beschreiben läßt: sie sehen ihre bescheidenen Lebensgeschichten aus einer kindlichen Perspektive, die alle Dimensionen grotesk verzerrt. Aber obgleich alle drei sich in ihren beengten Umständen am »Vollglück« erfreuen, erscheinen die Welten von Auenthal, Hukelum und Heiligengut nicht in der abgeschlossenen Zufriedenheit der Idylle. Das hat mehrere Gründe. Da ist einmal die Bedeutung, die das Jean Paulsche Zentralmotiv des Todes gewinnt: namentlich im »Fixlein« schafft die Angst vor dem verhängnisvollen Geburtstag eine die Idylle fast zerreißende Spannung. Zum anderen zeigen sich dem Leser die dargestellten kleinbürgerlichen Verhältnisse als objektiv fragwürdige. Die Hungerjahre des Alumnus Wutz, die demütigende Abhängigkeit Fixleins von seinem Patronatsherrn werden gerade durch die gelassene Anpassung der Helden so einprägsam, daß durch die Idylle die Satire schimmert. So hat Jean Paul denn auch im »Siebenkäs« die erstickende Qual eines kleinstädtischen Milieus gezeichnet, dem er auch idyllische Seiten hätte abgewinnen können. Vor allem ist es aber seine Sprache, welche die Schranken der Idylle aufreißt und die Fülle der Welt in tausend Details eindringen läßt. Seine Metaphern, Vergleiche, Exkurse bringen ständig den größeren Zusammenhang der Welt und der Geschichte zum Bewußtsein. Doch wird hierdurch die künstlerische Einheit dieser poetischen Welten keineswegs zerstört; sie gründet vielmehr in der Überzeugung, daß in den »Mikrologien« des bürgerlichen Lebens die Totalität des Daseins in nuce wahrgenommen werden könne (vgl. »Fixlein«, Letztes Kapitel). Sind so die selbständigen Idyllen Jean Pauls durch ihren Bezug auf eine höhere Welt relativiert, so finden sich in den Romanen idyllische Abschnitte, die ihre Funktion innerhalb des Werkes einschränkt. In den »Flegeljahren« (e 1795/1805), die aus dem Plan einer »Kleinen Wutzischen Idylle« hervorwuchsen, liest Walt sein »Glück eines schwedischen Pfarrers« vor, eine Skizze, die zu den eigenartigsten und schönsten Zeugnissen der deutschen Idylle gehört. Während sonst die Idylle die natürliche Zeitordnung feiert, lebt diese Variation von ihrer Verfremdung: die lange schwedische Winternacht senkt die Welt in einen anhaltenden Dämmerungszauber, während die kurze Sommernacht zu goldenen Geisterstunde wird. Das Idyllische bei Jean Paul ist identisch mit der ihm eigenen Qualität des Warmen, Weichen und Bewegten. Wird dieses durch das Element der Erhabenheit sublimiert, so entstehen Szenen wie die Freundschaftsstunden in Lilar oder Maienthal, die Idyllen im höheren Sinn darstellen. Auch sie verdanken sich dem Gefühlszustand des Subjekts. Die Mahnung am Ende des »Fixlein«: ».... der liebste Gegenstand deines Bewußtseins sei dieses Bewußtsein selbst!« charakterisiert den Ursprung der Jean Paulschen Idyllik.

D. Hebbel

Die von Jean Paul geschaffene neue Idyllenform war zu sehr an seine poetische Eigenart gebunden, um eine unmittelbare Nachfolge zu finden. Aber auch die durch »Hermann und Dorothea« begründete neue Zwischengattung des idyllischen Epos, von der man sich eine Wiedergeburt der epischen Dichtung versprach, zeigte bei dem einzigen bedeutenden Versuch, Hebbels »Mutter und Kind« (1856/57, E. 1858), sogleich die Grenzen ihrer Möglichkeiten. Das liegt zum Teil an Hebbels individueller dichterischer Anlage, die nicht der Zustand, sondern der Konflikt interessierte. Der Bruch, der durch das idyllische Epos läuft, ist schon dadurch bedingt, daß es aus einer ursprünglich dramatischen Konzeption erwuchs (Tagebucheintragung vom 22. 1. 1847). Ein reiches kinderloses Ehepaar ermöglicht armen jungen Leuten den eigenen Hausstand gegen die Bedingung, daß ihnen das erste Kind abgetreten wird. Doch die Elternliebe verweigert die Einlösung des Versprechens. Im epischen Gedicht wird der Konflikt gelöst, indem das reiche Paar zur Einsicht gelangt und verzichtet. Hebbel wählte die epische Form, da sich die Idee »durchaus nicht dramatisch organisieren wollte«. Trotz seiner Bemühung, durch ausführliche Schilderung der Stadt Hamburg und des Bauerngütchens den epischen Stil zu treffen, läßt die seelische Spannung keine ruhige Zuständlichkeit aufkommen. Zudem wird die verzweifelte Lage des jungen Paares beispielhaft für die Situation des vierten Standes zur Zeit des Frühkapitalismus. Es werden Probleme aufgerissen, die in den Maßen der Idylle nur eine ungenügende Einzellösung finden können. »Es (das Gedicht) will allerdings ein Epos, ein die ganze moderne Welt umfassendes Totalbild sein, wenn es auch Scheu trägt, sich so zu nennen« (an Adolf Stern, 31. 10. 1858) – so hat Hebbel selbst das Idyllische dieses Werkes als akzidentell enthüllt.

E. Platen

Auch bei Platen, der in einer Reihe von klassizistischen »Eklogen und Idyllen« (1827/35) Volksleben, Naturschönheiten und Kunstwerke Italiens nachgezeichnet hat, ist ein Mißverhältnis zwischen poetischer Anlage und gewählter Gattung zu spüren. Deren

Kennzeichen werden im übrigen in den meisten dieser Gedichte wenig beachtet. Die sentimentalische Distanz zwischen dem Idyllendichter und seinem Gegenstand hat hier einen solchen Grad erreicht, daß die Idylle zur abstrakten Kunstübung wird – ein Zug, den der versierte Gebrauch antiker Metra unterstützt. Die reichen geschichtlichen Bezüge, die Betonung jener Eigenheiten des Landes, die den Fremden frappieren, geben den sich drängenden Details der »Fischer auf Capri« oder der »Bilder Neapels« einen historistischen Charakter. Die Perfektion, mit der das in der Goethezeit ausgebildete deutschantike Idiom ein Wechselgespräch zwischen »Hirte und Winzerin« zu erfinden vermag, bezeichnet eine Trennung von Seele und Gegenstand, die das Kunstwerk wiederum auf eine ergreifend mittelbare Weise zum Spiegel eines tragischen Zustandes werden läßt. Auch hier tritt auf der Folie der Geschichte die Zeitlosigkeit der Natur hervor, aber an die Stelle der Zuversicht tritt die melancholische Betrachtung des Gegensatzes. Die »lachende Natur« erstarrt zur artefaktischen Formel, getroffen von einem Blick, der dem härteren Gesetz der Ruhmbegierde und der Einsamkeit untersteht (»Amalfi«).

F. Mörike

Der idyllische Charakter eines großen Teils von Mörikes Dichtung hängt mit seiner Wandlung vom Dämonisch-Elementaren zu ruhiger Vollendung zusammen. Mörike ist das letzte Beispiel eines Dichters, für den die Idee der Idylle bestimmend wurde; vielleicht ist seine Poesie ihre reinste Ausprägung in der deutschen Literatur. Entscheidend für ihren Rang ist es aber, daß der idyllische Zustand ein erkämpfter ist, in dem die verbannten Dämonen noch spürbar bleiben. So ist auch diese Idylle nicht absolut: sie ist durch Entsagung gegenüber der Totalität des Lebens erkauft. Die Stationen dieser Entsagung im Leben des Dichters sind bekannt; besonders in den Briefen aus der Mergentheimer Zeit tritt die Verengung des Daseins beängstigend hervor. Im übrigen fügen sich in den Briefen oft einige Sätze zu kleinen Idyllen zusammen (vgl. etwa den Brief an H. Kurz vom 26. 6. 1838). Ist so die idyllische Reduktion des Lebens, die Mörike noch einmal eine klassisch gerundete Kunst schenkt, in der Tiefe seiner Existenz gegründet, so war er mit der Tradition der Gattung durch seine Kenntnis der antiken Poesie vertraut. Von Theokrit, an dem er »reizendste Naivität, heitre Ironie, kräftige Leidenschaft, selbst großartige Darstellung und die reichste Mannigfaltigkeit der Anschauungen« rühmte (Einleitung zur »Classischen Blumenlese, 1840), übersetzte er elf Idyllen, darunter »Thyrsis«, »Zauberinnen«, »Kyklops« und »Die Syrakuserinnen am Adonisfest«. Er stützte sich dabei auf ältere Übersetzer, namentlich Voss und Bindemann. Mit F. Notter zusammen gab er 1855 eine Übersetzung der Bukoliker heraus. »Klangvoll fährst du dahin! dich kränzte Kalliope selber, / Aber bescheiden, ein Hirt, kehrst du zur Flöte zurück.« Auf diesen Ton der Bescheidung, mit dem sein Gedicht auf Theokrit schließt, ist auch Mörikes Idyllendichtung gestimmt. Einmal hat sie allerdings größere Maße gesucht: in der »Idylle vom Bodensee« (1846), die sich mit über 1400 Versen dem idyllischen Epos zu nähern scheint. Der äußeren Ausdehnung entspricht jedoch keine innere Erweiterung. Es werden vielmehr zwei schlichte Handlungen ausgebreitet, die nur durch die Person des Hauptakteurs, eines schalkhaften Fischers, zusammenhängen – scherzhafte Erfindungen, deren Schwäbisch-Kauziges der hexametrischen Stilisierung ins Allgemeingültige entschieden widerstrebt. Die ländlich-heimatliche Seite von Mörikes Idyllik hatte in den Knittelversen des berühmten »Alten Turmhahns« (e 1840) schon gemäßere Gestalt gewonnen. Zusammen mit Vossens »Luise« hat dieses Gedicht das Pfarrhaus zum klassischen Schauplatz deutscher Bürger- und Biedermeieridylle erhoben. Mit der Idee, einen alten Wetterhahn sprechen zu lassen, ist zudem eine überdies glückliche neue Perspektive gefunden, die ein Licht leiser und humaner Ironie über das Dargestellte fallen läßt. Mit einer Kunst, die als um so bewundernswerter erscheint, als sie völlig ungezwungen ist, wird der Sonntagsfrieden anhand des Sonnenlichts beschrieben, das über die einzelnen Gegenstände in der verlassenen Stube hinstreicht. Einen großen Raum erhält die Ekphrasis über den verzierten Ofen, den Mittelpunkt des Familienlebens.

Wie oft gesagt worden ist, hat das protestantische Pfarrhausidyll ein katholisches Gegenstück: den Gedichtzyklus der Droste »Des alten Pfarrers Woche« (e um 1836/37). Indessen ist die Stellung dieser Gedichte im Werk der Droste höchst bezeichnend für ihren Abstand von Mörike. Das Werk, das sich vom »Turmhahn« durch seine moralische Tendenz unterscheidet, ist ihr einziger Versuch in dieser Art geblieben. Umso bedeutsamer ist für ihre Dichtung die Gestaltung des Idyllischen außerhalb der Gattungsgrenzen. Diese nimmt eine ganz eigentümliche Form an. Als idyllisch gilt der Droste nur ihre westfälische Heimatlandschaft, nicht etwa die klassischen Idyllenregionen wie die Schweiz oder die Südsee. Auf die Heimat werden die bukolischen Topoi übertragen: der schützende Fels wird zur umhüllenden Sandzone, der antike Quell zum norddeutschen Weiher. Diese inbrünstig geliebte Idyllenlandschaft aber enthüllt sich als ambivalent. Am Grund des Weihers droht »ein Gesicht«, die behütenden Eichen richten sich auf wie Riesenschlangen, unter dem Boden warten die Toten, die noch die Macht von Lebendigen haben. Ja, in einzelnen Momenten erweist sich die ganze Heimatlandschaft als identisch mit der Wüste und dem Meer. Der Raum scheinbarer Geborgenheit ist in Wirklichkeit Ort der Gefährdung. Diese unheimliche Doppelheit, die den idyllischen Motiven der Droste eine von wenigen erreichte Tiefe gibt, spiegelt eine früh und grundsätzlich gebrochene seelische Struktur.

Mörikes idyllische Poesie erreicht eben da ihr Höchstes, wo in der ihm eigentümlichen Epiphanie des Augenblicks der Strahl des Dämonischen in ihr abgezirkeltes Rund trifft. So geschieht es in der

»Wald-Idylle« (e 1837), welche die Grimmschen Märchen der Welt der Idylle anverwandelt. Aus der Mitte der Idylle selbst steigt das Dämonische in der »Schönen Buche« (e 1842) auf, in der sich das Motiv des einsam-machtvollen Baumes verselbständigt hat. Nie hat sich das Kreismotiv so rein dargestellt wie in diesem Gedicht: die einzeln stehende Buche umgibt ein Rasenkreis, den Gebüsche und Bäume umkränzen; nur eine »Hellung« deutet die Außenwelt an. »Kunstlos schuf die Natur selber dies liebliche Rund.« Auch die Zeit fügt sich diesem vollendeten Raum: in der Mittagsstunde säumt die Sonne den Rasenkreis. In dieser Stunde herrscht die »dämonische Stille« der ersten theokritischen Idylle. Das Gedicht ist eine Idylle, die den epischen Zug der Scheinhandlung aufgegeben hat, um ihrem Streben nach reinem Raum und stillstehender Zeit zu genügen. So gehören auch mehrere andere von Mörikes »Dinggedichten« der Idylle an, auch wenn sie nichts ·Episches mehr an sich tragen, so »Auf eine Lampe« und vor allem die durch ein theokritisches Motto präludierte »Inschrift auf eine Uhr mit den drei Horen«. Mit der Tradition der Idyllendichtung teilt der als Zeichner begabte Mörike die Neigung zur Kunstbeschreibung, die gern bei idyllischen Szenen verweilt (»Bilder aus Bebenhausen«, »Die Rückkehr«, »Ludwig Richters Kindersymphonie«). Idyllisch ist es auch, wenn er von den Darstellungen des Göttlichen in Kindesgestalt angezogen wird (»Göttliche Reminiszenz«, »Auf ein altes Bild«). Wenn aber in der Kindheitslandschaft Christi das Kreuz grünt, so wird der Zustand schwebender Gefährdung sichtbar, dem seine Idylle ihre Überzeugungskraft verdankt. Der Gefährdung erliegt sie im »Maler Nolten« (1832), wo die idyllische Episode der Wiedervereinigung im Forsthaus nur den Untergang vorbereitet. Die Gestaltung dieser Episode hat sehr von idyllischer Tradition gezehrt; nicht nur der Ausflug auf den Hügel mit der charakteristischen Verbindung von Landschaftsenthusiasmus· und Kaffeebereitung ist ein idyllischer Topos, auch der Charakter der Agnes ist ohne das von der Idylle entwickelte Mädchenideal naiver Unschuld schwerlich denkbar.

G. Fortwirkungen der Idylle in der erzählenden Literatur des 19. Jhs.

Auch in *Immermanns* »Epigonen« (1836; 3. Buch Kap. 2–4) findet sich der Topos des Kaffeespaziergangs zur schönen Aussicht; der Hinweis auf »Luise« rückt die Szene bereits in ein ironisches Licht. Die Gattung der Idylle hat auf die Erzählkunst des 19. Jhs. in mannigfacher Weise eingewirkt. Ihre Spuren in Roman und Erzählung vermögen am besten deutlich zu machen, was das Phänomen des Idyllischen für die Entwicklung der deutschen Kulturgeschichte bedeutet. Wie fruchtbar es ist, ihnen nachzugehen, hat in den letzten Jahren bereits eine Reihe von detaillierten Studien gezeigt, denen hoffentlich weitere folgen werden. Hier kann dieser Problemkreis nur in großen Zügen skizziert werden. Es lassen sich verschiedene

Schichten der Nachwirkung unterscheiden: die direkten Bezüge auf frühere Idyllenpoesie; die Übernahme und Variation typischer Idyllenmotive; schließlich die von der Tradition sich lösende Gestaltung einzelner idyllischer Partien innerhalb einer größeren Erzählstruktur. Ein bedeutendes Beispiel direkter Bezugnahme ist Raabes »Hastenbeck« (1898). Gessners Poesie wird hier zum tragenden Kompositionselement. Nicht nur gibt die Welt seiner Idyllen, aus denen der Schweizer Hauptmann im Pfarrhaus von Boffzen vorliest, den Gegenpol zur Not des (im Jahre ihres Erscheinens beginnenden) Siebenjährigen Krieges ab: der Geschichte von Gefahr und Rettung der Liebenden Daphnis und Chloe läuft das Schicksal des Blumenmalers und seiner Braut parallel. Alle drei Schichten der Integration des Idyllischen finden sich im Werk G. Kellers. Im »Landvogt von Greifensee« (1877) würdigt er mit großer Feinheit den in Mißkredit geratenen Gessner. Im »Grünen Heinrich« (1854/55) tragen die Besuche bei der Großmutter, bei Annas Vater, dem Schulmeister, idyllische Züge. Dem einzelnen mächtigen Baum, den Heinrich zeichnet (Bd. II, Kap. 2) entspricht kontrapunktisch die Wolfhartsgeereneiche im »Verlorenen Lachen«, die Jucundus zum Spott der Geschäftswelt retten will und die schließlich doch fallen muß – Emblem der dem Kapitalismus weichenden »idyllischen« Lebensformen und Gesinnungen. Kellers ganze Gestaltung der bizarren Kleinstadt Seldwyla ist eng mit der Tradition der Idylle verbunden – zugleich aber auch schon Zeugnis einer anderen Richtung, die sich im 19. Jh. herausbildete: der Anti-Idylle. Diese erscheint in einer – selteneren – Form, in der die Gattung durch eine Kontrafraktur widerlegt wird, und in einer anderen, in der typischen Stoffgebieten und Motiven der Idyllendichtung nachgewiesen wird, daß ihnen der verklärte Charakter, den die Idylle ihnen zugesprochen hatte, gänzlich abgehe. Solche Widerlegung hat nichts mehr zu tun mit innerliterarischer Polemik, sondern sie versucht, eine durch die Idyllisierung verdeckte Wahrheit ans Licht zu bringen. In seiner »Feuer-Idylle« (E 1846) zerstört Keller den Mythos von der reinen Ordnung des bäuerlichen Lebens. Der Brand, der in idyllischer Frühlingsnacht ein Bauernhaus vernichtet, ergreift nichts als Symbole des Geizes, der dies Haus beherrschte: vom Holz, davon kein Armer erhielt, über den Efeu, der jetzt ein gestohlenes Silberkreuz freiläßt, zu den Fässern voll sinnlos gehorteten Weins. Das Problem des »Habens«, das Keller so oft quält, ist hier ganz radikal gelöst worden. Dennoch bleibt in dieser Destruktion eines scheinhaften Idyllenraums ein Idyllenmoment unangetastet. Wenn das hölzerne Brunnenhaus auch verbrannt ist, so fließt doch der antike »Bergquell« weiter; die Geborgenheit in der ewigen Wiederkehr der Natur bleibt erhalten. »Das Jahr geht immer seinen Segenslauf!« – K. Gutzkow, der Idylle auch theoretisch nur gelegentlich hold, legte in seine Novelle »Der Emporblick« (1852) eine »städtische Dorfgeschichte« ein: »Die Weihe der Arbeit« oder »Die Kartoffelsetzer«. Diese führt die modische Vorliebe für das ungekannte »Volk« ad absurdum. Einem damaligen Brauch folgend, ziehen Schneider, Steinsetzer, Kammerdiener und Plätterin sonntags vor die Stadt, um auf einem gemieteten Feld selbst Kartoffeln zu ziehen. So ist die Gelegenheit gegeben, den dilettantischen Umgang mit der Natur wie die unwahrhaftigen und zweideutigen Beziehungen zwischen den Personen zu geißeln. Diese Enthüllung greift auf die ganze Novelle über: die Vorstadtidylle, in der ein junger Jurist ein friedliches Glück zu finden glaubte – die Gärtnerei-Szenerie weist auf Fontane voraus – erweist sich sogar als Hort des Verbrechens. Die anti-idyllische Tendenz erreicht ihren Gipfel im Werk *W. Buschs,* der weithin die gleichen Bezirke darstellt wie die Idyllendichtung, nämlich ländliche und kleinstädtische Lebensformen. Ihre sprachliche und zeichnerische Darstellung kontrastiert aufs schärfste zur Vorstellung der Harmonie, die sich in solchen Bezirken erhalte. Das »natürlich Gute«, an das die alte Idylle glaubte, zerfällt in asoziale Triebhaftigkeit einerseits (Kinder und Tiere legen sie an den Tag) und veräußerlichte, ja heuchlerische Moral andererseits. Busch wählt für seine Personen gern Idyllenberufe, wie den des Bauern oder des Lehrers, zeigt aber den Bauern oft als dümmlich oder schlau, den Lehrer als hilfloses Opfer oder als gewitzten Bubenzähmer. Die Muße der Idylle wird zum erstickenden Behagen, ihr Eros zur Vernunftheirat oder zum frivolen Seitensprung, ihre liebevoll betrachteten Dinge zu boshaften Akteuren. Die Nähe, in welche die dargestellten Dinge und die sie darstellende Sprache infolge ihrer beiderseitigen Erstarrung zueinander rücken, steht auch bei *Keller* im Zentrum der anti-idyllischen Strömung. (»Die drei gerechten Kammacher«). Die »Leute von Seldwyla« lassen sich lesen als eine subtile Verbindung idyllischer und antiidyllischer Schilderung, wie sie – in anderer Tonart – auch Raabes Werk kennzeichnet. Wie fundamental der Versuch, den idyllischen Raum im Kampf mit den eigenen Zweifeln noch einmal herzustellen, für *Stifters* Werk ist, bedarf keines Nachweises. Das gilt – mit schwächeren Dimensionen und innerhalb eines anderen Kategoriensystems – auch für Storm. Bei Fontane ist die Idylle von vornherein relativiert, indem sie nur als Kompositionselement auftritt, zu dem andere in Widerspruch stehen. Die Vorstadtgärtnerei in »Irrungen Wirrungen«, die ihre verzauberte Stille mit Raabes »Katzenmühle« (»Abu Telfan«) teilt, ist bedroht von der wachsenden Großstadt; die Liebe Bothos und Lenes findet in der Idylle von »Hankels Ablage« zugleich ihren Höhepunkt und ihr Ende. Mit dieser Art von einschränkendem Gebrauch, der den Glauben an die mögliche Autonomie eines geschützten privaten Raumes erst gar nicht aufkommen läßt, ist für die idyllische Schilderung eine gültige und in die Zukunft weiterführende Existenzform gefunden.

Literatur:

Friedrich Hölderlin: Emilie vor ihrem Brauttag. In: Große Stuttg.
  Ausg. Bd. I/1. 1946, S. 277–297; Erläuterungen dazu in Bd. I/2;

Wechsel der Töne in Bd. IV, Briefe in Bd. VI. – E. Lehmann: H. s Idylle »Emilie...«. 1925. Nachdruck Hildesheim 1974; L. Ryan: H. (Sammlung Metzler) ²1967 (mit Literatur); B. Böschenstein: H.s späteste Gedichte. In: H.-Jb. 1965/66, S. 35–56.

Heinr. von Kleist: Sämtl. Werke u. Briefe, hrsg. v. H. Sembdner, ⁵1970. – H. Ringleb: Das Ende der Idyllendichtung. In: Schiller-Jb. 7, 1963, S. 313–351; P. Horwath: Strom und Idylle bei Kleist im Spiegel seiner Briefe. In: EG 28, 1973, S. 175–184; E. Th. Voss: Kleists »Zerbrochner Krug« im Lichte alter und neuer Quellen. In: Wissen aus Erfahrungen. Festschrift für H. Meyer. Tübingen 1976, S. 339–370.

Jean Pauls Idyllen: Die Idylle. – Leben des vergnügten Schulmeisterlein Maria Wutz in Auenthal. Eine Art Idylle. – Leben des Quintus Fixlein. – Leben Fibels. – Selberlebensbeschreibung. – Hafteldorns Idylle auf das vornehme Leben (in: Komischer Anhang zum Titan). – Das Glück eines schwedischen Pfarrers (in: Flegeljahre). Alles in: Sämtl. Werke. Histor.-krit. Ausg., hrsg. v. Ed. Berend. 1925 ff., und in der v. N. Miller hrsg. 6bdgen Ausg. der Werke 1960/63. – H. Küpper: J. P.s »Wuz«. 1928, Nachdruck Walluf b. Wiesbaden 1972; S. M. Kreienbaum: Die Idyllendichtung J. P.s, Diss. Frankfurt 1933; O. Mann: J. P. u. die dt. bürgerl. Idylle. In: Euph. 36, 1935, S. 262–271, H. Weidemann: Die Komposition der Idyllen Jean Pauls. Diss. Berlin 1952; A. Krüger: »Wuz« u. »Quintus Fixlein«. Eine vergleichende Betrachtung. In: Hesperus 21, 1961, S. 38–45; R. Ayrault: »Leben des vergnügten Schulmeisterlein...«, ou Les débuts du poète J. P. In: EG 18, 1963, S. 3–12; C. Girault: Réalité et magie dans »Quintus Fixlein«. In: ebda, S. 26–45; B. Böschenstein: Die Transfiguration Rousseaus in der dt. Dichtung um 1800: Hölderlin/J. P./Kleist. In: Jean Paul-Jb. NF Bd. 1, 1966, S. 101–116; Ralph-Rainer Wuthenow: Gefährdete Idylle. In: ebda, S. 79–100; J. Krogoll: Idylle und Idyllik bei J. P. Eine Motivuntersuchung zur Rolle von Narrentum und Poesie im Werke des Dichters. Diss. Hamburg 1972; weitere Lit. bei U. Schweikert: J. P. Stuttgart 1970 (Sammlung Metzler. 91).

Friedrich Hebbel: Mutter u. Kind. Ein Gedicht in 7 Gesängen. In: Sämtl. Werke, Histor.-krit. Ausg., hrsg. v. R. Werner. Abt. I, Bd. 8, 1902; Tagebücher. In: ebda, Abt. II, Bd 3 u. 4, 1903/04. – Fr. H.s Briefwechsel mit Freunden u berühmten Zeitgenossen, hrsg. v. F. Bamberg. Bd. 2, 1890/92. – F. Enss: H.s Epos »Mutter u. Kind«, Diss. Marburg 1909; weitere Lit. bei A. Meetz: Fr. H. (Sammlung Metzler. 18.) ³1973, S. 76 ff.

August von Platen: Sämtl. Gedichte, hrsg. v. M. Koch. 1909.

Eduard Mörike: Werke, Krit. Ausg. v. H. Maync, Bd. 3. 1909; Sämtl. Werke, hrsg. v. H. G. Göpfert, ⁴1972; Werke und Briefe. Hist.-krit. Gesamtausgabe. Hg. v. H.-H. Krummacher, H. Meyer u. B. Zeller. Stuttgart 1967 ff. – Briefe, hrsg. v. Fr. Seebass. 1939; Unveröffentlichte Briefe, hrsg. v. Fr. Seebass. ²1945. – E. Flad: M. u. die Antike, Diss. Münster 1916; H. Burger: E. Ms »Bilder aus Bebenhausen«. Die Architekturidyllen »Kapitelsaal« und »Sommerrefektorium«. In: Schweizer Monatshefte 55, 1976, S. 887–894; S. Prawer: The threatened idyll. Ms »Mozart auf der Reise nach Prag«. In: Modern Languages. Journal of the MLA XLIV, 1963, S. 101–107; im übrigen s. die Literatur in H. Meyer: E. M. (Sammlung Metzler. 8.) ³1969.

Annette von Droste-Hülshoff: Sämtl. Werke, hrsg. v. Schulte Kemminghausen, Bd. 1, TI 1. 1925, S. 176–190; Werke, hrsg. v. Cl. Heselhaus. ⁶1974. – R. Böschenstein: Die Struktur des Idyllischen im Werk der Annette von Droste-Hülshoff. In: Droste-Forschung 1974/ 75, S. 25–49.

Zur Anti-Idylle: G. Keller: Feuer-Idylle. In: Sämtliche Werke. Hg. v. J. Fränkel. Bd. I, S. 171–185. Bern/Leipzig 1931; Kommentar in II/2, S. 87–89, 1938.

K. Gutzkow: Der Emporblick. In: Ausgewählte Werke. Hg. von H. Houben. Leipzig o. J. Bd. 6, S. 80–181; *W. Busch:* Gesamtausgabe in 4 Bd. Hg. v. F. Bohne. Wiesbaden o. J. (1968).

Zur erzählenden Dichtung: U. Eisenbeiß: Das Idyllische in der Novelle der Biedermeierzeit (s. S. X); F. Stuckert: Idyllik und Tragik in der Dichtung Th. Storms. In: DVj 15, 1937, S. 510–543; R. Buser: G. Keller und S. Gessner. Diss. Basel 1963; E. A. McCormick: The Idylls in Keller's »Romeo und Julia«. A Study in Ambivalence. In: The German Quarterly XXXV, 1962, S. 265–279; G. Kaiser: Sündenfall, Paradies und himmlisches Jerusalem in Kellers »Romeo und Julia auf dem Dorfe«. In: Wandrer und Idylle (s. S. X), S. 258–289; ders.: Der Dichter als Prophet in Stifters »Haidedorf«. Ebda S. 240–257; J. Tismar: Gestörte Idyllen (s. S. X); H. Meyer: W. Raabe – »Hastenbeck«. In: Das Zitat in der Erzählkunst. Kap. 9. Stuttgart ²1967; F. Martini: Parodie und Regeneration der Idylle. Zu W. Raabes Horacker. In: Literatur und Geistesgeschichte. Festgabe H. O. Burger. Berlin 1968, S. 232–266; C. Kahrmann: Idyll im Roman. Th. Fontane. München 1973; P. Stern: Idylls and Realities. Studies in 19th Century German Lit. London 1971.

6. Die poetae minores des 19. Jahrhunderts

Im 19. Jh. scheint es der legitime Weg der Idylle, sich als literarische Form aufzugeben und in eine Existenz als Idee überzugehen, die sich in mannigfacher Gestalt poetisch niederschlagen kann. Zwar dauert sie als Gattung noch in verhältnismäßig zahlreichen Zeugnissen fort, doch ist diese Dauer nicht Leben, sondern Petrifikation. Ein circulus vitiosus von Folge und Ursprung solcher Erstarrung liegt darin, daß die poetae minores, die sich von jeher zu der Gattung hingezogen fühlten, sich ihrer nun vollends bemächtigen. Dennoch sind die Idyllen des 19. Jhs. überaus interessant, sobald man den Gesichtspunkt des dichterischen Wertes aufgibt und sie als Dokumente der geschichtlichen Entwicklung einer bestimmten Seelenhaltung untersucht (wobei der stilistischen Analyse zentrale Bedeutung zukommt). In ihnen zeichnet sich dann, reiner als im Roman, eine Art Modell des deutschen bürgerlichen Weltbildes ab, dessen genauere Prüfung fruchtbar ist. Der Erfolg von Kosegartens »Jucunde«, die Tatsache, daß Neuffers »Tag auf dem Lande« heimlich nachgedruckt und in Bädern und auf Märkten feilgeboten wurde, zeigen, wie begierig das Publikum zu Beginn des 19. Jhs. nach einem Muster des Menschen, seiner nach Stand, Geschlecht und Alter festgelegten Verhaltensweisen und seiner äußeren Lebensformen griff – und zwar nach einem Muster, das ihm das Ideal in greifbarer Nähe, ja zuweilen als bloße Selbstbestätigung wies. Charakteristischerweise wurde das Bild des bürgerlichen Hauses, der biedermeierlichen Familie weit vollkommener als in der Literatur in der bildenden Kunst gezeichnet, vollkommener, weil dort der programmatisch-sittliche Anspruch zurücktrat. Ludwig Richters Holzschnitte übernehmen die komplementäre Funktion, die einst Poussin und Claude Lorrain der Idylle gegenüber innehatten – damit ist freilich schon die Veränderung der Maßstäbe bezeichnet. Das »Richteralbum« wird bei Corrodi ausdrücklich als selbstverständlicher Bestandteil der bürgerlichen Bibliothek erwähnt. Ein Vergleich von Stimmung und Motiven seiner ländlichen und häuslichen Szenen mit denen der literarischen Idylle würde das Verständnis der bürgerlichen Selbstdeutung in jenen Jahrzehnten fördern. Richters Wirkung wurde durch parallele Stilintentionen anderer Maler und Buchillustratoren egänzt, etwa duch O. *Speckters* Zeichnungen zu den Fabeln von *W. Hey,* die aufgrund der Abwesenheit jeglicher Handlung sowie ihrer charmanten Pointenlosigkeit eher in die Idyllengattung gehören. Richter und Speckter illustrierten beide die plattdeutschen Dichtungen von Klaus *Groth,* welche die Hebelsche Tradition lyrischer wie erzählender, von Reflexion grundierter Schilderungen des ländlichen Lebens auf Schleswig-Holstein übertrugen. Ihr Ort innerhalb der Entwicklung der Idyllendichtung ist wegen der Schwierigkeit des sprachlichen Zugangs noch nicht genügend bestimmt.

Wie alle abgeleitete Dichtung der Einwirkung des »Zeitgeistes« am sichtbarsten ausgesetzt ist, so bewegt sich die mindere

Idylle zu Beginn des 19. Jhs. in einem Element klassizistisch-idealistischer Verklärung. Am entschiedensten zeigt es sich bei Boehlendorff und Sonnenberg, Autoren, auf die Voss, der Patron des Jhs., keinen Einfluß geübt hat; sie versuchten vielmehr – mit unzulänglichen Mitteln – etwas von der Idylle im Schillerschen Sinne zu gestalten.

Der livländische Dichter *Boehlendorff*, der im Umgang mit bedeutenden Freunden sich die literarischen, philosophischen und politischen Strömungen der Jahrhundertwende zu eigen gemacht hatte, dessen Geist sich aber in Jahrzehnten zunehmender Umnachtung verlor, ist erst 1964 durch Bobrowskis Erzählung wieder in Erinnerung gerufen worden. Seinen Idyllenversuch kennt die Literaturgeschichte nur dank seiner auslösenden Funktion: »Fernando oder Kunstweihe«, die »dramatische Idylle«, hat Hölderlin zur Formulierung seiner Auffassung des Tragischen angeregt (Brief an Boehlendorff vom 4. 12. 1801). Daß das Werk trotz seines versöhnlichen Ausgangs als Tragödie gelesen werden konnte, zeigt das Problematische einer Idylle, die den Kampf der Weltanschauungen, die erschütterndsten Momente der Entscheidung gestalten möchte. Das Bestreben, reiche, differenzierte Kultur in die Idylle einzubeziehen, macht das Gedicht nicht nur als Grenzfall der Gattung interessant, sondern auch als Spiegel der philosophischen und künstlerischen Tendenzen der Zeit: an Tieck und Wackenroder genährte Kunstbegeisterung, an Hölderlin erinnernde Naturanschauung will Boehlendorff in ein Drama bannen, das nach Komposition, Charakterzeichnung und Sprache dem »Tasso« nachgebildet ist. Als Auseinandersetzung des »poetischen Enthusiasmus«, der »Grundlage aller Künstlerbildung«, mit der Wirklichkeit hat er selbst die »Hauptidee des Fernando« umrissen (Vossische Ztg., 3. 3. 1803). Der junge Maler Fernando wird an die Küste von Malaga verschlagen, wo er in der einsamen Wohnung eines alten Gärtners eine idyllische Stätte der Freundschaft und der Kunstbegeisterung findet: mit dem Gärtner, seiner Tochter, die seine Braut wird, und einem alten Priester lebt er unter dem Zeichen des Ideals. Doch der Bruder der Braut, fanatischer Katholik, überliefert den Protestanten der Inquisition; er muß Spanien verlassen oder sich zum katholischen Glauben bekehren. Mit Fernandos Entschluß zur Konversion endet das Werk. Das endgültige idyllische Dasein, das so errungen ist, wird nicht einmal als Vision angedeutet; es werden nur gleichsam die Schranken der Entsagung um die künftige Idylle aufgerichtet. Wenn die Entsagung den Versuch mit der goethischen Idylle verbindet, so findet sich von Schillers Idee einer Idylle des entwickelten Geistes ein Abglanz in den der Verehrung der Kunst bestimmten idyllischen Partien. Kunstbeschreibung und Naturschilderungen verstärken den idyllisch-epischen Charakter des Versuchs gegenüber dem dramatischen; doch dieser verleiht ihm eine Dimension des Schicksalhaften, die durch alle Unvollkommenheit des

Realisierten hindurch den Umriß des Gemeinten in einer gewissen Würde erblicken läßt.

Der junge *F. v. Sonnenberg* nahm sich 1808 aus Verzweiflung über das Unglück des Vaterlandes das Leben. Der Herausgeber seiner nachgelassenen Gedichte erklärt die Eigenart seiner Poesie in Schillerscher Terminologie aus der schmerzlichen Erkenntnis des Kontrasts zwischen seiner »schönen Idealwelt« und der Wirklichkeit. Das Schwanken zwischen »dem verlorenen Ideal der Idylle und dem wieder zu erobernden durch die Satire« führte den Verehrer Klopstocks, der wie er ein »Dichter der Religion« werden wollte, zu einem Epos »Donatoa«, in dem er beiden Tendenzen wirken lassen konnte. In das Epos wurden zwei durch die Zusätze »Eine Idylle« und »Keine Idylle« ausdrücklich als Gegenpole gekennzeichnete Gedichte »Die Geburtstagsfeier« und »Das Fest in der Hauptstadt« eingegliedert. Die Art des Geburtstagsfestes zeigt den jungen Poeten der Jahrhundertwende auf der Suche nach einer jenseitigen, zukünftigen Idylle. Es ist nicht nur private Feier in theokritischer Tradition, sondern es gipfelt im großen, allvereinenden Volksfest. Dieser – wenngleich blasse – Entwurf des wiederhergestellten Paradieses läßt das Motiv der Friedensfeier im Zusammenhang einer allgemeinen Sehnsucht nach der Idylle der Vollendung erscheinen (vgl. S. 84). Dagegen versucht das »Fest in der Hauptstadt« mittels gedrängter Hexameter ein abscheuliches Bild von tobenden Volksmassen, Gauklern, Dieben und Dirnen zu beschwören. Das ist nicht nur der alte Stadt-Land-Topos: aus der Satire, die im Gegensatz zur Idylle mit konkretem Stoff gesättigt ist, spricht eine wütende Bitterkeit, ein Ressentiment gegen die Wirklichkeit der Zivilisation, das in der Idylle des 19. Jhs. den traditionellen Vergleich beider Lebensformen immer mehr zum moralischen Urteil, die Wahl des Landes immer mehr zum Kriterium der »wenigen Edlen« werden läßt.

Bei der von weimarischer Kultur erzogenen *Amalie v. Helvig* (geb. v. Imhof) führt der Klassizismus noch einmal zu direkter Nachahmung der Antike. Ihr »Cyclus griechischer Zeit und Sitte« stellt die Tageszeiten in geläufigen Hexametern mittels kleiner Erzählungen aus der hellenischen Welt dar. Wie die Kennerin der Idyllenliteratur kunstfertig die mythologischen Bilder auf einer Trinkschale schildert, so läßt sie ihre Sprache auf den erstarrten Wendungen, insbesondere den pseudohomerischen Adjektiven des antikisierten Deutschen dahingleiten und illustriert den »heiteren Reigen der Horen« durch den »bunten Wechsel« von der »balsamischen Rose« zu den »purpurnen Trauben«.

Die Palette der nunmehr zur Verfügung stehenden Möglichkeiten idyllischer Dichtung zeigt das Werk der Wiener Schriftstellerin *Caroline Pichler*. Aus der Vorrede zu ihren »Biblischen Idyllen« (1811) geht hervor, daß sie sich mit der Ästhetik der Gattung beschäftigt hat. Ängstlicher als ihre Vorgänger beschränkt sie sich auf eine Nacherzählung biblischer Texte, die sie zuweilen durch Landschaftsschilderung und psychologische Motivierung zu erweitern sucht. Die übrigen Idyllen bewegen sich teils in antiker Szenerie, teils in einer vossisch-ländlichen Welt; die interessantesten aber sind die, in denen die österreichische Umwelt der Autorin idyllisch überformt erscheint. Die Stilisierung des eigenen Lebenskreises, die sich im 19. Jh. in der Nachfolge von »Luise« und »Hermann und Dorothea« entwickelt, unterscheidet sich grundlegend von der einstigen bukolischen Verfremdung: ihr fehlt der Spielcharakter. Der Ernst, mit dem hier die Realität als musterhafte ausgegeben wird, stimmt zu der Moralisierung der Freude am Landleben. Der Anspruch, eine geistig und seelisch erhöhte Welt zu vertreten, bedingt eine wachsende Befangenheit im Umgang mit der Realität: die Idyllen, die das Leben auf einem Gut schildern, wagen das Alltägliche, etwa einen Ofen, nicht mehr beim Namen zu nennen. Da dieses Alltägliche aber andererseits um seiner Musterhaftigkeit willen gefeiert werden soll, entsteht jene unfreiwillige Komik, die für die vossische Schule charakteristisch ist. Ein für das gebildete Bürgertum höchst bezeichnendes Moment der Stilisierung ist der antike Hintergrund, der eine neue Gestalt annimmt. Nicht allegorisches Spiel wie am Anfang des 18. Jhs., nicht gewaltig erfahrene Wirklichkeit wie bei den großen Dichtern an dessen Ausgang, wird die Antike zur »Bildungsmacht«, die zwar mit Ernst auf das geistige und sittliche Leben bezogen wird, andererseits aber durch die jetzt betonte Grundlage der gelehrten Studien in eine Distanz rückt. In dieser Art zeigt sie sich auch im Werk des Theologen und Historikers *Kosegarten*. Seinen zahlreichen Lesern, die »vom Sund bis zum Istrischen Golf, vom Rhein bis zur Dwina« wohnten, mußte er in einer »Ecloge« sein ländliches Dichter- und Gelehrtenleben schildern. Wie Boehlendorffs, so ist auch Kosegartens Poesie ein Sammelbecken der geistigen Interessen der Jahrhundertwende. Letzte Klopstocktöne verklären jene Idylle, die als Muster für die ganze Reihe der »Luise«-Nachbildungen stehen kann. »Jucunde« (1803), noch am Ende des Jhs. als Reclamheftchen kursierend, ist wie »Luise« durch eine breit erzählte Scheinhandlung ins Epische erweitert. Außer dieser Art von Handlung, die stets zur Vereinigung eines Paares führt – »Hermann und Dorothea« ermutigt mitunter auch zur Einführung eines Hindernisses – übernimmt diese Idyllengruppe von Voss das Motiv des Familienfestes, sei es Geburtstag oder Taufe. Oft erzählt sie vom Besuch der Verwandten oder Freunde; Ankunft und Bewirtung der Gäste bilden stets Höhepunkte. Ein stehender Zug ist der gemeinsame Spaziergang, der zu einem erhöhten Aussichtspunkt zu führen pflegt; als Ausblick ist meist eine Mittelgebirgslandschaft gewählt. Der Blick geht über eine vom Fluß durchzogene, von Herden und Landleuten belebte Hügellandschaft zu abschließenden Bergen: eine Szenerie, die über Voss auf Gessner, E. v. Kleist und Hirschfeld zurückgreift. Das Personal rekrutiert sich aus den Familien des jungen Pares; selten fehlt ein würdiger Vater, eine geschäftige Mutter. Hinzu treten Geschwister,

Freunde und Freundinnen, Pfarrer, Lehrer und mitunter ein befreundeter Adliger. Das gute Verhältnis zu den Dienstboten wird ausdrücklich hervorgehoben. Die Sprache hat von Voss und Goethe den gnomischen Ausdruck, die homerische Wiederholung und die Anrede an die Personen gelernt. Bei Kosegarten erhält dieses Schema eine originelle Färbung durch die Eigenart der Insel Rügen, wo er als Geistlicher wirkte. Die Personengestaltung dagegen ist von Kosegartens humanistischem Klassizismus geprägt. Zwar ist Jucunde, die Pfarrerstochter, von der gleichen heiteren Unschuld wie ihr Vorbild, aber ihr wird eine geistreiche – adlige – Freundin zur Seite geben, welche die klassischen Sprachen erlernt hat, so daß nun platonische Philosophie zum Angelpunkt der Idylle wird: die begeisternde Wirkung des »Phaidros« bereitet Jucunde auf die Begegnung mit dem künftigen Geliebten vor. In der parallelen Idylle »Die Inselfahrt« (1805) erteilt der Legendendichter Kosegarten diese Funktion einer christlichen Lektüre, der Legenda aurea. Eine sich verselbständigende Begeisterung reiht ihren antiken und christlichen Gegenständen auch die nationalen an: »Bibel und Schwert vertragen sich wol«. So proklamiert eine Idylle, die sich durch eine höhere Dimension zu weihen sucht, wobei es ihr mehr auf die Entrückung in ein idealisches Jenseits ankommt als auf dessen Inhalte, die Identifikation von Religion, Nation und Humanismus. Diese Dreiheit soll auch das Gelehrtenheim beglänzen, das der als Übersetzer und Dramatiker tätige Prenzlauer Gymnasialrektor *Kannegießer* in den zwölf nach Monaten angeordneten Gesängen seines Gedichtes »Amor und Hymen« (1818) erbaut. Seine schulmeisterliche Poesie ist aufschlußreich für eine Mentalität, welche die Gymnasialpädagogik bis ins 20. Jh. hinein geprägt hat.

Die Konzeption der Frau in diesen Idyllen ist besonders wichtig, da sich ihre Dichter – oft ausdrücklich, wie Kosegarten – an ein weibliches Publikum wenden. Ihre Tendenzen ließen sich noch in der Mädchenlektüre des Jahrhunderts verfolgen. *L. Neuffer*, Hölderlins Freund, der in den Jugendwerken »Der Tag auf dem Lande« (1800) und »Die Herbstfeier« (1802) die süddeutschen Gegenstücke zu Kosegartens Klassizismus schuf, hat wie einst Zachariae nicht nur die »Tageszeiten«, sondern auch die »Stufenalter des Weibes« beschrieben. Für die musterhafte Jungfrau bleibt das häusliche Wirken Fundament aller Tätigkeit, doch sie muß auch treiben, »was der verfeinerte Zeitgeist fordert und pflegt«. Darüber aber steht die »erhabnere Pflege des Geistes« durch Naturkunde, Geschichte, Dichtung und Religion. Das Wesentlichste aber ist die Demut, mit der sie all diesen Forderungen genügt. Die Heldin des »Tages auf dem Lande« ist in der Stadt ausgebildet und hat dort Bewunderung erregt, aber sie ist lärmenden Festen abhold und gefällt sich »im stilleren Kreise des Hauses«. Die soziale Grundlage dieser bürgerlichen Häuslichkeit wird bei Neuffer manchmal leise in Frage gestellt, doch wird das aufgeworfene Problem ohne großen Aufwand wieder beschwichtigt.

Die Verklärung durch philosophisch-religiöse Reflexion, die auch Neuffers Idylle kennzeichnet, zehrt von seiner Bekanntschaft mit Schelling und Hölderlin. So fühlt sich etwa die Heldin durch den »Geist der Liebe« in harmonischen Einklang mit der ganzen Natur versetzt. Doch das Ideal wird im Grunde schon als Illusion empfunden; der Jüngling weiß bereits, daß dieser »himmlische Zauber« im beschwerlichen Leben schwinden wird. Als Neuffer die Idylle 1815 umarbeitete, flocht er ein Gespräch über die Jahre der Tyrannis, den Sieg, die vage Hoffnung auf einen wahren Völkerfrieden ein, das schon von der Enttäuschung gezeichnet ist. Wie bei Neuffer, so geistert Napoleon als furchtbarer Schatten durch viele Idyllen des 19. Jhs. Seine Gestalt bietet sich als Symbol für die Bedrohung der Idylle durch die Geschichte an.

In den übrigen Idyllen der ersten Jahrhunderthälfte tritt aus den bei Kosegarten und Neuffer versammelten Motiven jeweils das eine oder andere betont hervor. »Der Geburtstag«, 1803 anonym erschienen – Goethe mußte die Idylle trotz seiner Nachsicht gegenüber der Gattung wegen der »abscheulichen Hexameter« hart rügen – verlegt den Schauplatz vossischen Familienglücks in ein Forsthaus, was der Variation von Handlung und Zuständen sehr zustatten kommt. Ein Waldausflug gibt Gelegenheit, Schlucht und Eiche zu bewundern, Waldhorn zu blasen und schließlich noch einen Wolf zu erlegen. Um von solchen Vorzügen zu profitieren, führt auch *E. Crusius* in seinem »Besuch in Hainthal« (1839) eine befreundete Försterfamilie ein. Diese Idylle, die gänzlich spannungslos den Besuch der Verwandten bei einer jungen Pfarrersfamilie beschreibt, entfaltet im Verein mit den reizvollen Illustrationen ein typisches Bild selbstgenügsamer biedermeierlicher Häuslichkeit. Die Erhebung durch die Kunst bleibt jetzt hauptsächlich dem Fortepianospiel vorbehalten, das auch die bewußt als einfaches Landmädchen gestaltete Pfarrerstochter in *A. G. Eberhards* »Hannchen und die Küchlein« (1823) am Schluß in eine Cäcilia verwandelt. In diesem Gedicht, das durch das Leitmotiv der Hühnerzucht zu einem Muster des unfreiwillig komischen Kontrastes von gnomischer Sprache und banalem Gehalt wird, tritt die sonst eher beiläufig erwähnte patriarchalische Struktur besonders deutlich hervor. Landschafts- und Nationalgefühl, vereint insbesondere in der geschichtsträchtigen Weserlandschaft, kennzeichnen »Wilhelm und Emma« (1816), eine Idylle aus der Feder eines Mindener Justizkommissars, Religion und Heimatliebe das »Kloster« von *Ebert* (1833).

Während die Freiheitskriege in der Idylle meist mythisiert erscheinen, wird nach 1848 eine Nötigung zu konkreterer Auseinandersetzung mit den Zeitereignissen spürbar. *Karl Heinrich (Keck)* versucht, in der Idylle »Anna« (1850) den Kontrast zwischen Weltbürgertum und Nationalgefühl, Tradition und Fortschrittsglauben zu gestalten. Es gelingt ihm, die Welt eines großen Hofes in Holstein mit Figuren zu beleben, die plastischer sind als die der übrigen Voss-Nachahmer, doch leistet die statisch-konservative Natur des vossisch-homerischen Hexameters dem Bemühen, aktuelle Thematik und bewegten Widerstreit auszudrücken, starren Widerstand. »Wir [die Deutschen] sollen den neueren Zeiten / Dauernd ein Vorbild sein für des Ewigen irdischen Ausdruck . . .« – darin läuft die idealistische Union von Religion und Nationalgefühl aus. Im übrigen beginnt sich, nachdem die Revolution das programmatische Häuslichkeitsglück der Restaurationszeit ad absurdum geführt hat, in der Idylle ein Unbehagen zu verbreiten. Für den österreichischen Dichter *M. Hartmann,* den resignierenden Revolutionär, ist sie bereits ein bewußt angewandtes Mittel, den »Wirren der Zeit zu entfliehen«. Auch der vossische Hexameter wird nun meist aufgegeben. Das Unbehagen äußert sich in der poetischen Unsicherheit der wenigen Autoren, welche die Gattung noch wählen. Ihr geringes Gewicht läßt eine eingehendere Darstellung als müßig erscheinen. Ein Beispiel sind etwa die melodramatisch-balladesk aufgelockerten »Dorf-Idyllen« von *R. Waldmüller* (1860). Zwar schreibt der jugendliche *P. Heyse* noch voller Eifer seine ausführlichen »Idyllen von Sorrent« (1854), welche die – wegen beiderseitiger Gebundenheit auf zarteste Formen verwiesene – Neigung des nordischen Poeten zu einer jungen Italienerin zum Zentrum haben. Der perfekte Klassizismus der Distichen, des Vokabulars, der Metaphern läßt es verstehen, daß Th. Fontane seine Empfindungen bei der Lektüre dieser Dichtung des Freundes mit denen bei einem angenehmen Diner verglich (Brief vom 18. 6. 1854). Aber schon wenige Jahre später, am Anfang seiner »Hochzeitsreise an den Walchensee« (1858) bekennt *P. Heyse,* nur auf die Aufforderungen seiner Leser hin, welche die ernste Problematik der Novelle scheuen, übe er sich in einer Gattung, die er mit äußerster Distanz betrachtet: »Ein Landschaftsbild, ein Stück Staffage drinnen, / Ein Himmel, der von Milch und Honig träuft, / Moral im Sinn der Lebensphilosophen: / Behüt' uns Gott vor allen Katastrophen!« Im Verlauf der Erzählung zerstört der Dichter ständig die Illusion durch Klagen über die Schwierigkeit, den idyllischen Faden weiterzuspinnen. Bis in die gesuchten Reime hinein verspottet er sein Opusculum.

Es liegt an der anders gearteten politisch-sozialen Situation wie an der Existenz einer anderen Idyllentradition, wenn in den gleichen 50er Jahren in der Schweiz noch eine in ihren Grenzen überzeugende Idyllenpoesie entstehen konnte. Die im Zürcher Dialekt geschriebenen Idyllen des Zeichenlehrers *A. Corrodi* konnten an zwei reizvolle Vorbilder aus dem ersten Jahrzehnt des Jhs. anknüpfen: an die Gedichte, die *D. Hess* unter den Titeln »De Herr Heiri« und »De Vikari« aus dem Nachlaß *J. M. Usteris* herausgab. Dieser Zürcher, Verfasser von Gesellschaftsliedern, Balladen und historischen Erzählungen, hat nach Lebensführung und geistiger Anlage viel mit Gessner gemeinsam. Als Sohn einer begüterten Kaufmannsfamilie konnte er sich in seinen mannigfachen Liebhabereien ausbilden; als begabter Zeichner und Maler entwickelte er sich zur Autorität in

Kunstfragen; als Verwalter städtischer Ämter und Präsident der Künstlergesellschaft stand er in einem reichen, festen Lebenskreis. Die Idyllentradition war damals in Zürich noch durchaus lebendig. Usteri selbst veranstaltete eine Feier für Gessner; zu seinen Freunden zählten *J. R. Wyss* (vgl. S. 93) und *U. Hegner,* dessen Werke vielfach idyllische Züge tragen. Usteris Idyllen kommt die bildnerische Begabung zugute, obgleich bei ihm die Ding- und Landschaftsbeschreibung durchaus hinter einer verhältnismäßig lebhaften Handlung zurücktritt. Die neun Teile des »Heiri« knüpfen an ebensoviele von Usteri ausgeführte kolorierte Zeichnungen an, die der Autor dem Publikum erläutert. So überwindet er zugleich die Schwierigkeit aller epischen Dichtung in alemannischem Dialekt: den Mangel des Imperfekts. Die Erklärung der Situation geht zwanglos in präsentische Erzählung über. Zur Verwendung des Dialekts wurde Usteri durch Hebel ermutigt. Zwar verdankt auch er die Grundkonzeption seiner hexametrischen Idyllen dem bewunderten Voss, doch unterscheiden sie sich wesentlich von den vossischen, indem ihnen die gnomische und typisierende Tendenz abgeht. Usteris Idyllen sind nach Mahler Müller das erste Beispiel einer realistisch-ironischen Idyllendichtung. Der ironische Blick bewährt sich vor allem in der Gestaltung der Charaktere. Unentschiedenheit und Schwächen verleihen einigen Figuren eine in der Idylle seltene Menschlichkeit: so der Amtmännin, die ihren Sohn gern nach ihrem Willen verheiraten möchte, sich aber eines Besseren belehren läßt. Auch die zwischen kindlichem Gehorsam und Neigung zum »Vikari« zerrissene Pfarrerstochter sticht ab vom mechanischen Edelmut der Luise-Nachfolgerinnen. Natürlich trägt der Dialekt nicht wenig zur Lebendigkeit dieser Idyllen bei. Er erhöht auch den Kontrast, wenn Usteri etwa durch den Kommentar der ländlichen Pfarrfrau zum gefühlvollen Brief der städtischen Freundin Idyllenklischee und Wirklichkeit voneinander absetzt. Solche Kunstgriffe übernimmt Corrodi, der im »Herr Dokter« den heimgekehrten Studenten das aus zierlichen Häuslein, Trachten und Gemsen komponierte Schweizerbild seiner Prager Geliebten mit seinem Heimatdorf konfrontieren läßt. *Corrodi* kombiniert in seinen drei umfangreichen Gedichten die klassischen bürgerlichen Berufe des Professors, des Arztes und des Pfarrers mit den Jahreszeiten. Eine Sensibilität für die Natur, die auch vage und ungewöhnliche Stimmungen zu erfassen weiß, und eine am Dialekt genährte sprachliche Fülle kommen den zahlreichen Landschaftsschilderungen zugute. Die Sensibilität zeigt sich auch in der gegenüber Usteri differenzierteren Darstellung der Menschen. So entsteht eine gewisse Skala weiblicher Möglichkeiten: die zarte, unpraktische Natur- und Kunstschwärmerin; das munter-verständige Landmädchen, das eigenwillig-tapfere Naturkind. Auch dieser Autor versucht, sich ein wenig mit dem in Gestalt von Eisenbahnen und philosophischem Materialismus auftretenden »Zeitgeist« zu befassen, aber die

Stimmung der Ironie läßt einen Anspruch auf ernsthafte Durchdringung der Fragen gar nicht erst zu.

»Gotthelfderbheit und Auerbachische Sunntigpersone« dürfe man bei ihm nicht erwarten, läßt Corrodi seinen Vikari schreiben, und Heyse lehnt es ab, die Zahl der Dorfgeschichten zu vermehren, »die's ohnehin bei jeder Messe schneit«. Hier liegt ein wesentlicher Grund für das Absterben der Idylle: das Aufkommen einer neuen Gattung, die man als ihre Ablösung anzusehen pflegt. In der Tat lassen sich für die Ableitung der Dorfgeschichte aus der Idylle genetische Momente anführen. So begann ja die Entdeckung des bäuerlichen Lebens als einer neuen und fesselnden Welt menschlicher Schicksale bei Mahler Müller und bei Hebel. Auch läßt sich bei einem Autor eine Entwicklung von der Idylle zur Dorfgeschichte verfolgen: bei dem im schwäbisch-bayrischen Ries beheimateten *Melchior Meyr* (vgl. dazu Sengle, Wunschbild, s. S. X). Sein deutlich an »Hermann und Dorothea« orientiertes Hexametergedicht »Wilhelm und Rosina« (1835) erzählt von der Liebe zwischen der reichen Erbin und dem tüchtigen Knecht, die auf Fürsprache des Pfarrers hin schließlich den Widerstand des Vaters überwindet. Von der Schilderung der Mahlzeiten bis zu den homerischen Wendungen steht sie in der vossischen Tradition, doch die Zeichnung des Vaters ist bereits von ungewöhnlich scharfem Realismus: anstelle des ehrwürdigen Vorbildes oder auch des mit kleinen Schwächen behafteten gediegenen Mannes erscheint ein habgieriger Bauer, der seine Tochter durchaus mit dem unerfreulichen Nachbarssohn verheiraten will, einzig um die beiden Güter zu vereinigen. 1852 veröffentlichte Meyr dann die thematisch verwandte Erzählung »Ludwig und Annemarie«; der Entschluß zur Prosa erlaubt es nun, die Welt des Ries in unstilisierter Natürlichkeit vorzuführen. Die Triebfeder zur Wahl der neuen, durch Auerbach und Gotthelf um diese Zeit schon populären Gattung ist eindeutig das Verlangen, dem dargestellten Gegenstand gerechter zu werden (vgl. das Vorwort zur Ausg. der »Erzählungen aus dem Ries« von 1856). Wenn aber Meyr gegenüber den Verächtern der Dorfgeschichte argumentiert, auch das Leben des Landvolks umfasse »alles Menschliche – alle Tugenden und Schwächen des Menschen und eine reiche Betätigung derselben –«, so wird deutlich, daß die Dorfgeschichte zwar als Darstellung des Landes ein Erbe der Idylle antritt, daß sie sich aber in der Interpretation dieses Stoffes von ihr grundsätzlich unterscheidet. Der für die Idylle wesentliche Charakter des Räumlich-Zuständlichen erhält sich in der Dorfgeschichte ebensowenig wie der des bewußt Eingeschränkten; die bedeutendsten Schöpfungen der neuen Gattung wollen vielmehr das menschliche Schicksal in seiner Totalität zeigen, die durch die ungewöhnliche Umwelt nichts von ihrer Gewalt verliert. Man suchte den Ursprung der Dorfgeschichte oft in der Erzählung vom Oberhof, die einen Teil von *Immermanns* Roman »Münchhausen« (1838/39) ausmacht. Die Schilderung des patriarchalisch regierten westfälischen Hofes, die den Hintergrund für die Liebe zwischen dem reinen und stolzen Naturkind Lisbeth und dem Grafen Oswald bildet, hat man oft als Idylle bezeichnet, ja, sie als solche aus dem Verband des Romans herausgelöst. Beides ist fragwürdig. Das Komplementärverhältnis zur skurrilen Zeitsatire, in dem die Erzählung gedacht ist, gehört zu ihrem Wesen; zudem überschreiten die das Tragische streifende Gestalt des Hofschulzen, die im Verlust des Schwertes symbolisierte Problematik der von ihm vertretenen Rechtsordnung die Grenze des Idyllischen durchaus.

Der Wille, das Ganze der menschlichen Existenz zu zeigen, scheidet auch *Gotthelfs* ungeheures Werk, das ja mit einem Roman anhob (»Der Bauernspiegel«, 1837), fundamental von der Gattung der Idylle. Einzelne Erzählungen Gotthelfs wie »Käthi die Großmutter«, »Das Erdbeeri-Mareili«, »Der Sonntag des Großvaters« werden öfter als Idyllen oder »Idyllnovellen« angesprochen. Bei »Käthi die Großmutter« verbietet das nicht nur die bei aller konservativen Beschwichtigung durchaus spürbare Mühsal des geschilderten Lebens, sondern vor allem das Leitmotiv der Gefahr in Gestalt der Emme. Die anderen Erzählungen aber müssen in ihrem Verhältnis zum Ganzen des Gotthelfschen Werkes betrachtet werden, wie die idyllischen Partien seiner Romane im Verhältnis zu deren Gesamtkomposition. So erhält die Idylle bei Gotthelf eine ebenso relativierte Funktion wie in der übrigen erzählenden Literatur der Zeit. Auch *Auerbach,* dessen »Schwarzwälder Dorfgeschichten« (ab 1843) das spätere 19. Jh. Sentimentalisierung des Landlebens vorwarf, der aber auf der Folie der vossischen Schule realistisch genug wirkt (»Diethelm von Buchenberg«), ist nicht von der Idylle, sondern vom Roman ausgegangen. Da aber nun das einmal erregte Interesse an der bäuerlichen Welt von der Dorfgeschichte weit besser befriedigt wurde als von der Idylle, war dieser, wenn auch nicht ihr einziges, so doch eins ihrer zentralen Felder entzogen. So finden sich gegen Ende des Jhs. nur mehr disparate Versuche in einer Gattung, die den Halt an der vorgegebenen Stoffwelt verloren hat. In einer ungebrochen geglaubten Tradition steht nur noch der Österreicher *F. v. Saar,* der in »Hermann und Dorothea« (e 1897/1901, E 1902) das große Vorbild nach Form und Geist zu erneuern sucht: Goethes Gedicht dient nicht nur dazu, das nach seinem Modell geschaffene Paar zusammenzuführen, sondern es fungiert auch als Symbol des Deutschtums im mährischen Nationalitätenkonflikt, der die Idylle als ungelöste Spannung durchzieht. Interessanter als dieser Versuch, ein aktuelles Problem durch routinierte Hexameterpoesie zu bezwingen, ist ein Werk, das vom Verfasser als Flucht in die Phantasie empfunden wurde, in Wahrheit aber ein sehr modernes Thema verfremdet darstellt: die Reproduzierbarkeit der Kunst. *G. Kinkels* »Tanagra« (1883) deutet die Tanagrafiguren als Schöpfungen der glaubenslosen nachalexandrinischen Zeit, in der die Götterstatuen ihren Sinn verloren haben. An die Stelle der Götter ist der Mensch selbst getreten, nicht minder schön und gewaltig als sie, und seiner lebenswahren Darstellung soll sich nun dank der Erfindung des Abgusses auch das ärmste Haus erfreuen. Die fortschrittliche Tendenz hebt dieses Gedicht von den übrigen Idyllen des 19. Jhs. ab, denen es indes in traurigem Paradoxon durch die reproduzierten pseudopoetischen Formeln seiner Verse aufs engste verbunden ist.

Bei dem Versuch, das moderne Leben idyllisch zu bestehen, bewährt sich in gewisser Weise noch einmal der jean-paulische Idyllengeist, freilich der dichterischen Bildkraft entkleidet und ganz auf die Kunst humorvoller »Mikrologien« beschränkt: in *H. Seidels* berühmten Erzählungen von »Leberecht Hühnchen« (ab 1882, zusammengefaßt 1900). In wutzischem Sinn versteht es der spärlich besoldete, aber von einer glücklichen Familie umgebene Ingenieur Hühnchen, in einem winzigen Haus am Rande der Großstadt Berlin allen Reichtum des Daseins zu erleben. Die phantasievolle Verzerrung der Maßstäbe erlaubt es ihm, in einer Weintraube die ganze dienstbare Natur zu genießen. Diese völlig subjektivierte Idylle ist von der wachsenden Industrie, dem schwankenden Arbeitsmarkt und der Grundstücksspekulation umstellt, die sie jedoch, da sie nur vom Inneren abhängt, nicht zu erschüttern vermögen. Die Resonanz, die dieses Buch fand, zeugt davon, daß die als objektive Gattung abgestorbene Idylle den Glauben hinterlassen hat, Bescheidung auf das Private könne ein Reservat individueller Freiheit und ungetrübter menschlicher Beziehungen gewährleisten.

Literatur:

Casimir Ulrich Boehlendorff: Fernando oder Kunstweihe. Eine dramat. Idylle. Bremen 1802. – K. Freye: B., der Freund Herbarts u. Hölderlins. 1913; s. auch Hölderlins Briefe (s. S. 129).

Franz von Sonnenberg: Gedichte, hrsg. v. J. G. Gruber. Rudolstadt 1808.

Amalie von Helvig (geb. *von Imhof):* Die Tageszeiten. Amsterdam u. Leipzig 1812; Dramatische Idyllen. 1812.

Caroline Pichler: Sämtl. Werke, Bdchen 21: Idyllen. Wien 1829. – Denkwürdigkeiten . . ., hrsg. v. E. K. Blümml. 1914.

Gotthard Ludwig Theobul Kosegarten: Dichtungen, 5 Bde. Greifswald 1824/27. In Bd. 2: Jucunde. Eine ländl. Dichtung in 5 Eklogen; Bd. 3: Die Inselfahrt oder Aloysius u. Agnes. Eine ländl. Dichtung in 6 Eklogen (von seinen Gedichten vgl. auch »Eclogе« u. »Cidli u. Meli«).

K[arl Friedrich] Ludwig Kannegießer: Amor u. Hymen. Prenzlau 1818.

Ludwig Neuffer: Poetische Schriften. Leipzig 1828. Darin: Bd. 2: Die Herbstfeier; Bd. 3: Der Tag auf dem Lande. – Kleine epische Dichtungen u. Idyllen. 1835 (darin: Die Tageszeiten, Die Stufenalter des Weibes, Die Landschaft, Die Knabenjahre). – W. Bauer: Ch. L. N. Diss. Heidelberg 1931.

[Anonym:] Der Geburtstag, eine Jäger-Idylle in 4 Gesängen. Hadamar 1803. – Rez. von *Goethe:* Gedenkausg., Bd. 14, S. 217 ff.

G[ottlob] F[riedrich] Eduard Crusius: Der Besuch in Hainthal. Hamburg 1839.

August Gottlob Eberhard [Ernst Scherzer]: Hannchen und die Küchlein. Halle 1823, [24]Leipzig 1875.

G[eorg] C[hristian] W[ilhelm] Holzapfel: Wilhelm u. Emma, eine ländl. Dichtung in 8 Idyllen. Lemgo 1816.

Karl Egon Ebert: Das Kloster. Stuttgart 1833; Neudruck 1923.

Karl Heinrich Keck: Anna. Ein Idyll aus der Zeit der schlesw.-holst. Erhebung. [4]Gotha 1880.

Moritz Hartmann: Adam u. Eva. In: Ges. Werke, Bd. 2 1873/74, S. 249–316.

Robert Waldmüller [= Charles Eduard Duboc]: Dorf-Idyllen. Stuttgart 1860.

Paul Heyse: Idyllen von Sorrent. In: Hermen. Berlin 1854. – Die Hochzeitsreise an den Walchensee. In: Ges. Werke. Abt. Epische Dichtungen, Bd. 2, 1912, S. 137–175.

Friedrich Rückert: Amaryllis. In: Gesammelte poetische Werke. Frankfurt 1868/69. – E. Staiger: F. R.: Amaryllis. In: Spätzeit. Studien zur dt. Lit. Zürich/ München 1973, S. 81–107.

Johann Martin Usteri: Dichtungen, hrsg. v. D. Hess. Zürich 1831, [3]Leipzig 1877. – A. Nägeli: J. M. U. 1907.

Ulrich Hegner: Ges. Schriften. 1828/30. Darin Bd. 2: Die Molkenkur; Bd. 5: Teinach, ein Zyclus; Der Künstler, S. 152–162.

August Corrodi: De Herr Professer. Idylle aus dem Züribiet. 1857; De Herr Vikari. Winteridyll usem Züripiet. 1858; De Herr Dokter. Herbstidyll usem Züripiet. 1860 (alle Winterthur).

Melchior Meyr: Wilhelm u. Rosina. 1835; Neudruck Bern 1967; Erzählungen aus dem Ries. 1856; Neue Erzählungen aus dem Ries. 1859 (in der Gesamtausg. in Bd. 3, 1868). – B. Gramse: M. M. Sein Leben und sein dramatisches Werk. Danzig 1935; A. Ramminger: Die Gedankenwelt M. Ms. Diss. München 1936; J. Leonhardt: Gehalt und Form der Prosaschriften M. Ms. Würzburg 1938; M. A. Niemczura Dietz: The treatment of love in M. Ms. Erzählungen aus dem Ried. Diss. Vanderbilt Univ. 1974.

Karl Immermann: Münchhausen. Die Epigonen. (Verschiedene Ausgaben.)

Jeremias Gotthelf: Sämtl. Werke. 24 Bde. 1911 ff. – s. Karl Fehr: J. G. 1967. (Sammlung Metzler. 60.)

Berthold Auerbach: Ges. Schriften, 3 Bde. 1892/95. – F. Altvater: Wesen u. Form der dt. Dorfgeschichte. 1930; R. Hallgarten: Die Anfänge der Schweizer Dorfgeschichte. Diss. München 1906; R. Zellweger: Les débuts du roman rustique. Suisse/Allemagne/ France. Paris 1941 (mit Literatur). J. Hein: Dorfgeschichte (s. S. XI mit Literaturangaben.) – E. Roggen: Die Motive in Auerbachs Dorfgeschichten. Diss. Bern 1913; H. Glück: Der Dialekt in den

Dorfgeschichten B. Auerbachs und M. Meyrs. Tübingen 1914; J. Mc Hale: Die Form der Novellen »Die Leute von Seldwyla« von G. Keller und der »Schwarzwälder Dorfgeschichten« von B. Auerbach. Diss. Bern 1957.

Klaus Groth: Quickborn. Volksleben in plattdeutschen Gedichten. 1853; mit den Illustrationen von Speckter Meersburg/Leipzig 1930; Idyllen. 1862.

Gottfried Kinkel: Tanagra. Idyll aus Griechenland. 1883.

Ferdinand von Saar: Hermann u. Dorothea. In: Sämtl. Werke, hrsg. v. J. Minor, Bd. 4. 1909, S. 25–29.

Heinrich Seidel: Ges. Werke, 15 Bde. 1925.

A. Dietrich (Hrsg.): Braga. Vollständ. Sammlung klassischer u. volksthüml. dt. Gedichte aus d. 18. u. 19. Jh., 7. Bdchen: Idyllen. 1828. (Enthält Versidyllen von Rost, Kleist, Kretschmann, Stolberg, Voss, Hölty, A. W. Schlegel, Loeben, Kind, Bronner, Pichler, Heydenreich, J. R. Wyss, Henne.)

Louise Brachmann: Gedichte. Dessau u. Leipzig 1808. (Darin: Die Rettung, Die Brüder, Lykaon u. Euböa, Wechsel der Liebe.)

Friedrich Eduard Heinel: Tobias. Eine idyll. Erzähl. in 3 Gesängen. Königsberg 1832; Das Pfingstfest. Eine erzähl. Dichtung in 3 Gesängen. Ebda 1833.

Karl Josef Schuler: Der Sommer. Versuch e. Fortsetzung v. Kleist's »Frühling«. München 1833.

Karl Streckfuß: Neuere Dichtungen. Halle 1834. (Darin: Ruth, idyll.-episches Gedicht in 4 Gesängen, S. 81–128: E 1823).

Julius Grosse: Gundel vom Königssee. Epische Dichtung aus d. bayrischen Hochland in 7 Gesängen. 1864.

Albert Möser: Aus der Mansarde. Neue Gedichte. 1893. (Darin: Idyllen, S. 227–297.)

Otto Roquette: Idyllen, Elegien und Monologe. 1882.

Wolfgang Müller von Königswinter: Dichtungen eines rhein. Poeten, Bd. 6; Rheinische Idyllen. 1876.

Weitere Titel bei *Sengle,* Biedermeierzeit (s. S. X) und *Eisenbeiß* (s. S. X).

7. Die Idylle im 20. Jahrhundert

Die am Anfang des 19. Jhs. stehende goethische Hoffnung, durch entsagende Beschränkung lasse sich noch eine Möglichkeit zu reiner menschlicher Existenz gewinnen, war im Laufe des Jahrhunderts von grundauf erschüttert worden. Zu den Erfahrungen des Kapitalismus und des Imperialismus, die den Glauben an die Existenz geschützter Freiräume, und seien sie auch nur subjektiv als solche konstituiert, immer mehr illusorisch machten, traten mit dem beginnenden Jahrhundert die des Weltkriegs und des politischen Totalitarismus. So ist es unmit-

telbar einsichtig, daß in der Gattung der Idylle nur noch Werke
entstehen konnten, die entweder das Bewußtsein der Gebrochenheit jenes Glaubens zu erkennen geben oder aber den Eindruck
flagranter Unwahrhaftigkeit erwecken.

Die »Idylle« des jugendlichen *Hofmannsthal* (1893) wirkt so wie
ein Siegel auf die Geschichte der Gattung. Dieses Gedicht versammelt
in antikisierender Sprache noch einmal die klassichen Idyllenmotive:
die Urfamilie, die archaischen Berufe des Schmiedes und des Töp-
fers, die niedere Mythologie, die Kunstbeschreibung, die Betonung
der Kreisform, eine Flußlandschaft. Aber diese Idylle ist, in Goethes
Sinne, eine tragische: sie wird zerstört, und die Zerstörung geht aus
ihrer eigenen Mitte hervor. Der Schmied vertritt das Ethos des Hauses, der männlichen Tüchtigkeit; seine Frau hat aus den mythologischen Szenen der Vasenbilder eine Ahnung mächtigeren Lebens ge-
sogen, die sie ihrem stillen Dasein entrückt: so bricht der Kentaur,
mit dem sie entfliehen will und mit dessen Speer der Gatte sie tötet,
nur scheinbar von außen herein. Der Klassizismus der Sprache und
der Motive läßt ein Gedicht des alten *Hauptmann* (»Die drei Palmyren«, e 1935/37) dem Hofmannsthalschen verwandt erscheinen. Drei-
mal kehrt »der Wanderer«, ein Künstler, bei einer italienischen Berg-
bauernfamilie ein; beim letztenmal findet er nicht nur sein einst ver-
lassenes Weib wieder, sondern auch ihr verjüngtes Abbild in Tochter
und Enkelin. Solche »wiederholte Spiegelung«, die durch die abschließende Sentenz »Was war, das ist!« bekräftigt wird, scheint die
Fundamente der Idylle noch einmal zu bestätigen. Doch nicht nur
geht in der inneren Spaltung des Künstlers ein Riß durch die vom
Lar regierte Urwelt; die enge Anlehnung an Goethes »Wanderer«,
dem Idee und Rhythmus sich verdanken, verleiht dem Gedicht so
sehr den Charakter einer Kunstübung, daß seine Gültigkeit für die
moderne Welt, in die es verlegt ist, fraglich wird. Mitunter hat man
das Versepos »Anna« (1921) für die Idylle in Anspruch genommen.
Indes ist die ländliche Szenerie, die dazu verleitet, trotz des vergilischen Mottos nur Folie für ein heilloses Schicksal, das ursprünglich
als Drama gestaltet werden sollte. Ein wesentliches Werk aber hat
Hauptmann als »Pastorale« konzipiert: das dramatische Gedicht
»Das Hirtenlied«, das die Geschichte von Jakobs Erben um Rahel
darstellt (e 1898/99). Doch auch hier wird der pastorale Charakter
in mannigfacher Weise eingeschränkt. Die archaische Hirtenwelt
sollte, jedenfalls den ersten Ansätzen nach (»Patriarchenluft«), nur
der Traum eines im Großstadtelend verzweifelnden Künstlers sein;
auch läßt die dramatische Form das Zuständliche immer mehr hinter
dem Konflikt Jakobs und Labans zurücktreten. Auch bei den anderen bedeutenderen Autoren der Jahrhundertwende zeigt sich die
Gattung, die *Nietzsche* im »Lied eines theokritischen Ziegenhirten«
parodierte, in gebrochenen Formen. Zu Unrecht hat man zuweilen
Spittelers »Olympischen Frühling« (1900/06) zu den Idyllen gerechn-

net. Nicht nur, daß die pessimistische Weltsicht des Dichters eine Autonomie der Idylle verbot: Spitteler strebte ja in diesem Werk eben das an, was die Goethezeit als unmöglich erkannt hatte: die Totalität des Epos. So ist es konsequent, wenn die Idylle nur als Teil des Ganzen erscheint, nämlich in Gestalt des Knäbleins Eidolon und in der Episode von Hylas und Kaleidusa (III/9). Spitteler gab sich zudem Rechenschaft über die künstlerisch-formale Schwierigkeit, den reinen idyllischen Zustand selbst zum Gegenstand der Dichtung zu machen. In einem Schiller-Reminiszenzen verratenden Aufsatz »Das Thema vom Glück in der Dichtung« (1899) erkennt er den Mangel an Handlung als Hindernis, der einen solchen Versuch zum Scheitern verurteile. Die von Spitteler selbst als »Idyll« bezeichnete Erzählung »Gustav« (1892), die seiner »realistischen Epoche« entstammt, beschreibt in ironischer Beleuchtung eine Krisenzeit im Leben eines jungen Musikers, der als durchgefallener Examinand mit einer Reihe junger Mädchen die Heimatlandschaft durchschwärmt. Eine subtile Zerstörung der bukolischen Welt prägt die »Hirtengedichte« des jungen George, obgleich oder weil sie sich durchaus noch als solche verstehen. Sie führen klassische Idyllenmotive vor: die Mädchen am Brunnen, die einen Gedenktag begehen, den jungen Hirten im Frühling, das Zwiegespräch zwischen Faun und Nymphe, die Insel. Aber der Gedenktag gilt den toten Verlobten, der Hirt verläßt seine Herde und vertauscht die arkadische Landschaft mit der heroischen, der verschmähte Faun darf sich nicht einmal den antikischen Verzweiflungstod geben, da dies die Schönheit der Quelle trüben würde, die Insel ist der Ort des singenden Vogel-Giganten, der beim ersten Anblick von Menschen sterben muß. Die Idylle, ihrem Wesen nach Urbild menschlicher Lebensformen, geht unter im Nihilismus symbolistischen Schönheitskults: ein Untergang, der sich poetisch ausdrückt im vielfachen Gebrauch eines herben jambischen Maßes und eines angestrengt archaisierenden Vokabulars.

Manifest wurde das kritische Verhältnis zwischen geschichtlicher Situation und Idyllendichtung mit dem ersten Weltkrieg; gültig formuliert hat es *Th. Mann,* der in der ersten Nachkriegszeit zwei Idyllen verfaßte: »Herr und Hund« (1918) und »Gesang vom Kindchen« (1919). Ein Kommentar zu dem zweiten Werk, das den Gefühlen des Vaters für die eben geborene Tochter gilt, erklärt beide Idyllen als »Erzeugnisse eines tiefen Bedürfnisses nach Abkehr, Frieden, Heiterkeit, Liebe und herzlicher Menschlichkeit ... nach dem Bleibenden, Unberührbaren, Ungeschichtlichen, Heiligen ...«. Über das Problematische solcher Sehnsucht nach dem Ungeschichtlichen sinnt in »Unordnung und frühes Leid« (1926) der Historiker Cornelius nach. Einem Bewußtsein, das ihre Todesneigung durchschaut, kann der Glaube an die »heutige Möglichkeit der Idylle« nicht »auf sehr festen Füßen« stehen. Den Mangel an Naivität, den er schon im verehrten Vorbild »Hermann und Dorothea« erkennt, sieht Th. Mann im eigenen Gedicht in einem Grade gesteigert, der es zum Zeugnis dafür macht, »daß Liebe zu einem Kunstgeist, an dessen Möglichkeit man nicht mehr glaubt, die Parodie zeitigt«. So entsteht eine durch das Bewußtsein ihrer Fragwürdigkeit legitimierte Idylle.

Wenn Th. Mann im »Gesang vom Kindchen« wie in dem herzlichironischen Prosastück »Herr und Hund« seine privateste Welt schildert, so folgt er einem Impuls, der sich seit dem Ende des 19. Jhs. in der Idyllenpoesie bemerkbar macht. Da keine Welt mehr existiert, die sich objektiv unter dem Zeichen der Idylle darstellen ließe, sieht man sich auf das als idyllisch Erlebte verwiesen. Der Kreis der Beschränkung wird noch einmal enger gezogen. So widmete sich schon *K. Stielers* »Winteridyll« (1885) ganz der privaten Reminiszenz. Der Kritiker und Schriftsteller *J. V. Widmann* gab in seiner Pfarrhausidylle »An den Menschen ein Wohlgefallen« (1876) zwar eine nach dem Idyllenschema objektivierte Liebesgeschichte, doch war sie, wie aus den Briefen und den einleitenden Gedichten der späteren Auflagen hervorgeht, für ihn vor allem persönliche Erinnerung an sein Elternhaus. Aus den Einleitungen spricht das Bewußtsein, in einer nicht mehr gemäßen Form (»Hexameter im 20. Jh?«) eine versunkene Welt zu präsentieren. Die Idylle beginnt sich selbst als geschichtlich zu verstehen. Im übrigen fällt in Widmanns Idylle der Schatten der Geschichte strenger als sonst. Sie spielt in einem Schweizer Grenzstädtchen, im Jahre 1870. Das private Liebesglück, in dem sie endet, ist vom Grauen des Krieges überhangen. Das idyllisch anhebende Gedicht »Der Heilige und die Tiere« (1905) läßt der Schopenhauer-Anhänger in eine legendär eingekleidete Anklage gegen den Schöpfer übergehen, der die Kreatur zum Leiden verdammte. Ein Zeugnis der eigenen Jugendzeit sind für Widmann auch die ironischen Oktaven von »'Bin, der Schwärmer«. Diese Linie setzt sich im 20. Jh. fort. Auch bei *J. Ponten,* der sich als Chronist der deutschen Kolonie in Rom versteht (»Römisches Idyll«, 1927), überwiegt die private Erinnerung. Seinen Rückblick auf das römische Künstlerleben der letzten Vorkriegsjahre schließt die Nachricht von der Mobilmachung ab. Dieses Private wird beunruhigend, wo die gleichzeitigen geschichtlichen Vorgänge verschwiegen im Hintergrund stehen, wie in den »Idyllen« (1933) des Freiherrn *v. Münchhausen,* die es sonst verstehen, das Familienleben auf seinem Gut mit einer gewissen anziehenden Dinglichkeit und Wärme zu beschreiben. Die Beunruhigung wächst, wenn sich der Tendenz zum Privaten ein mehr oder minder programmatisches Ressentiment gegenüber der dem Zeitgeist verhafteten Menschheit gesellt. Das Motiv der »wenigen Edlen« verbindet sich mit dem der Rückkehr zu einem »Bleibenden«, dem die Idyllenzüge der Statik, der Ordnung, der ewigen Wiederkehr entgegenkommen. Es verwundert nicht, wenn sich solches Ressentiment bei einem unbekannt gebliebenen Dichter wie *Geiger* ausspricht; gewichtig wird die Problematik des Ressentiments, wenn es eine weithin gehörte Stimme vertritt. Gartenlust und Glasperlenspiel haben in *H. Hesses* »Stunden im Garten« (1936) einen bitteren Bodensatz in der Ironie, mit welcher der Vorwurf der Introversion abgewiesen wird, in der Resignation, die die Welt den sie nun einmal regierenden, »rohern, doch heftigern Trieben« überläßt. Hier wird ein Kernproblem der idyllischen Dichtung im 20. Jh. deutlich. Auch sie wurde betroffen von der Traumatisierung der deutschen Lit. durch den Nationalsozialismus, und zwar in bezug auf ihre Rezeption. Die Reaktion auf die Blut- und Bodendichtung, die Abwehr der auf die Vorspiegelung »heiler Welt« gerichteten Tendenzen in der Restaurationszeit nach dem 2. Weltkrieg mußten Mißtrauen gegen eine Gattung – und ihre Idee – erwecken, die auf die Darstellung harmonischer Zustände zielt und in ihren Motiven trotz aller Ausweitung dem Bereich der Natur meist nahebleibt. So konnte etwa *E. G. Winklers* Konzeption einer neuen »diesseitigen« Idylle, in welcher der Dichter die Wirklichkeit »aus dem besser erlernten Umgang mit ihr« preisen sollte (Winkler hat sie anläßlich der Gedichte von *P. Appel* entwickelt), auf keinen fruchtbaren Boden fallen, obgleich sie keineswegs geistfeindlich gemeint war, vielmehr eine antikische Versöhnung von Geist und Physis zu verwirklichen helfen sollte.

Für die Idylle so konstitutive Momente wie die Neigung zu einfachen Lebensformen, zu Tieren und Pflanzen, zu den Erscheinungsbildern der Jahreszeiten erregten zumindest bei intellektuellen Lesern der 50er und 60er Jahre einen fast automatischen Widerstand: sie galten als Embleme faschistoider Innerlichkeit. Dies änderte sich aber mit den späten 60er Jahren, in denen Nostalgiewelle und beginnende Umweltschutz-Bewegung diesen Phänomenen selbst und damit auch ihrem literarischen Ausdruck zu einem neuen Stellenwert verhalfen. Der Neo-Rousseanismus, der sich häufig mit dem Neo-Marxismus verband, zeigte nunmehr, daß Tendenzen, die lange Zeit als Ausdruck konservativer Gesinnung gedeutet worden waren, auch fortschrittlich interpretiert und gelebt werden konnten. Doch wenn die Anerkennung der Idyllendichtung dadurch gewonnen hat – was sich zunächst in der Forschung spiegelt, aber auf ein breiteres Publikum übergreifen könnte –, so ist es doch unwahrscheinlich, daß von hier eine neue Belebung der Idyllendichtung selbst ausgehen wird, wenn man nicht etwa die Selbstdarstellung von Kommunen in Zeitung und Film als solche gelten lassen will. Ansätze zu möglichen Formen idyllischer Dichtung in der Gegenwart gehen vielmehr von Positionen aus, in denen das Bewußtsein als maßgebende Instanz die Idylle von vornherein relativiert und diese Einschränkung auch in der Form auszudrücken vermag.

Eine solche Möglichkeit ist wie im 19. Jh. die Einsprengung idyllischer Partien in die erzählende Prosa. Im Gegensatz zum 19. Jh. ist nun allerdings die Distanz von der Gattung so weit, daß direkte Bezüge auf ihre klassischen Werke kaum noch anzutreffen sind – wesentlich ist nur noch der Versuch, einen in sich geschlossenen Zustand des Einklangs der jeweiligen Personen untereinander und mit der Umwelt darzustellen, der zu anderen im Text geschilderten Zuständen in eine funktionale Beziehung gebracht wird. Ein großes Beispiel aus diesem – noch nicht zusammenfassend untersuchten – Material ist die antikisierende, mediterrane Idyllenvision, die *Th. Mann* in das innere Zentrum seines Romans »Der Zauberberg« stellt; dabei wird der Preis, um den der idyllische Zustand erkauft wird, durch die kontrastierende, in der Idylle selbst angesiedelte danteske Schreckensvision deutlich gemacht. Hier wird der Idylle und ihrem Gegenpol als den Symbolen der Dialektik von Tod und Leben ein sehr hoher Zeichenwert zuerkannt. Ein anderes Beispiel ist in *Musils* »Mann ohne Eigenschaften« der Inselaufenthalt der Geschwister Ulrich und Agathe, die sich selbst zerstörende »Reise ins Paradies«, zu der als ergänzende Idyllenmomente die »Atemzüge eines Sommertags« und die Gartenbilder treten. Durchgehendes Kompositionselement ist das Idyllische in den Erzählungen *R. Walsers,* insbesondere im »Gehülfen«, dessen Held das zerrüttete »Haus«, in das er eintritt, bis zum äußersten als bergende Idylle zu erleben gewillt ist. Die Subtilität, mit der der Entwurf und die Zerstörung einer solchen vom Subjekt getragenen Idylle deren Darstellung bis ins Detail des Textes gemeinsam bestimmen, würde vielleicht noch deutlicher bei einem Vergleich mit den Erzählungen und Romanen *H. Hesses,* in denen das Idyllische gleichfalls weithin bestimmendes Strukturmoment ist, aber nicht in gleichem Maße durch Reflexion relativiert wird (wie groß die hier ins Auge fallende Naivität wirklich ist, müßten freilich genaue Analysen erst erhärten). Im Roman der Nachkriegszeit finden sich »Idyllen« wie das Reich der Heranwachsenden auf dem Schiffswrack in *G. Grass'* »Katz und Maus«, wo sich die idyllischen Motive so verfremden und verhärten, daß man nicht nur wegen der schließlich todbringenden Funktion des Asyls von einer »Anti-Idylle« sprechen kann.

Diese im 19. Jh. begonnene Entwicklungslinie nimmt auch *J. Bobrowski* in seiner Prosa wieder auf; ein deutlicher Hinweis auf seinen Bezug zur Gattung ist seine »Idylle für alte Männer«, die in der Beschreibung des gefräßigen alten Klapschies das Idyllenmotiv des ehrwürdigen Greises zugleich kritisch und komplizenhaft parodiert. Die Entlarvung und Zerstörung der Räume, in denen sich das Individuum einmal Freiheit durch Rückzug zu verschaffen suchte, bildet bekanntlich eine Grundstruktur im Werk *Th. Bernhards.* Wenn diese anti-idyllische Bewegung einer Reihe österreichischer Autoren gemeinsam zu sein scheint, so zeichnet sie sich nicht in gleicher Weise für Deutschland und die Schweiz ab, wenigstens was die Richtung auf ländliche und kleinstädtische Verhältnisse betrifft. In Deutschland ist diese Funktion eher vom neuen »Volksstück« übernommen worden, welches zwar, wenn man will, auch als Anti-Idylle verstanden werden kann, aber nur im Sinne einer Grundtendenz, kaum noch in dem einer parodistischen Evokation idyllischer Motive oder Stimmungen. In der Schweiz scheint die Auseinandersetzung mit der idyllischen Tradition des Kleinstaats ein so generelles Moment innerhalb der Literatur der letzten dreißig Jahre, daß ein spezieller Bezug auf die Gattung und ihren Geist offenbar nicht als dringlich empfunden wird. Dazu kommt, daß die fortgeschrittene Zersiedelung eine räumliche Konkretisierung von Freizonen und deren Problematik schon fast als illusorisch erscheinen läßt.

Die Anti-Idylle ist gebunden an die Idylle und deren – wie sehr auch verminderte – Ausstrahlung; in ihr ist keine Zukunft angelegt. Dagegen zeichnet sich eine solche, wenn auch bescheidene, Möglichkeit im 20. Jh. ab in der Form der kurzen, selbständigen, bildhaften Prosaskizze. Auch diese Form gibt es als Anti-Idylle. In den Jahren 1915–20 entwarf *Musil* den Plan zu einer Sammlung von Prosatexten, für die er zwischen den Titeln »Geschichten ohne Anfang und Ende«, »Tierbuch« und »Idylle« schwankte. Zu diesen Tier-Skizzen »eines Menschen, der sich nie Tiere gehalten hat« – in sie spielt auch die Grigia-Thematik hinein – gehörten Texte wie »Das Fliegenpapier«, »Die Affeninsel in Villa Borghese«, »Das lachende Pferd«, die schließlich unter dem Titel »Bilder« in den »Nachlaß zu Lebzeiten« eingingen. Unter diesen »Bildern« sind mehrere, die alte Gegenstände idyllischer Poesie mit einer jeder Komplizität baren Radikalität so durchleuchten, daß die bizarre Grausamkeit der Natur als ihr Grund zutage tritt. Die »Fischer an der Ostsee« mit ihren »langen, gütigen Gesichtern«, haben ein »stilles, feines Tun«: sie zerreißen die Regenwürmer in Stücke. Die Schafe in der Campagna fühlen in ihren aneinandergedrängten Köpfen »den Sekundenschlag der Unendlichkeit«, der aber ist wie »das Klopfen von Gefangenen an Gefängnismauern«. Die Maus macht sich »Laufgräben« auf einer Alp, über die sinnlos die Geschosse hinziehen. Der Perspektivenwechsel, auf dem der Einblick in das Unidyllische der Idylle beruht, wird am deutlichsten in der »Hasenkatastrophe«, die das alte Idyllenmotiv der Insel und das jüngere der Jagd ad absurdum führt. Die Natur, der sich in der Tradition der Idylle der Mensch anvertrauen wollte, ist hilflos, wo das Bewußtsein fehlt: »... ja, gar nicht gesund, sondern wahrhaft geisteskrank erweist sich die Natur im Hochgebirge und auf kleinen Inseln«, auf denen sich der Denkende als auf Spitzen von Meeresbergen ausgesetzt anstatt geborgen fühlt. Das Bewußtsein selbst aber erfährt sich als ebenso ratlos, wenn es angesichts der sinnlosen Jagd des Hundes auf den Hasen nicht weiß, wie es sinnvoll reagieren soll. Doch sind unter diesen Bildern auch solche, die eine Art positiver Kommunikation mit der Welt beschreiben: mit dem römischen Ehepaar auf einem Sarkophagdeckel, das noch lebendig aus seiner Zeitenferne herüberblickt; mit den Straßen, denen die Morgenfrühe eine wunderliche Magie verleiht. Eine ähnliche intensive Durchdringung einzelner Stücke Welt, die durch die stete Präsenz des Bewußtseins vor allen ontologisierenden Illusionen bewahrt bleibt, kennzeichnet jene Prosatexte, in denen *R. Walser* eine neue Form der Idylle erschafft. Hier findet die Mehrdeutigkeit, welche die moderne Idylle legitimiert, im Spiel mit den Klischees der Sprache ein neues Ausdrucksmittel. »Fritz Kochers Aufsätze« hatten diese Form vorbereitet; sie entfaltet sich in Prosastücken wie »Der Träumer«, »Der Schäfer«, »Die kleine Schneelandschaft«, »Die Stadt«, »Sonntagmorgen«, »Die Einladung«, »Die Kapelle«. Auf eine unvergleichliche Art wird hier der idyllische Einklang mit der Welt zugleich vollzogen und abgewiesen, werden die bereits der Lächerlichkeit anheimgefallenen Formeln, in denen sich solcher Einklang schon früher ausgedrückt hatte, zugleich mit und ohne Ernst verwandt. »Wunderbare Feinheit und Schönheit lag darin, daß das Gras so artig und mit so harten Spitzen aus der Schneefläche herausschaute.« »Ich ging an sonntäglich gekleideten Menschen vorbei in jenen alten, lieben Wunderwald hinein, später jenseits wieder hinaus, wo wieder Weg und Feld, grauer Himmel, Baum und Haus und andre Leute mir begegneten.« »Da kam er über eine hohe, breite, freie Brücke, unter welcher ein großer blauer Strom herrlich-tiefsinnig vorüberfloß.« Einige dieser Texte, besonders »Der Schäfer« und »Der Träumer«, die das Motiv der Muße variieren, sind der alten Idyllenthematik entnommen, zuweilen scheinen sich Anklänge an Gessner zu finden, aber dieses Verhältnis zur Welt, das sich zugleich mit ihr identifiziert und diese Identifikation als Trug durchschaut, kann sich auch auf ganz andere Themen beziehen: die Reihe der menschlichen Figuren, die so beschrieben wird, begreift auch »Die Mörderin« ein. Vielleicht ist die letzte Quelle dieser ambivalenten Idyllik wie bei der Musilschen das Mitleiden mit der Kreatur, das von aller Einsicht in die sinnlose Grausamkeit des Existierens unangefochten bleibt. Die Sprache als unabdingbares Instrument der Mehrdeutigkeit bestimmt auch die Idyllen von *F. Hohler,* welche die Walsersche Tradition bewußter und verspielter fortsetzen. Ihre Gegenstände sind Städtebilder, nach dem Alphabet aufgereiht, vom »Aarespaziergang« über »Oesterreich« und »Schwetzingen« bis »Zuzgen«, und sie kombinieren Impressionen, Informationen und Zitate mit einer frischen Trockenheit, die sich als Kulturkritik, aber auch als Interesse am Detail der Welt lesen läßt. Charakteristischerweise beginnt die erste Idylle damit, daß einem Kind die Welt gezeigt wird: »Lueg s Bärli«, sagt die Mutter am Berner Bärengraben und weist auf das mächtige Tier – ein Perspektivenriß, grotesk, aber ohne Verzweiflung. Der im sprachlichen Detail konkretisierte Perspektivenwechsel ist der gemeinsame Zug, der die idyllischen Prosatexte Musils, Walsers und Hohlers – bei aller Verschiedenheit der Weltsicht und der Dimensionen – miteinander verbindet; er erlaubt es, die Relativierung des Idyllischen, die sonst von seiner Integration in einen größeren Kontext geleistet wird, auch in kleinen Strukturen, ja im einzelnen Satz zu bewirken: so kann er es der Idylle vielleicht ermöglichen, auch in ihrer ursprünglichen Gattungsgestalt, als kleiner selbständiger Text, sich von neuem zu entfalten.

Literatur:

Hugo von Hofmannsthal: Idylle [1893]. In: Die Gedichte u. kleinen Dramen. 1911. S. 34–40;[70]1958; auch in: Ges. Werke in 12 Bden, Bd: Gedichte u. lyrische Dramen. 1946, S. 52–60. – W. Jens: HvH u. die Griechen. 1955, S. 25–30.

Friedrich Nietzsche: Die fröhliche Wissenschaft. Anhang: Lieder des Prinzen Vogelfrei. In: Werke, hrsg. v. K. Schlechta, Bd. 2. [6]1969, S. 267 f. – S. L. Gilman: Nietzsche and the pastoral metaphor. In: Comparative Literature 26, 1974, S. 289–98.

Gerhart Hauptmann: Sämtl. Werke. Centenarausg., hrsg. v. H. E. Hass. 1962 ff. In Bd. 4: Kaiser Maxens Brautfahrt [1905], S. 262 –273; Die drei Palmyren [1935/37], S. 274–293; Anna [1921], S. 435–569; Bd. 8: Das Hirtenlied [1898/99], S. 581–695.

Carl Spitteler: Ges. Werke in 10 Bden, hrsg. v. G. Bohnenblust u. a. Bd. 2: Olympischer Frühling [1900/06]; Bd. 5: Gustav [1892], S. 105–181; Bd. 7: Das Thema vom Glück in der Dichtung [1899], S. 88–96. – Letzteres auch in: Kritische Schriften, hrsg. v. W. Stauffacher, 1965, S. 83–86.

Stefan George: Werke in 2 Bd. Düsseldorf/München 1958. Bd. I S. 65–74.

Thomas Mann: Ges. Werke in 22 Bde. 1955. In Bd. 8: Herr u. Hund [1919], S. 526–617; Unordnung u frühes Leid [1926], S. 618– 657; Gesang vom Kindchen [1919], S. 1068–1101; Bd. 9: Über den »Gesang vom Kindchen«, S. 587–581. – Briefe 1889–1936. 1961 (bes. die Briefe v. 29. 3. 1919, 25. 3. 1921, 24. 5. 1926).

Karl Stieler: Ein Winteridyll [1885]. In: Werke, hrsg. v. K. Quenzel. 1916, S. 39–65.

Joseph Victor Widmann: Mose und Zipora. 1874; An den Menschen ein Wohlgefallen. 1876, [5]1913; 'Bin der Schwärmer. 1896; Der Heilige und die Tiere. 1905.

Josef Ponten: Römisches Idyll. 1927.

Börries Freiherr von Münchhausen: Drei Idyllen. 1924; Idyllen u. Lieder. 1927; Das Liederbuch. 1928 (Idyllen: S. 209–247); Idyllen. 1933.

Benno Geiger: Idyllen oder Die Gedichte in Terzinen. In: Werke, Bd. I. 1939.

Hermann Hesse: Ges. Dichtungen, Bd. 5: Stunden im Garten. 1952, S. 323–351; s. Waibler, S.: Hesse-Bibliographie, 1962: S. 4, E 181, G. 47.

Hermann Claudius: Ulenbütteler Idylle. 1948.

Paul Appel: Gedichte. 1935; Neue Gedichte. 1945. – Eugen Gottlob Winkler: P. A. In: Dichtungen/Gestalten u. Probleme/Nachlaß. 1956, S. 365–370.

Eugen Gottlob Winkler: Jean Giono. In: Ebda 1956, S. 371–377.

Johannes Bobrowski: Idylle für alte Männer. In: 19 Erzähler der DDR. Frankfurt 1976. S. 30–36.

Robert Musil: Bilder. In: Nachlaß zu Lebzeiten. Gesammelte Werke in Einzelausgaben. Hg. v. A. Frisé. Bd. Prosa. Dramen. Späte Briefe. Hamburg 1957. S. 450–474 Tagebücher. Hg. v. A. Frisé. Hamburg 1976, Bd. I S. 321, 340, 343–47, 358.

Robert Walser: Kleine Dichtungen. Prosastücke. Kleine Prosa. Hg. v. J. Greven. In: Das Gesamtwerk Bd. II, Genf und Hamburg 1971; Fritz Kochers Aufsätze. Frankfurt 1974. – Provokation und Idylle. Über R. Walsers Prosa. Der Deutschunterricht 23, 1971, Beiheft 1.

Franz Hohler: Idyllen. Neuwied/Berlin 1970.

Ernst Eggimann: Meine Idylle. In: Tatort Bern. Hg. v. Museum Bochum. 1976. S. 71 f.

David Shimoni: Idylls. Jerusalem 1957 (hebräisch und englisch).

W. Schmidt-Dengler: Die antagonistische Natur. Zum Konzept der Anti-Idylle in der neueren österreichischen Prosa. In: Literatur u. Kritik Heft 40, 1969, S. 577–585; D. Grieser: Negative Idylle. Wo steht Th. Bernhards »Kalkwerk«? In: Schauplätze österreichischer Dichtung. 1974, S. 180–84; *J. Tismar* (s. S. X); B. Greiner: Von der Allegorie zur Idylle. Die Literatur der Arbeitswelt in der DDR. Heidelberg 1974; K. Batt: Zwischen Idylle und Metropole. Sozialtyp und Erzählform in westdeutschen Romanen. In: Positionen des Erzählens. Hg. v. H. L. Arnold und Th. Buck. München 1976; J. Busche: Eidyllion- das heißt kleines Bildchen. Über Arno Schmidt und Heimito von Doderer. In: Der Solipsist in der Heide. Hg. v. J. Drews u. a. München 1974, S. 90–110; ·Ch. R. Metzger: Steinbeck's Version of the Pastoral. In: Modern Fiction Studies VI, 1960, S. 115–124; B. Kahrmann: Die idyllische Szene im zeitgenössischen englischen Roman. Bad Homburg 1969.

III. AUFGABEN DER FORSCHUNG

Viele der Forderungen, die in diesem Buch bei seinem ersten Erscheinen aufgestellt wurden, sind inzwischen eingelöst worden. Zuverlässige Ausgaben haben die wichtigsten deutschen Idyllendichter zugänglich gemacht; Darstellungen einzelner Abschnitte der Geschichte des Idyllischen ermöglichen einen breiteren Überblick; es liegen eindringliche Einzelstudien vor; Anthologien, die einen Querschnitt durch Texte, Theorie und Forschung bieten, sind entstanden oder im Entstehen begriffen. Nun scheint aber ein Augenblick eingetreten zu sein, in dem die Vermehrung dieser Einzelforschungen, so verdienstlich sie sind, weniger dringlich ist als der Versuch, ein taugliches Kategoriensystem zu schaffen, auf das sie sich beziehen können. Eine Klärung der leitenden Begriffe, mit denen in den einzelnen Arbeiten operiert wird, wäre unbedingt notwendig, damit die Deutung einer Gattung, die schon ihrer literarischen Tradition nach

nicht scharf eingegrenzt ist, nicht Mißverständnissen anheim-
fällt. Angesichts des vorwiegend soziologischen Interesses der
heutigen Idyllenforschung scheint mir am wichtigsten eine Klärung des Verhältnisses zwischen Idylle und Utopie. Auf der bei
Vergil modellhaft vorgebildeten Tendenz der Idylle, in Utopie
überzugehen, beruht das Vertrauen auf ihre Möglichkeit, »eine
bestimmte Realität am Maßstab des unkorrumpierten Zustands
zu beschämen« (E. Th. Voss) und so zum Kampf um eine Veränderung dieser Realität aufzurufen. Indes muß hier zwischen
verschiedenen Formen von Utopie scharf geschieden werden.
Der ideale Zustand harmonischen Zusammenlebens der Menschen, zu dem die Idylle hinstrebt und der sich am deutlichsten
in der IV. Ekloge, in Hölderlins »Friedensfeier« und in, Schillers Plan zur »Hochzeit des Herakles mit der Hebe« andeutet,
ist ein gnadenhafter Zustand, der dem Menschen geschenkt
wird. Das zeigt nicht nur die Notwendigkeit göttlicher Urheber
oder Bürgen dieses Zustandes (des göttlichen Kindes, des Für-
sten des Festes), sondern vor allem auch die Einbeziehung der
Natur in die allgemeine Harmonie in einer Weise, die vom
Menschen nie herbeigeführt werden kann (vgl. das Motiv des
Tierfriedens, der freiwillig spendenden Erde). In diesem verklärten Zustand wird Arkadien ohne Vermittlung zum Elysium
erhoben. (Daran ändert sich nichts, wenn die Zeichen, die den
seligen Zustand anzeigen, auf seine Antizipation in der Dichtung hin gedeutet werden.) Dadurch unterscheidet er sich grundsätzlich von einem durch den Menschen selbst zu realisierenden
vollkommenen Gesellschaftszustand, also von dem, was *Bloch*
die »Sozialutopie«, *R. Stephan* das »utopische Programm« nennt.
(Vgl. dazu auch *Tismars* Bestimmung der Idylle in der Einleitung zu seinem Buch). Diesem aber muß, bei allen Mängeln der
bisher vorgelegten Entwürfe, das eigentliche Interesse dessen
gelten, der auf Verbesserung des menschlichen Zusammenlebens
bedacht ist. Die Elysiums-Vorstellung Schillers oszilliert in ihren
verschiedenen theoretischen und poetischen Gestaltungen zwischen diesen beiden Formen der Utopie, und das wirkt sich bis
in die heutige Diskussion hinein aus, zumal die von Kant und
Schiller aufgeworfene Frage, mit welchen Mitteln der Zustand
der Harmonie des Menschen mit sich selbst und seiner Umwelt
vereinigt werden könnte mit den Vorzügen einer auf der Entwicklung des Bewußtseins beruhenden Kultur, letztlich immer
noch einen der resistenten Problemkerne bei der Suche nach
Modellen einer positiven Gesellschaftsstruktur darstellt. Bloch
legt auf die Unterscheidung zwischen dem »arkadischen Bild«

und der Sozialutopie großen Wert, verlangt sogar für sein wiederaufgewertetes Arkadien ausdrücklich »das Salz wirklicher konkreter Utopie«, aber die ihm eigene bildhafte Darstellungsweise führt, insbesondere im »Prinzip Hoffnung«, leicht zur Verwischung des getrennt Gedachten. So aber besteht die Gefahr, daß die Aufgabe der *Vermittlung* zwischen idealem Wunschbild und gesellschaftlicher Realität, die ja gerade das wesentliche Problem darstellt, in Vergessenheit gerät. Man hat es als Vorzug gerade des Unrealistischen in Vergils Hirtendichtung angeführt (*K. Garber*), daß die Allgemeinheit der utopischen Züge sie dazu qualifiziert, in den verschiedenen historischen Epochen immer wieder als Korrektiv der herrschenden Zustände gebraucht werden zu können. Diesem Vorzug steht aber entgegen, daß gerade das Allgemeine eines solchen seligen Zustandes, insbesondere wo er den Gipfel des eben bezeichneten Gnadenzustands erreicht, die Möglichkeit einer Korrektur des Konkreten vergessen lassen kann: die Verlockung zur Flucht in die Imagination ist als ein Hauptzug in der Geschichte der Idyllenrezeption nicht zu leugnen und muß als Potenz in den Texten selbst angelegt sein. (Ob der Verzicht auf konkretere Angaben über den vollkommenen Gesellschaftszustand, den sich Denker wie *Marx* und *Marcuse* auferlegt haben, sich wirklich positiv ausgewirkt hat, bleibt zu fragen.) Mir erscheint die Tauglichkeit der in der Idylle (in der gnadenhaft verklärten wie der gleichsam »alltäglichen«) entworfenen Bilder zur Konstruktion eines utopischen Modells als fraglich. Gewiß kennt die Idyllendichtung durchgehende Züge, die in ein solches Modell übernommen werden könnten: die Aufhebung oder doch Einschränkung der gesellschaftlichen Gegensätze; die Vorherrschaft von Frieden und Freundschaft (unter ausdrücklicher Abwehr kriegerischer und agonaler Leitbilder); Entfaltung des Menschen in Gespräch und Kunst (unter Abwertung materiellen Besitzes); Bejahung der Sinnlichkeit und des Kontakts mit der äußeren Natur. Diesen Zügen stehen aber andere hindernd entgegen. *G. Kaiser* hat gezeigt, welche Grenzen die Wahl der Idyllengattung der Vossischen Sozialkritik gezogen hat; so läßt sich allgemeiner sagen, daß konstitutive Momente, die der Gattung wie ihrer Idee inhärent sind, sie zum Bild einer idealen Gesellschaft letztlich nicht tauglich machen. Da ist vor allem das – von Schiller mit Recht so betonte – Moment der Begrenzung, wodurch in allen Idyllen, die nicht deren Rahmen sprengen, die Harmonie erkauft wird (auch bereits vor der Biedermeierzeit): sie steht der Forderung nach Selbstverwirklichung des mündigen Menschen durchaus entgegen. Ein zweites Moment ist das, was in diesem Buch das »Ontologische« der Idylle genannt wurde: d. h. der Glaube an eine bestimmte, der menschlichen Entscheidung vorgängige Ordnung, die dem Menschen festgelegte, der äußeren Natur analoge Lebensformen zuweist (Künstler, die auf beunruhigende Innovation ausgehen, oder emanzipierte Frauen finden in der Idylle keinen Platz). Damit hängt ein drittes Moment zusammen: das Anti-Individuelle der Idylle. Die in der antiken Idylle präludierte und in der Renaissance betonte »Liebesfreiheit« der arkadischen Welt verkehrt sich in Zwang, wenn sie der modernen, nach Selbständigkeit und Unabhängigkeit verlangenden Persönlichkeit auferlegt wird: das zeigt eben die Rede der Marcela im »Don Quijote«, die sicher nicht nur vom allgemeinen »Zwangscharakter des Lebens in der Gesellschaft« her zu verstehen ist. Es besteht vielmehr ein grundsätzlicher Widerspruch zwischen der für alles utopische Denken grundlegenden Kategorie der *Möglichkeit* und dem die Idylle sichernden Rückgriff auf das, was in den einzelnen Epochen jeweils für *natürliche Lebensform* gehalten wird.

Die Unklarheit über die mögliche Funktion der Idyllendichtung für den Entwurf besserer Gesellschaftsformen läßt sich zurückführen auf die Unklarheit über eben diesen für die Idylle zentralen Begriff: die *Natur*. Mit Recht sagt *G. Kaiser,* daß die »Erhebung der Natur zur anthropologischen Leitvorstellung« die geistesgeschichtliche Voraussetzung für die große Renaissance der Gattung Idylle im 18. Jh.« bildet. Ebenso zeigt die Geschichte der Gattung, daß das Zurücktreten des Naturrechts-Gedankens die Transformation und Relativierung der Idyllendichtung nach sich zieht. Hier zeigt sich nun in der Forschung ein merkwürdiges Phänomen. Bekanntlich liegt das Problematische jener vor allem von Rousseau, Herder und Goethe wirkungskräftig formulierten Leitvorstellung gerade darin, daß als Natur bezeichnet wird, was dem Menschen spezifisch ist, also die Fähigkeit zu uninteressierter Reflexion, die Fähigkeit zu altruistischem Handeln und die Fähigkeit zu künstlerischer Kreativität. Diese weite Fassung des Naturbegriffs bringt das dem Menschen Eigentümliche auf eine Ebene mit seiner Triebstruktur wie auch mit der außerhalb des Menschen bestehenden, in organischen und anorganischen Gebilden konkretisierten Natur. Die Subsumption unter den gleichen Begriff legt natürlich die Gefahr einer Vermengung und Verwechslung der verschie-

denen Inhaltssphären nahe. *Schiller,* der ja gerade die Fremdheit des Bewußtseins in der physischen Welt so stark empfand
und früh über die »physische« und die »geistige« Natur des
Menschen und ihren Zusammenhang reflektierte, suchte dieser
Gefahr in seinem Aufsatz durch Differenzierungen zu begeg-
nen, etwa wenn er die Triebstruktur des Menschen als »wirkliche« oder gar als »rohe« oder »gemeine« Natur des Menschen
von seiner »wahren« unterscheidet. (Das rührende »hoffentlich«, mit dem er die Feststellung begleitet, eine gemeine Tat
sei nicht Ausdruck der »wahren« Natur des Menschen, um-
schließt in nuce den ihn quälenden ungelösten Problemkern.)
Mit diesen Unterscheidungen konnte er aber nicht verhindern,
daß – bei ihm selbst wie bei anderen – unzulässige Schlüsse
von einer Inhaltssphäre des Begriffs auf die anderen gezogen
wurden. Es sind insbesondere zwei ungesicherte und gefährli-
che Annahmen, die aus diesem unscharfen Naturbegriff resul-
tieren; erstens der Glaube, die dem Menschen spezifischen Anlagen unterstünden den gleichen Gesetzen spontaner Entfaltung
wie die organische Natur außerhalb seiner, zweitens der, der
Kontakt mit der physischen Natur als solcher führe diese Entfaltung herbei. Die Gefahr solcher Überzeugungen, die sich mit
der modernen Einsicht in die äußere Natur wie in die Triebstruktur des Menschen nicht vereinigen lassen, ist nicht gering
für eine Literaturwissenschaft, die sich nicht mehr als bloß
historisch-unverbindliche versteht, sondern ihre Erkenntnisse
auf die gegenwärtige Situation des Menschen beziehen will. Es
kann leicht so scheinen, als ob ein einmaliger historischer Sündenfall oder Irrtum die das harmonische Zusammenleben ver-
hindernden Herrschaftsstrukturen hervorgebracht habe, während doch alle Beobachtung dafür spricht, daß diese sich immer
wieder aus der Triebstruktur des Menschen heraus speisen oder
erneuern. Nun übernimmt natürlich niemand heute im Ernst
den Naturbegriff des 18. Jh.; jeder Forscher weist an irgendei-
ner Stelle auf seinen historischen Charakter hin. Man versteht
ihn als Metapher. Doch mit den Metaphern hat es eine besondere Bewandtnis, wenn sie auf konkrete historisch-politische
Zusammenhänge angewandt werden. Mögen diese Metaphern
Griechenland, Mittelalter oder Natur heißen: die Rezipienten
neigen dazu, aus den metaphorisierten Phänomenen nicht nur
die tertia comparationis zu übernehmen, sondern auch andere,
nicht geeignete Züge zu übertragen. Das ist bei den eben genannten Vorstellungen umso gravierender, als die poetische
Entfaltung der Idyllenwelt, ihre Betonung der ewigen Wieder-

kehr von Jahreszeiten, Festen, Lebensaltern, die Übertragung von Gesetzen der äußeren Natur auf das spezifisch Menschliche begünstigt. In der modernen Forschung über das 18. Jh., insofern sie sich mit seiner Naturidee auseinandersetzt, zeigt sich nicht selten eine merkwürdig suggestive Wirkung dieser Idee. Auch wenn der willkürliche und fragwürdige Charakter dieses Naturbegriffs hervorgehoben wird – Bloch etwa behandelt die am Ursprung des Naturrechtslehre stehende Naturvorstellung der Stoiker geradezu mit Ironie –, so gewinnt sie durch das bloße Faktum wiederholter referierender Evokation doch eine Art von Scheinexistenz, die jene Verwechslungen hervorrufen kann. Zu fordern wäre aber vielmehr eine genaue Erforschung des komplexen Verhältnisses zwischen der Triebstruktur und jenen spezifisch menschlichen Qualitäten, die, wenngleich in der Physis verankert, doch offenbar eine Art Eigengesetzlichkeit entwickeln – jenes Verhältnisses also, in dem der Spielraum der menschlichen Freiheit zu suchen ist. Zu seiner Untersuchung kann die Literaturwissenchaft durch ihre Kenntnis eines breiten Fächers menschlicher Verhaltensweisen Wichtiges beitragen. Nötig aber wäre dazu eine Terminologie, die sich vom Weltbild der dargestellten Epoche gänzlich löst, in diesem Falle also den Teminus »Natur« durch einen adäquateren ersetzt.

Hier gerät die Idyllenforschung freilich in ein Dilemma, das für die heutige Situation der Literaturwissenschaft ganz allgemein gilt. Die ihr eigenen Kategoriensysteme erweisen sich bei den zentralen Fragestellungen als nicht ausreichend; sucht sie aber Hilfe bei anderen Wissenschaften, namentlich bei den Naturwissenschaften im engeren Sinn, so droht sogleich die Gefahr des Dilettantismus. Dennoch ist wohl im Interesse einer fruchtbaren Erkenntnis die zweite Lösung vorzuziehen. Ein Gebiet, auf das sich der Literaturwissenschaftler wagen darf, ohne sich gänzlich von Informationen aus zweiter Hand abhängig zu machen, ist das der Psychoanalyse. Innerhalb der Literaturwissenschaft haben in den letzten Jahren vor allem die Arbeiten von *Mauron, Ricoeur, Starobinski*, für die deutsche Literatur die von *P. v. Matt* die positiven Möglichkeiten einer Integration psychoanalytischer Kategorien in die literarische Interpretation gezeigt. Für die Idyllenforschung ist hier, abgesehen von *Feuerlichts* Ansätzen (vgl. S. 17 f.) noch wenig getan worden. Es finden sich gelegentliche Hinweise, so bei *Poggioli*, wenn er die Ausmalung Arkadiens als eine besonders glückliche Möglichkeit ansieht, den für die Sozialisation notwendigen Triebverzicht zu kompensieren (vgl. The Oaten Flute, S. 30). Gerade für die Beurteilung der Gegenbild-Funktion der Idyllendichtung wäre aber eine Untersuchung ihrer psychologischen Tiefenstruktur außerordentlich wichtig. Neben dem oft erwähnten, aber längst nicht erschöpfend analysierten Zusammenhang von Kindheit und Idylle ist es vor allem das Problem der Aggression, das hier Beachtung verdient. Die Idyllenwelt stellt sich dar als ein Raum der ausgesparten Aggression. Die Bedrohung von außen, die fast ein Strukturelement der Idylle zu nennen ist, scheint eine Folge der Einsicht, daß ein absolut aggressionsfreier Bezirk selbst in einer imaginierten Welt nicht denkbar ist: die Projektion nach außen erspart den Idyllenbewohnern starke eigene Konflikte. Eine ideale Gegenwelt müßte aber total sein, keiner Außenwelt, die die Aggression aufnimmt, mehr bedürfen. Daß die Aggression aber auch aus Arkadien nicht auszutreiben ist, sondern sich andere, indirektere Formen sucht, zeigt sich – von den antiken Idyllen an – in dem Ausmaß, das die erotische Leidenschaft mit ihrer Neigung zu Eifersucht und Verzweiflung in ihnen annimmt (Daphnis, die Zauberin, Corydon, Gallus). Auch die Aufschwellung kleiner Konflikte (sei es der Raub eines Lamms in der älteren Idyllendichtung oder die Tötung der Hühner in einer bürgerlichen) erklärt sich nicht nur aus der künstlerischen Notwendigkeit, eine gewisse Spannung in die statische Idyllenwelt zu bringen, sondern aus einer psychologischen Gesetzlichkeit. Eine Einsicht in den Zusammenhang von Idylle und Aggression zeigt sich, wenngleich verundeutlicht durch die schmissigen Formulierungen, in *H. Glasers* Skizze des »unheimlichen Idylls«. Für denjenigen, der die Geschichte des Reformpädagogen Schreber und seines durch die Erziehung zur Gesundheit in die Schizophrenie getriebenen Sohnes kennt, wird der Terminus »Schrebergarten« zur – noch zu explizierenden – Chiffre dieses Zusammenhangs. Ehe aber über die tiefenpsychologischen Dimensionen der Idyllendichtung generelle Aussagen gemacht werden können, ist es notwendig, in einer Reihe von Einzelstudien dafür eine sichere Grundlage zu schaffen. Die Analyse des Idyllischen im Werk der Droste, die ich unter diesem Gesichtspunkt unternommen habe, ergab die Fixierung auf eine ganz bestimmte – die heimatliche – Landschaft, in die sich ein frühkindlicher Konflikt im Verhältnis zu den Eltern projizierte, der den Raum der Geborgenheit zum Raum unterdrückter Angst werden ließ. Diese Untersuchung müßte in der Richtung der

Frage weitergeführt werden, inwiefern diese Konstellation, die sich ganz besonders individuell ausnimmt, nicht auch historisch-typische Komponenten hat. Auch hier zeichnet sich ein methodischer Ansatzpunkt ab: wenn die Psychoanalyse der Literaturwissenschaft fruchtbare Perspektiven und Kategorien zur Verfügung stellen kann, so kann sie andererseits von ihr profitieren, indem die historischen Modifikationen, denen aller Wahrscheinlichkeit nach auch die tiefenpsychologischen Strukturen unterliegen, durch Analysen poetischer Texte aus verschiedenen Epochen – in diesem Falle der bukolischen von der Antike an – zu Tage gefördert werden.

Nach dem oben Gesagten möchte es scheinen, als ob ich die Lektüre der Idyllendichtung unter dem Gesichtspunkt des »Kritisch-Utopischen« für unfruchtbar hielte. Das ist keineswegs der Fall. Mir scheint aber, daß zur Freilegung ihres sozialkritischen Gehalts und ihrer Valenzen als Gegenentwurf eher eine indirekte Lektüre nützlich ist, welche sie nicht als verkleideten Ansatz zu einer idealen Gesellschaftsform, sondern wirklich als »Wunschbild« betrachtet, d. h. als Ausdruck der Sehnsüchte der jeweiligen Epoche. Dabei wäre dieser Ausdruck gerade nicht wörtlich zu nehmen, sondern als Indiz für das, was an der jeweils geltenden Gesellschaftsordnung vermißt wurde. (Dabei ist zu beachten, daß, solange die Gattungsmodelle einigermaßen in Kraft bleiben, diese Wünsche sich nur im Medium der vorgebenen Topoi, als deren Modifikationen, artikulieren können, worauf Garber mit Recht hinweist.) Die Kategorie »kritisch-utopisch« wäre also dahin aufzulösen, daß das Wunschbild in einem ersten Schritt eine Kritik evident macht, aus welcher in einem zweiten ein utopischer Gegenentwurf zur Wirklichkeit gewonnen werden könnte. Ein Beispiel: eines der vorherrschenden konstitutiven Merkmale der Idylle ist seit der Antike die Muße. Es ist so stark, daß die poetisch-technische Notwendigkeit, den Figuren Spielraum für ihre Dichtkunst zu lassen, es nicht völlig erklärt. Dies muß aber nicht heißen, daß die Gesellschaft, aus der die Idyllendichtung hervorging, mit Arbeit überlastet gewesen sei, was für die betreffenden Gesellschaftsschichten sowohl der Antike, der Renaissance als auch des 18. Jh. höchst unwahrscheinlich ist; noch weniger kann es bedeuten, daß ganz allgemein vorherrschende Muße für den Idealzustand wünschbar sei. Man kann aber wahrscheinlich aus diesem Merkmal ablesen – empirische Forschung müßte das für die einzelnen Epochen bestätigen –, daß man sich Arbeit offenbar nur als entfremdete vorstellen konnte. Die

Idee einer Arbeit, die einen Teil des Ich ausmacht, zeichnet sich in der bürgerlichen Idylle erst vage ab, etwa in der Vorliebe für Berufe wie den des Pfarrers oder Lehrers, die im günstigen Falle eine solche Identifikation erlauben; sie wird aber dort oft erstickt durch die oben bezeichneten »ontologischen« Rollenvorstellungen, welche die Schilderung der freien Entfaltung einer Persönlichkeit in einer ihr eigentümlichen Tätigkeit nicht zulassen. Zur Entschlüsselung dessen, was sich jeweils hinter dem »Gegenbild« verbirgt, wird immer eine Synthese historischer, soziologischer und psychologischer Analyse nötig sein, zumal wenn man den erkannten Zusammenhang für die gegenwärtige Situation fruchtbar machen will. Hier liegen noch schwierige und wichtige Aufgaben. Ein konstitutives Moment der Idylle war seit Theokrit die Vorliebe für die ausführliche Schilderung von Dingen. Wenn wir diesen Zug in der Idyllendichtung des 19. Jhs. besonders stark hervortreten sehen (wie bei Mörike oder bei Stifter), so stehen, um dies zu begründen, Kategorien bereit wie einerseits die bürgerliche Fixierung auf den Besitz, andererseits die latente Angst, die zur Anklammerung an scheinbar Festes antreibt, schließlich die Reaktion auf die zunehmende Mißachtung der Dinge als Handelsobjekt. Es stellt sich aber die Frage, ob die Entstehung oder die jeweilige Ausgestaltung des Topos in anderen Epochen mit gleichen oder ähnlichen Kategorien erklärbar sei. Auch innerhalb der Dichtung des 19. Jhs. selbst sind sehr differenzierte Analysen nötig, um mit einiger Sicherheit sagen zu können, welches Bedürfnis sich in dieser auffallenden Vorliebe ausspricht und welche Kategorie eines denkbaren Idealzustandes darauf antworten könnte.

Die generelle Notwendigkeit, die literarische und soziologische Analyse der Idyllendichtung um die psychoanalytische zu erweitern, ist durch die implizit oder explizit im Zentrum der heutigen Idyllenforschung stehende Frage gegeben, die Frage nämlich, ob eine Kultur denkbar ist, die »auf den Zwang und die Triebunterdrückung verzichtet«. Eine solche Kultur, an deren Möglichkeit er bekanntlich nicht glaubte, hat schon Freud als »das goldene Zeitalter« bezeichnet.

Welche Möglichkeiten der Einzelinterpretation idyllischer Dichtung hier noch offenstehen, sei kurz angedeutet an einem Beispiel aus Goethes Dichtung, durch welche sich von der Wertherzeit an als ein Strang das Muster von Errichtung oder Entdeckung und Zerstörung der Idylle zieht. In den »Wander-

jahren« erinnert sich Wilhelm Meister eines prägenden Jugend-
erlebnisses, das diesem Muster untersteht. Die Geschichte der
Freundschaft mit dem Fischerknaben, die mit dessen Ertrinken
endet, integriert bekannte Topoi der Idylle: den Pfingstausflug
der Stadtfamilie auf das ihr fremde Land, das gastliche Pfarrhaus mit seiner gezähmten Natur, das Baden und Fischen. Sie
werden offenbar bewußt eingesetzt, um die in eins verschlun-
gene Entdeckung der Natur und des Eros vorzubereiten. Es tritt
aber eine merkwürdige Vertauschung ein: die wesentliche, kör-
perhafte Erfahrung der Natur ist der homoerotischen Leidenschaft zugeordnet, während die Neigung zum anderen Geschlecht, so zurückhaltend gezeichnet, daß sie fast als Deck-
motiv wirkt, ihre Entsprechung in der pedantischen Ordnung
des Blumengartens findet. Die Bedeutung, die dieser Jugend-
erinnerung zukommt, wird unübersehbar gemacht durch die an
der Stelle der Peripetie eingelegten Aphorismen: »daß im Laufe
des Lebens mir jenes erste Aufblühen der Außenwelt als die
eigentliche Originalnatur vorkam, gegen die alles übrige, was
uns nachher zu den Sinnen kommt, nur Kopien zu sein scheinen . . .«. Warum aber wird das Glück dieser Erfahrung zerstört
durch das übersteigerte Entsetzen eines Todes, der mit dem geliebten Knaben noch vier andere verschlingt? Deutet das Weg-
schicken des Knaben zum Krebsefangen sehr indirekt auf die
Mißbilligung dieser Liebe durch die Gesellschaft, da so sein
Untergang herbeigeführt wird? Oder können die »Naturformen« menschlichen Lebens, die Goethe seiner Idylle früh ver-
ordnet hatte, die Eigenart dieser Liebe ebensowenig ertragen
wie eine Erfahrung der Natur, die sich nicht auf ihre zähmbare
Gestalt beschränkt? Weitere Fragen wirft das Motiv des »Nut-
zens« auf, das breit entfaltet wird. Der Unglücksfall gibt Anlaß zur Verbesserung der Lebensrettungskunst und motiviert
Wilhelm zu seinem künftigen Beruf als Wundarzt. Diesem
praktischen Nutzen steht das egoistische Nützlichkeitsdenken
der Tante gegenüber, die noch die unheilbringenden Krebse für
ihre Zwecke ausbeutet. Die Betonung dieses fast skurrilen Motivs deutet auf eine Tiefendimension, die dem Ganzen unaus-
gesprochen zugrunde liegt: das Motiv der »harten Mutter«, wie
es der »Urmeister« offen darstellt und wie es hier auf die
stellvertretenden Figuren von Tante und Pfarrerin übertragen
wird. Bedenkt man nun, welche Schlüsselfigur die – selten erwähnte – »harte Mutter« für Werther hat, so zeigt sich ein
neuer Aspekt im Verhältnis der goethischen Idyllendichtung zur
Natur, der zu klären wäre.

Eine Klärung der Grundproblematik wäre auch nötig auf einem Gebiet, wo Einigkeit zu herrschen scheint: dem des Verhältnisses der Idyllendichtung zur Realität. F. Sengle hat den in diesem Buch gebrauchten Begriff der »realistischen Idylle« als einen »Widerspruch in sich selbst« angefochten, mit dem Hinweis auf den sentimentalischen Ursprung jeglicher Idylle, der die »Bindung an ein Ideal« für sie konstitutiv macht. Leicht wäre es, zu erwidern, daß sich die Bezeichnung nur auf die äußere Darstellungsweise beziehen sollte, doch das Problem, das sich hier auftut, liegt tiefer. Daß Schiller selbst den so deutlich um ein Ideal kämpfenden Voss als »naiv« angesprochen hat – was oft mit Verwunderung bemerkt worden ist –, muß zu denken geben, ebenso wie der Sprachgebrauch des mit Schillers Denken so vertrauten W. v. Humboldt, der einen Bekannten, welcher die deutsche Heimat der interessanten spanischen Umgebung vorzieht, mit den Worten charakterisiert: »Er ist ganz in Idyllen und keine sentimentale Natur«; wobei »sentimental« sicher im Sinne von »sentimentalisch« gemeint ist (an C. v. Humboldt, 2. 5. 1801). In die Mehrdeutigkeit der in Schillers Aufsatz verwandten Begriffe hat P. Szondi größere Klarheit gebracht, indem er ihn als nicht abgeschlossenen und damit nicht völlig systematisierbaren Denkprozeß darstellte. Innerhalb dieses Denkprozesses fungieren »naiv« und »sentimentalisch«, wie er nachweist, nicht nur als Gegensatzpaar, sondern es gibt auch eine Position, wo das Sentimentalische verstanden wird als Wiederherstellung des Naiven »unter den Bedingungen der Reflexion«, als eine Form der Vermittlung also, die der Gegenwart zugänglicher ist als das im übrigen als Versöhnung angesetzte »Ideal«. Wenn so deutlich wird, daß schon bei Schiller selbst die beiden Begriffe immer nur verbunden gedacht werden können, so scheint mir generell das Gegensatzpaar »naiv«-»sentimentalisch« als eine jener im 18. Jh. entstandenen Dichotomien, deren Tauglichkeit als Kriterium von Dichtung fragwürdig geworden ist. Aus der Struktur des idyllischen Dichtung wie aus der Biographie ihrer Autoren, soweit uns diese im Detail bekannt ist, können wir gewiß entnehmen, daß die jeweilige Idyllenwelt aus der Distanz der Sehnsucht heraus geschildert worden ist; dennoch gibt es bei einer Reihe von Dichtern noch eine zweite Wurzel der Idyllendichtung. Das ist eine Nähe zu den Konkreta der dargestellten Welt, welche jene plastische, farbige Schilderung ermöglicht, die dann Bezeichnungen wie »naiv« oder »realistisch« als Hilfsmittel der Charakterisierung nahelegt. Diese Eigenart betrifft aber nicht nur die Oberfläche des Schreibens. Wieder muß auf einen psychologischen Zusammenhang, diesmal auf den zwischen Frühkindheit und Idylle, hingewiesen werden. Einige Autoren haben offenbar die Möglichkeit, im Akt des Schreibens jenen frühkindlichen Zustand, in dem zwischen Ich und Umwelt, zwischen Subjekt und Objekt noch nicht – oder noch nicht immer – deutlich unterschieden wird, noch einmal zu aktualisieren. Dieser Zustand wird also in der Dichtung nicht nur erinnert, sondern er ist wirklich präsent, so wie jeder frühere seelische Zustand unter den geeigneten Bedingungen wieder aus seiner verschütteten Existenzweise hervortreten kann. *Mahler Müller* ist hierfür ein bedeutendes Beispiel. In diesem Sinne kann aber auch *Voss* bei aller sentimentalisch-programmatischen Fundierung seiner Idyllen stellenweise durchaus »naiv« sein, nicht nur im Sinne eines äußerlichen Detailrealismus. Auch diese Frage müßte anhand von Einzelanalysen geklärt werden.

Ein weiteres Desiderat der Idyllenforschung ist eine Rezeptionsgeschichte der Gattung Idylle, und zwar eine Rezeptionsgeschichte auf empirischer Basis. Literarische Texte, insbesondere die Trivialliteratur, Memoiren, Anthologien, Zeitschriften, Schul- und Kinderbücher müßten daraufhin geprüft werden, in welcher Weise und in welchem Maße in ihnen Zeugnisse der Rezeption idyllischer Dichtung tradiert worden sind. Besonders im 19. Jh. ließe sich sicher eine Fülle von Material entdekken. Solche Spiegelung der Idylle und des Idyllischen würde in manchen strittigen Fragen erst eine zuverlässige Antwort erlauben. Das gilt zunächst für die oben behandelte Problematik des Verhältnisses von Idylle und Sozialkritik. Das Detail der literarischen Rezeption würde vielleicht zeigen, ob und warum bei Gessner wie bei Voss die zweifellos potentiell in den Texten angelegten fortschrittlichen Intentionen weithin nicht verstanden wurden. Liegen die Mißverständnisse nur auf Seiten der Leser, oder werden sie von bestimmten Zügen der Texte selber herausgefordert? Den blinden Affekt der rousseau- und gessnertrunkenen *Fr. Brun* gegen die revolutionären Franzosen sind wir geneigt, ihrem unselbständigen Denken zuzuschreiben; wie aber läßt es sich erklären, daß der aufgeklärte *Zschokke*, im gleichfalls aufgeklärten, aus der »Helvetik« hervorgegangenen Aargau wirkend, seine eigene Hochzeit gerade im Zeichen der »Luise« als Eröffnung einer privaten, von der Außenwelt abgeschirmten Republik auffaßte? Eine zusammenhängende Erforschung der Idyllenrezeption im 19. Jh. (für die Sengles »Biedermeierzeit« bereits Material bereitstellt) ist nötig, um über das rein Literarische hinaus zu erkennen, was das Idyllische für die dt. Kulturgeschichte bedeutet hat. Hier nur zwei Beispiele aus Anfang und Ende des 19. Jhs.: Das. 9. Kapitel von *W. Alexis'* Roman »Ruhe ist die erste Bürgerpflicht« schildert – aus der Retrospektive der Jahrhundertmitte – den sonntäglichen Ausflug einer Berliner Familie nach Tempelhof und begründet ihn aus der Zeitmode: »... wie viele hatten die Dichter gelesen und konnten auswendig ihre Lieder zum Preise der schönen Natur. Auch wer das Theater besuchte, was damals in den gebildeten Mittelständen viel häufiger geschah, als jetzt, hörte und sah, wenn er es glauben wollte, daß die Menschen in den Dörfern andere und bessere wären, als die in der Stadt, weil sie Gott und seiner Natur näher sind. Wenn auch nicht bei den Schäfern, doch in der Hütte, die der Fliederstrauch überschattet, sollte der Friede und das Glück des Lebens zu suchen sein. Bei aller Blasiertheit der vornehmen Welt konnte sie dieser Stimmung durch Spott nicht wehren, ja sie erwehrte sich selbst ihrer nicht. Man mußte idyllisch sein.« Ein anderes Kapitel schildert das dem Humboldtschen nachempfundene Haus- und Familienleben eines Ministers unter dem Titel »Auch eine Idylle«. Aufschlußreiche Information über die Rezeption der Idylle enthält ein Passus aus dem Roman »Die Wiskottens«, dessen Autor, *R. Herzog,* zu Anfang des 20. Jhs. überaus viel gelesen wurde. Der Held, ein Wuppertaler Bandfabrikant, Inbild deutscher Leitungsideologie, kommt eines Abends, als er eben durch diese in einer Ehekrise geraten ist, in die Stube seines alten Werkmeisters, der ihm aus seinem Liebling Jean Paul vorliest. In einem klassischen bürgerlichen Idylleninterieur mit Bierkrügen, Pfeifen und blühender Tochter »glitt der Friede durch das Gemach, schmeichelte sich an die Herzen der Menschen und schaukelte sie lind und weich. Dann hörte Gustav Wiskotten nichts mehr und sah nur noch die Idylle ...« Dieses Erlebnis bewegt ihn dazu, Lektüre und Reflexion in sein Leben einzubauen, aber freilich nur zum Zweck letztlich noch größerer Tüchtigkeit.

Um auf solcher Materialbasis eine Kulturgeschichte der dt. Idylle zu schreiben, bedürfte es natürlich auch stets des vergleichenden Blicks auf andere europäische Nationen, denen solche Strömungen im 19. Jh. wahrscheinlich weniger fremd sind, als man gemeinhin annimmt.

Unter den Gattungen, die auf Zeugnisse des Idylleneinflusses hin zu untersuchen wären, nimmt das Kinderbuch einen wichtigen Platz ein. Es ist sehr wohl möglich, daß die umstrittene Erfahrung der Kindheit als idyllisch, für die sich zumindest bis in die Mitte unseres Jh. hinein Belege finden, nicht nur Ergebnis einer verklärenden, von Erwachsenensehnsüchten bestimmten Rückprojektion ist, sondern daß in der Kindheit selbst schon durch idyllisierende Kinderbücher die Erfahrung der Umwelt geprägt wurde, so daß in dem entstehenden Bewußtsein erlebte und gelesene Kindheit zusammenflossen. Hier gäbe es einen Entwicklungsstrang zu untersuchen, der von *J. Spyris* weithin wirkender, noch am klassischen Idyllenschauplatz angesiedelten Geißenidylle in »Heidi« sich erstreckt bis zu Tarzans rousseauistischer Verteidigung des Dschungellebens vor dem New Yorker Gerichtshof und dem anarchischen Glücksraum in Pippi Langstrumpfs Villa Kunterbunt. – Für die Beurteilung der sozialen Dimensionen der Idylle wäre nützlich noch eine moderne und übersichtliche Darstellung der Gessner-Rezeption im vorrevolutionären Frankreich; interessant wäre vielleicht auch eine neue Lektüre der explizit sozialkritischen Bukolik der Neulateiner.

Nicht hinreichend untersucht ist noch das Verhältnis der nationalsozialistischen Ideologie zur Idylle. Zwar war ihre ursprüngliche Gegenstandswelt, das Landleben, zur Zeit der ns. Herrschaft der ohnehin spärlich gewordenen Idyllendichtung der Gattung schon lange durch Dorfgeschichte und Bauernroman entzogen (vgl. S. 139), und die Gestaltung der bäuerlichen Welt mußte der Ideologie gemäß gerade nicht idyllisierende, sondern heroisierende Züge annehmen. Dennoch müßte man prüfen, ob nicht idyllische Restbestände auf subtilere Weise der Propaganda nutzbar gemacht wurden. Das konnte geschehen etwa in jener Art von Literatur, die einen Anschluß an die Tradition der deutschen Dichtung vortäuschte; es konnte geschehen mit direkter Propagandawirkung. So stellt eine Zeichnung in einer Kinderzeitschift zu Anfang des Krieges ein gänsehütendes Kind in einer Frühlingslandschaft dar, eingeschlossen in den – idyllentypischen – Kreis: er wird gebildet aus Kampfszenen, die die verschiedenen Abteilungen des Heeres (Luftwaffe, Marine, etc.) als Hüter der Idylle auftreten lassen (Die Jugendburg, Jg. 1941). Die Idee der Idylle findet sich aber auch im Gedankenkreis des Widerstandes gegen den Nationalsozialismus. *J. Klepper,* eindrucksvoller Zeuge für einen durch das protestantische Obrigkeitsdenken gebrochenen Antifaschismus, nannte selbst sein ihm einzig noch substantiell scheinendes, aber

von der Gefährdung der jüdischen Familienmitglieder über-
schattetes Haus ein »tragisches Idyll«. Er fühlte sich aber von
der Politisierung gerade des Alltagslebens gedrängt, diese Leitvorstellung durch die des »Bildes« zu ersetzen: »Dem Idyll ist
aller Friede verwehrt. Das Bild besitzt jenen Frieden, von dem
es heißt »Nicht gebe ich euch, wie die Welt gibt« – wodurch
offenbar die Ansiedlung der Idylle in der bürgerlichen Wirklichkeit rückgängig gemacht werden soll.

Eines der Desiderate, die in der 1. Auflage dieses Buches ausgesprochen wurden, ist nicht erfüllt worden: die vergleichende
Untersuchung idyllischer Themen in bildender Kunst und Literatur. Hier ist, zumindest von seiten der Literaturwissenschaft,
noch wenig geschehen. Wie sehr aber namentlich die kultur-
geschichtliche Deutung des Idyllischen auf die Einbeziehung
der Malerei angewiesen ist, bedarf keines Nachweises. Hier
tut sich eine Fülle von Aufgaben auf. Die arkadische Landschaft in ihren Metamorphosen *(Giorgione, Poussin, Claude
Lorrain, J. A. Koch, Ingres, Puvis de Chavannes, Hodler;
Watteau, Boucher, Fragonard, Greuze)* – die Dorf-, Klein-
stadt- und Familienszenen des 19. Jhs. *(Runge, C. D. Friedrich,
Kobell, Hummel, Kersting, Waldmüller, Quaglio, Richter,
Spitzweg, Thoma, Leibl, Menzel):* schon diese groben Linien
zeigen die Möglichkeit, ein Netz von Beziehungen, Parallelen,
Abweichungen zu untersuchen. Die Phasenverschiebungen bringen dabei neue Fragestellungen in den Blick: etwa die Verspä-
ung, mit der die Literatur im Vergleich zur Malerei das Interieur entdeckt, oder die Neigung zur Idylle, die die romantische Malerei von der relativ idyllenflüchtigen romantischen
Dichtung unterscheidet. Hier liegen auch Aufschlüsse gerade
für die soziologische und psychologische Problematik verbor-
gen, die heute das Interesse an der Idyllendichtung vor allem
bestimmt. Im Folgenden sind einige Werke angegeben, die für
solche Untersuchungen als Ausgangsbasis dienen können.

Zum Problemkreis »Utopie, Natur«: E. *Bloch:* Naturrecht und
menschliche Würde. Frankfurt a. M. 1961; *H. Blumenberg:* »Nachahmung der Natur«. Zur Vorgeschichte der Idee des schöpferi-
schen Menschen. In: Studium Generale 10, 1957, S. 266–283;
L. Harig: Rousseau und Jean Paul wittern die Morgenluft. In:
Sprache im technischen Zeitalter H. 61, 1977, S. 28–40.

Zur Rezeptionsgeschichte der Idylle: W. *Alexis:* Ruhe ist die erste
Bürgerpflicht. Bd. I, Berlin 1852 (Kap. 9 und 14); *R. Herzog:* Die

166

Wiskottens. Stuttgart/Berlin 1905 (Kap. II/1); *J. Klepper:* Unter dem Schatten deiner Flügel. Aus den Tagebüchern 1932–1942. Stuttgart 1956 (dtv München 1976).
Zur Beziehung zwischen Idyllendichtung und Idyllenmalerei: M. Praz: Mnemosyne. The Parallel between Literature and the Visual Arts. Princeton 1967; Bildende Kunst und Literatur. Beiträge zum Problem ihrer Wechselbeziehungen im 19. Jh. Hg. v. *W. Rasch,* Frankfurt a. M., 1970 (darin *W. Weiss* über Stifter und *R. v. Heydebrand* über Mörike); *U. Christoffel:* Italienische Kunst. Die Pastorale. Wien 1952; *K. Clark:* Landscape into Art. London 1949 (Kap. Ideal Landscape): *M. Bourquin:* Die Schweiz in alten Ansichten und Schilderungen. Kreuzlingen 1968: *H. Lietzmann:* Bibliographie zur Kunstgeschichte des 19. Jhs. (1940–1966). München 1968; *W. Hofmann:* Das Irdische Paradies. Motive und Ideen des 19. Jhs. München 1974 (Kap. »Das stille Leben« u. »Das irdische Paradies«); *P. F. Schmidt:* Biedermeier-Malerei. München 1922; *P. Weiglin:* Berliner Biedermeier. Bielefeld/Leipzig 1942; *E. Kalkschmidt:* Biedermeiers Glück und Ende. München 1957; *E. Scheyer:* Biedermeier in der Literatur- und Kunstgeschichte. Würzburg 1960; Maleridyllen. Die heile Welt des 19. Jhs. Mit einem Essay von *K. Ude.* München 1975; *F. Laufer:* Das Interieur in der europäischen Malerei des 19. Jhs. Zürich 1960; *U. Christoffel:* Malerei und Poesie. Die symbolistische Kunst des 19. Jhs. Wien 1948. Kataloge: La peinture allemande à l'époque du Romantisme. Paris 1976/77; Idylle, Klassizismus und Romantik. Deutsche Druckgraphik zu Wallrafs Zeiten. Köln 1974; C. Spitzweg. Schweinfurt 1976.

Nach Abschluß des Manuskriptes erschienen:

R. Faber: Politische Idyllik. Zur sozialen Mythologie Arkadiens. Stuttgart 1977.

und

K. Bernhard: Idylle. Theorie, Geschichte, Darstellung in der Malerei, 1750–1850. Zur Anthropologie deutscher Seligkeitsvorstellungen. Köln/Wien 1977.

Gegenstand von Fabers fesselndem – wenngleich stilistisch schwer lesbarem – ideengeschichtlichem Buch sind die politischen Valenzen der Vergilschen Idyllik. Faber sieht in den »Bucolica« vor allem das Konservativ-Utopische, das durch die panegyrische Haltung gegenüber Octavian und den Glauben an die ewige Wiederkehr bedingt ist. Jüdische Eschatologie werde umfunktioniert zum römischen Staatsgedanken. Das eigentliche Interesse des Autors gilt aber der Vergilrezeption, und zwar vor allem der Funktion des Dichters als Stütze der »konservativen Revolution« nach dem 1. Weltkrieg (besonders des paganisierenden Katholizismus) und der Restaurationsideologie nach 1945. Er erkennt jedoch in Vergils Werk neben den etatistischen auch weiterführende utopische Züge. In engem Anschluß an Bloch wird die utopische Funktion der Idylle im Entwurf eines »sozialistischen Mythos« gesehen, dessen wichtigster Prophet Novalis sein soll. In die neue sozioliterarisch orientierte Vergildiskussion muß das Buch durchaus einbezogen werden.

Bernhard versteht seine reiche und gründliche Arbeit als Beitrag zur wechselseitigen Ergänzung von Kunst- und Literaturwissenschaft und als Antwort auf das schon in der 1. Auflage dieses Buches ausgesprochene Desiderat einer Untersuchung der Idylle aus kunstwissenschaftlicher Sicht. Von deren Tradition her gesehen, stellt seine Zusammenschau der idyllischen Malerei von 1750–1850 insofern eine Innovation dar, als dort die Genremalerei des 19. Jh.s und die mit dem Rokoko endende Pastoralmalerei gewöhnlich nicht in Zusammenhang gebracht werden. Bei Bernhard wird jedoch die Verbindungslinie, die über den Klassizismus insbesondere der von Italien geprägten Künstler um 1800 führt, völlig deutlich. Der 1. Teil der Arbeit referiert die poetologischen Theorien der Idylle von Batteux bis Bohtz, der 2. beschreibt die malerische Darstellung idyllischer Gegenstände von Gessner bis zu den verschiedenen Ausformungen der biedermeierlichen Idylle (Interieur, Garten, Landschaft, Familie, religiöse Motive etc.). Ein Überblick über die vorgessnersche Pastoralmalerei geht voraus. Gessner, Mahler Müller und Goethe/Tischbein werden ausführlich gewürdigt. Wesentlich ist für Bernhard der »transitorische« Charakter der Idylle, die sich immer an Grenzen ansiedelt, so zwischen den Gattungen, zwischen Realität und Fiktion, zwischen Weltlichem und Geistlichem usw. Der Vergleich zwischen Idyllentheorie und Idyllenmalerei ergibt eine erstaunlich parallele Entwicklung; empirisch bleibt freilich noch zu fragen, inwieweit und durch welche Vermittlung die bildenden Künstler von jenen Theorien Kenntnis hatten und ob sich eine Art übergreifenden kulturgeschichtlichen Zusammenhangs fassen läßt. Verläuft die Entwicklung poetischer und malerischer Praxis gleichermaßen parallel? Zumindest für die Romantik ist das fraglich. Auf die literarischen Gestaltungen selbst wird im Rahmen dieser Arbeit nur von Fall zu Fall verwiesen, sodaß hier das Desiderat nach vergleichenden Untersuchungen noch bestehen bleibt; für sie ist nun aber, namentlich für das 19. Jh., eine gute Grundlage geschaffen.

Hingewiesen sei noch auf die Zusammenfassung und die Kurzreferate der Arbeitsgruppe »Schäferdichtung« in: Deutsche Barockliteratur und europäische Kultur. 2. Jahrestreffen des Internation. Arbeitskreises für deutsche Barockliteratur. Hamburg 1977, S. 270–287.

Nicht mehr rechtzeitig zugänglich waren mir:
S. B. Brinkmann: Die deutschsprachige Pastourelle. 13.–16. Jh. Diss. Bonn 1976.
B. Wormbs: Über den Umgang mit Natur. Landschaft zwischen Illusion und Ideal. München/Wien 1976.
Th. Lange: Idyllische und exotische Sehnsucht. Formen bürgerlicher Nostalgie in der dt. Lit. des 18. Jh.s Kronberg/Taunus 1976.

176